나만 모르는 유럽사

100 MON 100 TO SEKAI NO REKISHI ; EUROPE
by REKISHI KYOUIKU KYOUGIKAI
Copyright © 2003 REKISHI KYOUIKU KYOUGIKAI
All rights reserved.
Originally published in Japan by KAWADE SHOBO SHINSHA, Publishers, Tokyo.
Korean translation rights are arranged with KAWADE SHOBO SHINSHA, Publishers, Japan through THE SAKAI AGENCY and BOOKPOST AGENCY.

고대 지중해 세계부터 EU 통합 후까지 문화 · 역사이야기 | 歷史敎育者協議會 編 | 양인실 옮김

나만 모르는 유럽사

모멘토

책머리에

왜 축구 월드컵 리그에는 '영국(United Kingdom)' 이란 대표 팀이 없을까? 왜 프랑스 대표 팀에는 가나나 알제리 등의 외국 출신 선수가 많을까? 알 것 같으면서도 알 수 없는 일들이 의외로 많다.

유럽의 도시를 걷다보면 거리에서 교회를 많이 볼 수 있다. 안에 들어가 보면 성당의 건물 내부는 호화롭지만 개신교 교회의 내부는 중앙에 십자가가 놓여 있을 뿐이다. 이 차이는 기독교에 대한 생각의 차이를 나타내는 것일 텐데 그 차이란 대체 무엇일까? 또한 발칸반도와 러시아로 세력을 넓힌 비잔틴정교회와는 어떻게 다를까?

우리들이 학교에서 자주 배우는 영국혁명이나 프랑스혁명에 대해서도 알지 못하는 일들이 많다. 영국에는 왜 헌법이나 인권선언이 없을까? 프랑스혁명에서 '인권선언' ('인간 및 시민의 권리선언')이 발표된 직후 구주 (Olympe de Gouges)란 여성이 '인권'을 일부러 '여성'이라고 바꿔 '여성 및 여성 시민의 권리선언'을 낸 것은 무슨 이유일까? 그녀가 처형당한 이유는 무엇일까? 이는 프랑스혁명에 큰 영향을 끼친 루소(Rousseau)의 여성관과도 관련이 있을 것이다. 이런 의문이 차례차례로 떠오른다. 그리고 이런 의문을 푸는 것이 영국혁명이나 프랑스혁명은 무엇인가 하는 본질적 문제에 접근하는 일이기도 하다.

　또한 우리는 가까운 곳에서도 '유럽'을 많이 찾아볼 수 있다. 트럼프와 커피, 홍차, 신데렐라와 빨간 모자, 로빈 후드 등도 유럽의 역사나 문화와 깊은 관련이 있다. 실로 '세계 역사'에 대한 의문은 끝없이 넓다. 이러한 소박한 질문과 흥미를 소중히 생각하면서 이 책을 편집했다. 이 책을 읽고 '유럽 역사'의 재미를 느낄 수 있다면 행복하겠다.

2003년 7월
역사교육자협의회 편집위원
이시데 미도리(石出みどり)·오카 유리코(岡百合子)·카와이 미키오 (河合美喜夫)·세키네 아키오(關根秋雄)·토리야마 타케오(鳥山孟郎)

차 례

유럽의 확대

시민혁명과 산업혁명

제국주의와 두 대전

냉전과 현재

지중해세계

유럽이란 이름의 기원

신화 속의 인물

그리스 신화에 등장하는 '에우로페'(로마자로 Europe)는 페니키아의 왕 아게노르(Agenor 또는 포이닉스Phoenix)와 텔루스(Tellus)의 딸이다. 에우로페에게 반한 제우스가 소의 모습으로 다가가 그녀를 크레타섬(현대 그리스어로는 크리티Kriti이며 별칭은 칸디아Candia이다. — 옮긴이)으로 납치해 갔으며 여기서 그녀는 제우스의 아들(미노스와 라다만티스)을 낳았다고 전해진다.

한편 이 단어가 지리적 개념으로서 사용된 가장 오래된 예는 『호메로스 찬가』 중 「아폴론 찬가」에서 볼 수 있는데, 여기서는 그리스 중부를 가리키는 의미로 사용되고 있다. 그 후 얼마 있지 않아 그 범위가 확대되어 기원전 500년경에는 그리스 본토와 그리스 서쪽의 영역까지 포함하게 되었다. 일반적으로 아시아와의 경계는 돈강(Don江)이었다고 전해진다.

이 단어를 로마인이 라틴어 안에 받아들여 에우로파(Europa)가 되었으며, '유럽'을 의미하는 서양의 모든 언어의 근원이 되었다.

아시아와의 대비

고전기(古典期)의 그리스인들은 에우로페란 지리적 개념을 아시아와의 대비 속에서 사용하였는데, 에우로페와 아시아 이 두 지역으로 인간이 거주하는 지역 전체를 나타내는 경우도 많았다(여기에 아프리카를 세 번째 지역으로 꼽는 경우도 있었다).

특히 페르시아전쟁 후 아시아에 대한 에우로페의 우월의식은 뚜렷해진다. 예를 들면 남성 우위의 세계에서 전쟁이나 정복을 할 때에 적을 여성으로 표상하는 경우가 많은데, 그리스 세계에서도 헤로도토스(Herodotos)의 「역사(historiai)」('historiai'는 고대 그리스어로 '조사해서 새롭게 깨달은 사실'이란 뜻의 'historia'의 복수형) 아이스킬로스(Aeschylos)의 「페르시아인」을 보면 에우로페는 남성적 성격으로, 아시아는 여성적인 성격으로 그려져 있다.

당시 아시아의 지배자는 여성의 특성이라고 간주되었던 '변덕스러움' '무분별' 등에 가까운 정서를 지니며 그 주변에는 혼란을 야기하는 기가 세고 음란한 여성이나 유약한 남성을 상징하는 거세된 환관들이 사치스런 생활을 하고 있었다고 전해진다. 이는 무질서, 전제, 더 나아가서는 야만이란 이미지와도 연결된다. 역으로 에우로페는 남성적인 성격으로서 완강함, 질서, 문명(이성), 법치의 이미지로 전해진다.

또한 아시아에는 남성적 인물이 부재하는 경우도 많으며, 이는 여왕의 지배 형태로 그려진다. 그렇기 때문에 여성인 아시아는 남성인 에우로페에 의해 지배당하는 운명에 처한 것으로 묘사되었다.

풍요로운 아시아

여성으로 표상되는 성격으로서 또 하나 주목할 만한 것이 '풍요로움'이다. 자손을 낳는 여성은 예전부터 풍요로움을 상징한다고 간주되어왔다.

히포크라테스(Hippocrates)는 그의 글에서 아시아와 에우로페를 토지와 건강의 관계에 빗대어 비교했다. 여기에서 아시아는 토지와 기후가 좋아서 작물이 많은 결실을 맺고 가축도 무럭무럭 잘 자라며, 인간도 체격이 좋다고 서술하고 있다. 그러나 이런 양호한 조건은 부정적인 측면도 있어서 용기나 인내, 창작, 드높은 사기를 진작할 수는 없다고 했다.

에우로페

이에 비해서 에우로페는 혹독한 기후로 인해 인간들이 스스로 조성하거나 창작할 필요가 있었으며 그 때문에 용감하고 독립심이 강해진다고 생각했다. 이는 자연환경으로써 아시아에 대한 에우로페의 우월감을 설명하려는 최초의 시도였다.

유럽의 이미지

이처럼 '유럽'은 그 단어의 출발점에서부터 아시아와 대비되는 형태로 사용되어왔다. 이런 경향은 로마제국에도 계승되어 아시아에 사는 남자들은 유약하고 여성이 지배하며 사치스럽다는 식으로 로마와 대칭되는 이미지로 제시되었다. 그 전형적인 예로 클레오파트라(Cleopatra)를 들 수 있다. 클레오파트라는 마케도니아인이지만 옥타비아누스(Octavianus, Gaius Julius Caesar)가 정적(政敵)인 안토니우스를 비난하기 위해 그 표적을 안토니우스와 행동을 같이한 그녀에게 돌려 의도적으로 그녀를 아시아적 성격으로 그려냈다.

그리고 이 대비는 유럽문화 속에서 계속 전해 내려오게 된다. 그렇기 때문에 마르코 폴로(Marco Polo)가 아시아의 황금의 나라 '지팡구'(마르코 폴로가 그의 여행기인 『동방견문록』에서 '일본'을 소개하면서 일본을 뜻하는 당시 중국어 발음 '짓폰'에 따라 표기한 Zippangu 또는 Jipangu에서 온 말로, 일본의 영어 이름인 Japan도 여기에서 나왔다. 중국 동쪽 1500리에 있는 바다 가운데 섬으로 황금이 풍부하다고 하였으며 콜럼버스는 이를 믿었다고 한다. ― 옮긴이)를 서양세계에 알렸을 때도 동방의 나라는 풍요하다는 인식이 있었기 때문에 사람들이 쉽게 믿을 수 있었던 것이다.

게다가 근대에 이르러서 유럽인들은 아시아 또는 오리엔트(Orient, '해가 뜨는 나라'란 의미)와 대비하면서 자신을 표현하는 경향이 강해졌다. 이렇게 유럽인들이 동방을 일괄적으로 묶어서 현실적으로는 존재하지 않는 '오리엔트' 세계라고 표현해왔으므로 '오리엔트'란 용어는 유럽의 타자 인식 속에서 창조되어온 관념이라는 점이 최근 지적되고 있다. 이러한 동방에 대한 인식의 형태를 '오리엔탈리즘'이란 용어로 부르며 이에 대해 활발한 논의가 전개되고 있다.

트로이의 목마 이야기는 어디까지 진실인가

트로이전쟁

고대 그리스인들 사이에서는 그들의 선조들이 태고시절 에게해의 해안, 즉 터키의 에게해 북부 트로이(현재의 히살리크)에 무장 아가멤논(Agamemnon)이 아킬레우스(Achilleus, 라틴어로 아킬레스)와 네스토르(Nestor) 등을 이끌고 참가한 대원정에서 승리를 거두었다는 전설이 옛날부터 유포되어왔다.

오늘날 호메로스(Homeros)를 필두로 시나 극 등의 많은 문학작품, 도자기의 그림 등에서도 이 내용을 알 수 있다. 전설에 의하면, 이 전쟁은 10년에 걸쳐 진행되었으며 지혜로운 장군 오디세우스(Odysseus, 라틴어로 울릭세스나 울리세스, 영어로 오디세이)의 작전으로 그리스군은 수비가 견고했던 트로이를 공격했다.

이는 '목마의 계책'이라고 일컬어지는 것으로서, 거대한 목마를 제조하여 그 안에 장병을 숨기고 부대 자체는 퇴각하는 것처럼 보이게 하자 이를 믿은 트로이 측이 예언자의 말에 따라서 남겨진 목마를 성 안으로 들여놓는다. 밤이 되자 목마 속에 숨어 있던 병사들과 되돌아온 부대가 합세하여 결국 트로이를 함락시켜 이 전쟁은 종결된다는 이야기이다. 그럼 이 전설은 어느 정도의 진실을 반영하고 있을까?

슐리만

'트로이'란 지명은 고대부터 알려져 있었지만 근대의 역사학자들은 이 전설이 이야기에 지나지 않으며 실제 일어난 일이라고는 보지 않았다. 그러나 독일의 무역상이던 슐리만(Schliemann)이 1871년 이후 사재를 털어서 이 트로이전쟁의 시대를 밝히는 일에 정열을 기울여 유적을 발굴하였다. 그 결과, 트로이는 물론이고 총대장이었던 아가멤논의 본거지인 미케네 등의 유적을 발견함으로써 종래의 인식은 일변했다.

슐리만의 행위에는 찬반시비가 끊이지 않지만, 고대 그리스문명과는 또 다른 이질적 문명인 미케네문명이 선사시대에 그리스인에 의해 전개되었다는 사실을 규명하는 단서를 제공했다는 의미에서 그 업적은 높게 평가할 만하다.

미케네문명

1953년 영국의 건축가인 마이클 벤트리스(Michael Ventris)가 미케네와 필로스(Pylos), 크레타의 유적에서 출토된 선문자(線文字) B의 해독에 성공하여 의외의 사실들이 규명되었다. 그는 이 문자에 표시되어 있는 것이 나중의 알파벳과는 다른 그리스어란 사실을 제시하여 이들 지역에서 전개된 선사시대의 문명이 그리스인의 손에 의한 것이라고 인식시켰다.

이 문명을 미케네문명이라고 부르며, 기원전 1650년경부터 발전하여 서기 1200년경에 밝혀지지 않은 이유로 인해 멸망했다고 믿어지고 있다. 그리고 미케네 등의 유적에서 출토된 것과 같은 특징이 있는 토기를 그리스 본토는 물론이고 서쪽으로는 시칠리아나 스페인, 동쪽으로는 키프로스나 이집트, 트로이 등에서 발견할 수 있다는 점에서 이 문명이 지중해 전역에 걸쳐 광범위하게 교류를 하고 있었다고 생각한다.

이런 상황을 고려해본다면 그리스인의 전설에서 그들의 선조가 에게해 해안으로 원정을 갔다고 추측하는 것이 아주 근거 없는 이야기는 아닐 것이다.

단지 호메로스 등이 묘사한 트로이전쟁에서의 그리스인의 모습에 대해서는 논의가 끊이지 않지만 미케네문명 멸망 후의 초기 철기시대의 특징을 많이 포함하고 있다고 보이며, 선문자 B에서 알 수 있는 오리엔트적 전제군주제의 성격을 가진 미케네의 사회구조와는 명확히 다른 형태였다.

트로이의 유적

트로이에 어떤 사람들이 살고 있었는지는 유감스럽게도 현재 명확하게 밝혀지지 않고 있다. 이 유적은 9층으로 되어 있으며 기원전 3000년경부터 서기 1200년경까지 사람들이 살았던 흔적을 볼 수 있지만, 소실된 몇 개의 층은 미케네의 공격을 받아 멸망했다는 전설을 증명하는 것일지도 모른다(슐리만은 그렇게 생각했다).

특히 트로이전쟁과의 관련에서 주목할 만한 것이 제6층과 제7a층과 제7b층이며, 미케네문명과 트로이세력의 최전성기를 생각한다면 제6층의 소실(기원전 1270년경)을 이 전쟁과 연결해서 생각할 수 있다.

그러나 이 전설이 어느 정도의 역사적 사실을 포함하고 있다는 것은 타당하다고 해도 현 단계에서는 이들 유적만으로 이 파괴의 흔적이 얼마나 전쟁과 관련되어 있는지는 명확히 판단할 수 없다.

교활한 그리스인을 나타내는 에피소드

트로이 목마의 이야기는 호메로스의 「오디세이아」에서도 전해지는데, 오늘날 굳어진 이야기는 로마 초기의 시인 베르길리우스(Vergilius)의 「아이네이스(Aeneis)」('아이네아스의 노래'라는 뜻)에 의한 것이라는 점은 주목할 만하다.

대제국을 건설한 로마는 자신들의 선조가 이 계책으로 멸망한 트로이인의 한 사람으로서 이 전쟁에서 패배한 후 이탈리아로 도망간 아이네아스라고 생각했다. 그렇기 때문에 이 '목마의 계책'은 로마의 전통을 계승한 중세에도 일반적으로 그리스인이 교활하다는 전형성을 대표하는 에피소드로서 널리 알려지게 되었다.

페리클레스가 투구를 쓰고 있는 이유

오늘날 크게 두 가지 설이 있다. 하나는 "신체 중에서 페리클레스(Perikles)의 유일한 결점이었던 너무나도 큰 머리를 감추기 위해 조각가들이 일부러 투구를 쓴 조각상을 제작했다"는 설과 다른 하나는 "페리클레스는 그의 지도력으로 아테네를 그리스 제1의 폴리스로 이끌어갔는데, 이는 그가 몇 년간 지속적으로 장군직으로 뽑혔기 때문에 이 장군직과 페리클레스와의 불가분한 연관성을 상징하기 위해서 조각가들이 투구를 쓴 조각상을 제작했다"는 설이다.

페리클레스상

오늘날에는 페리클레스와 같은 시대에 크레타에서 태어난 크레실라스(Klesilas)가 제작한 페리클레스의 조각상을 모방했다는 로마시대의 모조품이 몇 점 남아 있을 뿐이다. 후자의 설은 투구를 쓴 다른 인물의 조각상(특히 후두부)을 비교 검토하여, "일반적으로 투구를 쓴 조각상의 경우, 투구를 지탱하기 위해 페리클레스가 아니더라도 머리 부분은 커지게 된다"는 것을 논거의 하나로 삼고 있는 것으로 보인다. 하지만 "당시의 조각상이란 실제의 모습을 그대로 반영한 것이어서 여기에는 어떤 이상적 형태도 없었던 게 아닐까" 하는 의문 등이 좀더 해결되어야 한다. 이 책에서는 고대 그리스사 개설서 등에서 일반적으로 주장되는 전자의 설을 근거로 하여 사료를 소개하겠다.

플루타르코스는 말한다

고대 로마시대에 플루타르코스(Plutarchos, 영어로 플루타크)가 서술한 『플루타크 영웅전』이란 작품이 있는데, 이중에서 「페리클레스전(傳)」 제3장에는 전자의 설에 알맞은 기술이 있다.

페리클레스는 부족(部族) 아카만티스족의 일원으로 코레고스 지역의 구민(區民)이기도 하였고, 양쪽 부모도 명문 가계(家系)의 일원이었다. 페리클레스의 아버지인 크산티포스는 미카레에서 페르시아 왕의 장군들을 물리친 인물로 클레이스테네스의 손녀(정확히는 질녀)인 아가리스테를 아내로 맞이했다.

이 클레이스테네스는 페이시스트라토스(Peisistratos) 일족을 몰아내 참주(僭主)지배체제를 무너뜨린 다음 숭고한 기개로써 법을 제정해서 화합과 안전이 잘 혼합된 국제(國制)를 수립한(기원전 6세기 말엽의 이른바 클레이스테네스의 개혁을 가리킨다. 부족제를 개혁하여 아테네 민주정치의 실질적 기반을 마련했다) 바로 그 인물이다. 아가리스테는 사자를 낳는 꿈을 꾼 며칠 뒤에 페리클레스를 낳았다. 그런데 페리클레스는 다른 곳은 더할 나위없이 훌륭했으나 머리가 너무도 커서 균형을 이루지 못했다. 이 때문에 그의 거의 모든 조각상은 투구를 쓰고 있다. 물론 조각가들이 그의 결점을 나타내고 싶지 않았기 때문이다.

아테네의 시인들은 그를 스키노스(양파를 지칭하는 그리스어―옮긴이) 머리라고 불렀다. 양파(원래는 지중해산 백합과 식물인 Urginea maritima를 말한다)를 때때로 스키노스라고 불렀기 때문이다. 희극시인인 크라티노스(Cratinus)는 「케이론(chiron)들」에서 "내란(內亂)의 여신(스타시스)과 늙은 크로노스(Cronos 또는 kronos)가 관계를 맺어 뛰어난 참주를 낳았고, 신들은 이를 '머리를 모으는 자'(게프아레게레테스, 제우스의 수식어인 '구름을 모으는 자 nephelegeretes'의 패러디)라고 부르고 있다"고 서술하고 있으며, 「네메시스(Nemesis)」에서는 "어서 오라 여행객을 대접하는 머리의 신(카라이오스) 제우스여"라고 노래하고 있다.

에우폴리스(Eupolis)는 「시(市)들」에서 명계(冥界, 하데스, 로마신화에서는 플루토 또는 디스富라는 뜻 ― 옮긴이)에서 되돌아온 민중 지도자들 한 사람 한 사람씩을 들먹이면서 페리클레스의 이름이 제일 나중에 나오는 대목에서 이렇게 말하고 있다. "아니, 어떻게 하데스족의 우두머리(여기서는 머리가 제일 큰 사람이라는 뜻과 지도자란 두 가지 뜻을 지닌다 ― 옮긴이)를 데리고 왔는가."

고전기의 아테네사를 상징하는 페리클레스

한 시대를 대표하는 것이 가능한 인물, 그가 바로 이 페리클레스다. 그는 페르시아전쟁 후 아테네에서 대내적으로는 고전적인 아테네의 민주정치를 완성하고, 대외적으로는 델로스동맹에 의해 아테네제국 지배체제를 이끌며 아테네를 그리스 제일의 폴리스로 만들었다.

역사를 '위대한 인물에 의한 위대한 행위'라고 보는 해석은 오늘날 설득력이 없지만, "명목상으로는 민주정치였지만 사실상은 한 사람에 의한 지배였다"는 투키디데스(Thukydides)의 말을 거론할 것도 없이 고전기 아테네의 번영은 바로 페리클레스의 수완에 의한 것이었다는 평가는 이후에도 변함없을 것이다.

그리스의 폴리스에서 연극이 성행한 이유

극장이 있는 풍경

고대 그리스 도시의 유적을 방문해보면 그리스 본토는 물론이거니와 에게해의 동쪽 해안이나 키프로스, 남이탈리아나 시칠리아에서도 극장 터를 많이 볼 수 있다. 여기서 그리스인의 도시생활에 연극 관람이 중요한 요소였음을 알 수 있다.

이들 극장 가운데는 로마제정 아래 도시계획에 근거해서 건축된 것도 있지만, 에피다우로스에 현존하여 지금도 여름에는 연극을 상연하는 대극장을 비롯하여 아테네, 시키온, 그리고 메가로폴리스 등 수만 명을 수용할 수 있는 곳은 주로 고전기에 만들어진 것이다. 그리스에서는 일찍부터 연극이 성대하게 개최되어 사람들을 많이 끌어 모았다는 것을 명백히 알 수 있다.

여기서 상연된 그리스의 비극이나 희극을 로마인들도 좋아했기 때문에 그들은 이것을 자신의 문화에 수용하여 제국 내의 지중해 전역과 서유럽으로 확장했다. 르네상스 이후에는 서양문명으로 정착되어 여러 극작가나 작가의 작품들이 번안되거나 영감을 주었고, 새로운 해석이 가해져 오늘날까지 세계 각지에서 계속 상연되고 있다. 그럼 이 계보의 효시에 위치하는 그리스인들은 대체 어떻게 극을 상연하거나 보았을까.

연극은 언제 공연되었는가

많은 그리스인들이 연극을 즐긴 것은 앞서 서술한 각지의 극장 터나 또한 기원전 4세기 이후 순회 공연하는 전문배우들의 집단(디오니소스의 예술가 라고 불렀다)이 형성된 사실에서도 명백히 알 수 있다. 또한 현존하는 연극 대본의 대부분이 아테네에서 만들어진 것이며 그 상연 모습 등의 상세한 부분을 알 수 있는 것도 고전기 아테네의 사례뿐이다. 그러므로 여기에서는 아테네를 예로 들어 설명하도록 하겠다.

연극을 공연하게 된 기원에 대해서는 고대에서부터 여러 가지 설이 있어왔으며 현재도 명확하게 해명된 것은 아니다. 그러나 비극을 지칭하는 그리스어인 ‘트라고이디아’ (영어로 tragedy)가 원래 ‘산양의 노래’ 또는 ‘희생양의 노래’ 를 기원으로 하는 것을 보면 희생양을 바칠 때에 행해졌다는 것을 알 수 있다. 그리고 희생양을 바쳤다는 것은, 나중 상황을 참작하여 생각해보면 디오니소스를 위한 제례의식이 포함되었던 것이라고 보아도 될 것이다.

그리고 희극을 지칭하는 '코모이디아'(영어로 comedy)가 원래 '즐거운 연회의 노래'란 의미이므로 역시 축제에서 행해졌다고 간주할 수 있다. 즉 둘 다 제례의식에서 상연된 것이었다. 이는 그 상세한 내용을 알 수 있는 아테네의 경우를 보면 명백하다.

아테네에서 희극이나 비극을 상연하는 것은 1년에 두 번뿐이었으며 둘 다 디오니소스(로마신화의 바카스 — 옮긴이)를 위한 제례의식이었다. 하나는 디오니소스 대축제로 보통 3월에서 4월 정도에 개최되었다. 다른 하나는 레나이아(Lenaia) 축제로 디오니소스 대축제보다는 격이 낮은 것으로 보이며 디오니소스 대축제보다 2개월 정도 앞서 개최되었다. 이런 사실에서 후에 전문배우들의 집단을 '디오니소스의 예술가'라고 부른 것도 이해할 수 있다. 즉 연극의 공연은 현재와는 달리 디오니소스란 신을 섬기는 종교적 의미가 포함되어 있었던 것이다. 그리스에서 연극이 성행한 배경에는 이런 종교적인 측면을 간과할 수 없다.

그리스인의 종교

기독교나 불교와 달리 그리스의 종교는 교의도 정해져 있지 않았으며 내면적 · 정신적인 면보다는 의례를 중시하였다.

그래서 올림피아나 델포이 등 그리스 전역의 신역(神域)과 더불어 자신들의 공동체가 섬기는 신들의 신역에서 여러 신들을 찬미하여 제례를 행하는 것이 바로 신앙행위였으며, 특히 각 공동체가 그 신들을 위해 행한 제례는 신전까지 이르는 시민들의 행렬(파르테논 신전의 기둥에 그려진 그림이 대표적인 예)을 포함하는 것으로, 이는 그들의 일체감을 높이기 위해서 매우 중요한 것이었다.

이때 연극도 상연되었다. 그리고 연극에 앞서 행하는 의식이나 공연할 연극의 내용에는 단지 문예적 측면뿐만 아니라 폴리스의 일원으로서의 이데올로기(비극)와 풍자에 의한 정치적 감각(희극) 등을 몸에 익히는 효과가 있었다고 지적되고 있다. 그렇기 때문에 기독교나 다른 신흥종교의 성행으로 인해 전통적 신들에 대한 신앙심이 저하되고, 로마제정 아래에서 폴리스로서의 자율성을 상실함에 따라 연극은 쇠퇴의 길로 들어서게 되었다.

알렉산더는 그리스인인가

클레오파트라는 이집트인인가

세계 3대 미인의 한 사람으로 유명한 클레오파트라를 주제로 한 영화에서 엘리자베스 테일러는 동양적인 모습으로 이집트 여왕의 역할을 하여 그 이미지가 매우 강렬하다.

그러나 클레오파트라의 가문인 프톨레마이오스(Ptolemaios) 왕조의 시조인 프톨레마이오스 1세(재위 기원전 305~282년)는, 기원전 4세기 후반에 약 10년에 걸친 동쪽 정벌로 그리스에서 인더스강에 이르는 대제국을 형성한 마케도니아왕국의 알렉산더(알렉산드로스Alexandros, 알렉산더는 영어식 발음) 대왕의 어릴 적 친구이며 또한 부장(部將)이었다. 알렉산더가 죽은 후 제국이 분할되었을 때 그는 이집트에 왕가(王家)를 세웠다. 그렇기 때문에 그의 자손인 클레오파트라도 당연히 마케도니아인이다. 그렇다면 이 마케도니아인은 어떤 사람들이었을까?

그리스와 마케도니아의 역사

기원전 338년 그리스 중부의 카이로네이아(Chaironeia)에서 알렉산더의 아버지 필립포스 2세(Philippos 2)가 지휘하던 마케도니아군은 그리스 연합군에게 대승리를 거두었으며, 이후 그리스는 마케도니아의 지배를 받게 되어 자유와 자치를 상실했고 그리스의 역사적 의의는 소실되었다고 일반적으로 알려져 있다.

이런 견해에서는 '마케도니아인'과 '그리스인'이 이질적 집단으로 생각된다. 마케도니아는 오늘날 구 유고슬라비아의 마케도니아와는 달리 고대에는 그리스 북부의 지역 명칭이었으며 여기에 살았던 사람들이 마케도니아인이었다.

그들은 원래 유목에 종사하였고 도시를 만들지 않았으며 왕가와 귀족이 존재했다. 명확히 고전기의 그리스인과는 다른 사회를 형성하였고 그리스인들도 그들을 양가죽을 몸에 두른 술을 좋아하는 오랑캐(바르바로이 Barbaroi, '알 수 없는 말을 쓰는 사람들'이란 의미)라고 불렀다. 그러나 그들의 언어에 대해서는 아직 논쟁중이긴 하지만 그리스어 방언의 일종이라고 볼 수 있으며 이름도 그리스적인 것을 사용하였으므로 민족적으로는 그리스인의 일파로 생각된다.

이 때문에 클레오파트라도 동양적인 모습이 아니라 그리스인적인 풍모를 지닌 여성이었을 것이라고 추측된다. 그렇다면 민족적으로 같은 사람들임에도 불구하고 마케도니아인과 그리스인을 구분하는 기준은 무엇일까?

그리스인을 정의하는 것

그리스인은 언어 · 습관 · 신들을 공유하는 사람들을 헬레네스

(Hellenes)라고 불렀으며 그들을 같은 동포(同胞)로 생각했고, 그렇지 않은 사람들을 바르바로이라고 불렀다. 원래 바르바로이란 단어에는 멸시의 의미는 없었으나 페르시아전쟁에서 승리한 자신감 때문인지 그 후 오늘날의 '야만인(barbarian)'의 의미도 포함하게 되었다. 이 때문에 그리스인들이 동포로 인정하는 데 중요하게 생각한 것은 민족적인 면보다도 문화나 사회의 공통성이었다. 마케도니아의 왕들은 그리스인들에게 인정받고 싶은 소망이 있었던 것으로 보인다. 그들은 자신들의 내력을 그리스의 폴리스, 아르고스(Argos)의 왕가 출신으로서 제우스와도 연결되는 고귀한 가문이라고 주장했다. 알렉산더 1세는 올림피아드에 참가하기를 원하기도 했다. 올림피아드는 헬레네스만이 참가할 수 있었던 것이다.

그 후의 역대 왕들 중에는 그리스의 문화인을 궁정에 초빙하거나 수도를 그리스풍으로 만들고, 또는 유목에서 농경으로 생활을 변환시켜 군역 제도도 그리스의 중장보병밀집대형(重裝步兵密集隊形, 고대 그리스의 전사를 중장보병, 호플리테스 Ho-plites라고 하는데 방패와 갑옷, 단검과 철창으로 중무장을 하였다고 하여 붙여진 이름이다. 이들은 팰랭크스 Phalanx라고 부르는 밀집대를 조직하여 전쟁을 했다. ― 옮긴이)을 채용한 이도 있었다. 알렉산더대왕도 아리스토텔레스를 가정교사로 두어 많은 그리스 문화를 배웠으며 특히 「일리아스(Illias)」를 애독했다고 하니 그리스인과 비슷한 수준의 교양을 익혔으리라고 추측된다.

그러나 이렇게 적극적으로 그리스 문화를 섭취한다고 해도 그들을 그리스인이라고 부를 수 없는 점이 한 가지 있다. 아리스토텔레스가 인간은 폴리스적 동물이라고 정의했듯이 그리스인들은 폴리스에 기반을 둔 생활을 가장 중시했으나 마케도니아는 그들의 공동체를 폴리스로 발전시키지는 않았던 것 같다.

자세한 내용은 알 수 없지만 그 사회는 귀족이 통솔하는 부족집단의 연합체제였다(노예도 없었던 것 같다). 이를 그리스인의 입장에서 보면 역시 이질적 집단으로 간주할 수밖에 없었을 것이다.

그러나 마케도니아인은 카이로에서의 승리 이후에도 그리스인의 이런 생활기반을 금지시키지 않고 존중했기 때문에 흔히 알고 있는 만큼 이 승리가 그리스사회를 전환시키는 계기가 되었다고는 생각할 수 없다. 결국 크게 변화한 것은 다른 소규모 폴리스에 영향력을 행사해온 아테네 등의 일부 유력한 폴리스에 지나지 않았다.

로마시대에 해적이 있었나

물론 있었다. 고대 지중해 세계에서는 해상교통의 시작과 함께 해적이 있었다고 생각할 수 있다. 호메로스의 『오디세이아』에서도 오디세우스가 귀국 도중에 도시를 공격하여 부녀자와 재물을 약탈했다는 것을 말하면서도 부끄럽게 여기는 기색이 없다. 헤로도토스(Herodotos), 투키디데스의 저작에서도 해적에 대한 대목을 볼 수 있으며 고전기에도 해적의 활동이 끊기는 일은 없었다. 그러나 아테네가 조직적으로 해적 토벌에 나선 적은 없었던 것 같다.

로마시대에 들어서면서 해적은 소아시아 남부의 기리키아, 팜필리아 양쪽 지역의 복잡한 해안선과 섬들을 이용해서 근거지를 만들었다. 기원전 1세기의 지리학자 스트라본(Strabon)은 두목인 트리폰의 지휘 아래 코라케시온이란 마을에 들렀다고 전한다. 그들은 헤미오리아라고 불리는 두

폭의 돛을 갖춘 쾌속선을 조정하여 시리아나 페니키아 등의 부유한 도시를 공격하거나 에게해를 통과하는 배를 약탈하기도 했다. 또한 그들은 생포한 포로를 델로스섬의 노예시장에 데리고 가서 당시 카르타고를 멸망시키고 부유해진 로마인에게 팔았다고 스트라본은 전한다.

기원전 2세기부터 로마는 해적을 토벌했다. 기원전 102년 웅변가였던 마르쿠스 안토니우스(Marcus Antonius)에 의한 토벌이 그 효시이다. 그는 계속 승리를 거두고 귀환하여 개선식(凱旋式)을 거행하고 기원전 99년에는 콘술(consul, 집정관)이 되었다. 이미 동지중해 세계에서 대국의 모습을 드러낸 로마가 정식으로 해적 토벌에 착수한 의의는 컸다.

기원전 100년, 로마는 한 법에서 해적은 로마인과 그 동맹자의 적이라고 공식적으로 선언하였다. 해적의 발호가 두드러지면서 동지중해 지역의 안전은 상당히 위협받고 있었을 것이다. 나중에 독재자가 된 카이사르(Caesar)도 기원전 75~74년 해적에게 잡혔던 적이 있을 정도였다. 그는 38일간 해적과 함께 있었으며 보석금이 도착하여 자유의 몸이 되자마자 토벌군을 일으켜 자신을 구속했던 해적을 처형했다고 플루타르코스는 전한다(「카이사르전」).

폼페이우스에 의한 토벌

해적의 공격은 이탈리아반도까지 그 영역을 넓혔다. 해적은 로마의 외항(外港)인 오스티아를 공격해서 로마의 함대를 파괴하고 현직 정무관(政務官)을 포로로 만들기까지 했다. 또한 해상에서는 상선도 습격하여 곡물을 수입에 의지하던 로마를 식량 부족의 위기에 처하게 하였다. 이에 호민관인 가비니우스(Gabinius)는 폼페이우스(Pompeius) 장군에게 해적 토벌의 지휘권을 주도록 민회에 제안했다. 그 내용은 앞으로 3년 동안에 한해서 지브롤터해협 안쪽의 전 해역과 내륙으로 약 60킬로미터 안쪽 전 지역의 지휘권, 많은 군자금과 함대, 25인의 부관을 그에게 준다는 파격적인 내용이었다. 폼페이우스는 전 해역을 부관에게 할당, 분담구역 내의 공격과 수비의 책임을 맡겼다. 그 자신은 모든 부서를 총괄하고 아주 잠깐 동안만 해적을 토벌했다.

키리키아에 기지를 둔 해적은 폼페이우스가 가진 너무나 많은 장비와 명성에 겁을 먹어 싸우지도 않고 항복했다고 전해진다. 그의 토벌작전은 뛰어난 성공을 거두었다. 이후 그는 유능한 장군으로서 지위를 굳히고 소아시아나 시칠리아 방면의 평정에 큰 공적을 세워 로마의 중앙정계에서 카이사르와 함께 제1급 정치가로 올라가게 된다. 공화정 말기의 해적은 폼페이우스란 정치가의 세력 확대에 힘을 빌려주는 정치적 역할을 수행했다고도 말할 수 있다.

제정기에 해적은 다시 부활한다. 그렇지만 대부분은 황제들의 강력한 군대에 의해 진압되었다. 3세기 이른바 위기의 시대에 제국 행정에 멸망의 낌새가 보이자 그들의 활동도 활발해졌다. 5세기의 반달족에 의한 북아프리카 점령도 해적과 같은 행위를 수반하였지만, 이는 정복전쟁에 따르는 약탈행위라고도 할 수 있는 것으로, 종래의 해적이란 개념에 끼워맞추기엔 무리가 있다. 게르만민족의 활동과 함께 새로운 시대에 들어섰다고 생각해야 한다.

켈트인에게 '로마의 평화'는 무엇이었나

로마의 브리타니아 지배와 부디카의 봉기

서유럽의 이스파니아(Hispanie), 갈리아(Gallia), 브리타니아(Britannia) 등의 지역에는 고대 선주민인 켈트계 주민이 거주하고 있었다. 로마는 그 지배영역이 확대되어감에 따라서 각지에서 켈트인과 부딪치게 되었고, 이를 군사적으로 정복하여 지배하였다. 브리타니아의 경우에는 제4대 클라우디우스(Claudius) 황제가 서기 43년에 브리타니아 남부를 정복하여 카물로두눔을 거점으로 브리타니아를 속주로 만들었다. 이때 클라우디우스는 11개 부족을 복종시켰으며 이 가운데 레그니족과 이케니족에게는 특별한 보호 혜택을 주어 비호국으로 만들었다. 49년 로마 퇴역병들이 들어오게 되면서 카물로두눔은 콜로니아(식민도시)로 승격하였으며, 54년 클라우디우스의 사후에는 여기에 클라우디우스를 받드는 제단이 만들어졌다. 그런데 이러는 동안 카물로두눔의 선주민인 토리노반테스족이 토지를 빼앗겨 노예화되는 등 켈트인 공동체의 생활이 억압을 받고 파괴됨으로써 점차로 반로마적 기운이 높아졌다. 이와 동시에 민중의 의식에 지대한 영향력을 가졌기 때문에 로마로부터 적으로 간주되어 박해받았던 드루이드교(Druidism) 사제들이 반로마 투쟁을 부추겼다.

서기 60년, 국왕이 사거한 이케니족은 비호국으로서의 지위를 유지하려고 네로황제에게 많은 조공을 바쳤음에도 불구하고 현지의 관리가 많은 부정과 학대 행위를 했기 때문에 왕비 부디카(Boudica)가 봉기했다. 이때 로마의 군대와 관리들은 왕비 부디카를 채찍으로 때리고 두 명의 딸을 능욕

하였으며, 이케니족의 모
든 호족들로부터 조상 대
대로 물려받은 토지를 몰
수하고 왕의 외척을 노예
로 취급했다.

드루이드교 사제의 제창
에 의해서 이케니족, 토리
노반테스족 이외에도 많은
종족이 참가한 봉기군은

부디카상

처음에는 로마 지배의 상징인 카물로두눔을 공격하여 함락시켰으며, 계속
해서 론디니움(현재의 런던), 베룰라미움을 공격했다. 이들 세 도시에서 로
마인 상인이나 고리대금업자, 로마화된 현지의 부자들 등 약 7만 명이 살
해되었다. 최고위 계층의 부녀자들은 안다테의 숲이란 성스런 장소에서
교수형에 처해졌을 뿐만 아니라 창으로 찔리는 드루이드교의 인신공양 의
식까지 치러졌다. 부디카는 "브리타니아인은 예전부터 여자의 지휘 아래
전쟁을 치렀다. 지금 나는 위대한 왕가의 자손으로서 내 왕가와 부를 위해
서 싸우는 것이 아니다. 인민의 한 사람으로서 빼앗긴 자유와 채찍으로 맞
은 몸과 능욕당한 딸의 정절을 위해 복수하는 것이다"라고 외치며 결전에
임했지만 결국 8만 명의 희생자를 내고 로마군에 패했다.

'로마의 평화'와 칼가쿠스의 저항

78년에 역사가 타키투스(Tacitus)의 장인인 아그리콜라(Agricola)가 브
리타니아 총독으로 부임했다. 아그리콜라는 부디카의 봉기 등 과거의 교
훈을 거울로 삼아 강압적인 지배를 완화하는 한편으로 종족의 우두머리의
자제들에게 라틴어, 웅변술 등의 로마적 교양을 가르치기도 하고 도시에

기둥이나 목욕탕을 만드는 등 로마화 정책을 추진했다.

이러한 로마적 도시생활과 풍속, 습관, 라틴적 교양의 도입은 한편으로는 현지 켈트인 종족공동체의 '문명개화'를 의미하지만, 그 본질은 로마의 지배를 수용시키기 위한 노예화에 지나지 않았다. 실제로 아그리콜라는 이런 로마화 정책을 추진하면서 한편으로는 북방의 칼레도니아(Caledonia, 현재의 스코틀랜드)를 침략했다.

타키투스의 저서를 보면 3만 명을 거느리고 로마의 침략에 저항한 칼레도니아의 장군 칼가쿠스(Calgacus)는 이렇게 말한다. 칼레도니아인은 "로마의 전제정치와의 접촉에 의해서 더럽혀지지 않은 …… 자유와 독립의 최후의 보루"이며, 로마인은 "너무나도 황폐해져서 토지가 없어지면 바다를 찾기 시작했다. …… 그들은 파괴와 살육과 약탈을 가장해 '지배'라고 부르며, 황량한 세계를 만들 때 이를 눈속임하여 '평화'라고 부른다"고 서술하고 있다(『아그리콜라』제30장). 이 연설은 타키투스의 '창작'이긴 하지만 여기에는 동시대인인 타키투스의 의식을 통해서 '로마의 평화'가 브리타니아의 켈트족에게는 파괴, 살육, 약탈을 수반하는 '지배' 그 자체였음을 분명하게 나타내고 있다.

독일의 대도시 쾰른의 기원

쾰른의 기원과 게르만인
현재 독일의 쾰른시 주변에는 게르만인의 일파인 우비(Ubi)족이 살고 있다. 우비족은 처음에는 라인강 오른쪽 기슭의 마인강과의 합류지점 북쪽에 살고 있었으나, 율리우스 카이사르의 갈리아 원정에 여러 면에서 협력하는 등 예전부터 로마의 지배에 호의적이었기 때문에 기원전 38년경 그들이 수에피족의 압박을 받았을 때 로마는 라인강 왼쪽 기슭으로 이주할 수 있도록 도움을 주었다. 우비족은 그 땅에 오늘날의 쾰른의 기원이 되는 오피디움 우비오름(Oppidum Ubiorum, 요새를 갖춘 우비족의 성곽도시란 의미)을 건설했다.

그 후 로마는 게르마니아 정복에 나선 서기 4년에서 9년에 이 오피디움 우비오름에 로마황제를 모시는 제단을 건립했다. 이는 로마가 피정복지의 주민에게 로마황제에 대한 예배의식을 도입하고 현지의 귀족층을 사제로 임용함으로써 로마의 지배에 순종하는 현지 지배층을 형성하기 위한 의도였다. 서기 9년 성스러운 두건(사제가 그 종교적 권위를 나타내기 위해서 썼던 일종의 두건)을 자르고 아르미니우스(Arminius)가 지휘하는 반로마 투쟁에 참가한 세기문두스는 이 제단의 사제 중 한 명이었다.

서기 50년, 제4대 클라우디우스황제는 오피디움 우비오름에 로마군의 퇴역병을 들여놓고 이를 콜로니아(로마의 식민도시)로 승격시켰다. 또한 같은 해, 이 땅에서 출생한 황제의 네 번째 황후 아그리피나(Agrippina)가 자신의 이름을 이 도시에 붙일 것을 강력히 요구하여 이후 콜로니아 아그리피넨시스(아그리피나의 식민도시)라고 부르게 되었다.

아그리피나는 초대 황제인 아우구스투스(Augustus)의 직계로 소녀 때에 후에 제3대 황제가 되는 오빠 칼리굴라와 근친상간을 했으며, 후에 네로황제를 낳은 여성이다. 현재의 쾰른은 그 명칭 가운데 아그리피나가 떨어져나가고 콜로니아(colonia)란 이름이 변형된 도시명이다. 98년 1월 27일 네르바황제의 비보를 접한 공동통치자인 트라야누스(Trajanus)가 단독으로 이 도시에서 황제에 취임하였다.

쾰른과 율리우스 시비리스의 봉기

68년 네로황제의 사후에 네 황제가 난립하던 69년 가을, 라인강 하류 왼쪽 기슭에 정주 허가를 받은 게르만인 바타위족의 귀족이며 로마의 보조 지휘관인 율리우스 시비리스(Julius Civilis)가 봉기를 했다. 이 반란에는 전부터 로마의 지배에 불만을 품은 트레빌리, 링고네스, 텐크테리, 콰디를 포함하는 광범위한 종족이 참가하였고 이들의 봉기는 라인강을 끼고 게르마니아 서부와 갈리아 북동부 일대에까지 확대되었다.

거병에 즈음하여 시비리스는 "로마로부터 부정이나 약탈, 예속 등 많은 피해"를 당했다면서 "우리들은 이전처럼 동맹관계가 아니라 노예처럼 취급받고 있다"고 연설하였으며, 더 나아가서 전쟁 초반에서 승리한 후에는 "말 못하는 짐승조차 태어날 때부터 자유가 있으며, 인간은 용기란 고유의 장점을 지니고 태어났다"고 부르짖으며 각 종족에게 반란에 참가할 것을 호소했다.

그리고 반란의 주도적 종족의 하나인 텐크테리족은 콜로니아 아그리피넨시스에 사절을 보내 반란에 참가하기를 재촉하였으며 시민들에게 종속의 벽인 식민도시의 성벽을 파괴하고 각 지역 내의 모든 로마인을 죽이도록 요청했다. 이에 대해 이미 쾰른 시민이 되어 있던 우비족은 "일찍이 이 땅에 들어온 사람들이나 우리들과 혼인으로 친인척 관계를 맺은 사람들, 그리고 그 이후에 태어난 자들에게는 여기가 조국이다. 너희들이 우리들의 부모형제를 우리들의 손으로 죽이라고 요구할 만큼 냉정하고 비정한 사람들이라고는 생각하지 않는다"고 대답하며 요구에 응하지 않았다.

이윽고 네 황제 중 내란의 승리자 베스파시아누스(Vespasianus) 황제가 반란 진압을 위해 대군을 파견했다는 소식이 들리자 반란자 측이었던 갈리아의 각 종족 대표들이 드로콜트룸(현재의 랭스)에 모여 대책을 논의했다. 여기서는 트레빌리족이 로마와 싸워서 자유(libertas)를 회복하는 것을, 레미족이 로마의 지배 아래에서의 평화(pax)를 유지하는 것을 각각 주장하여 의견이 나뉘었지만 결국 후자의 길이 채택되었다. 이렇게 해서 반란은 70년 가을 켈리아리스가 지휘하는 로마군에 의해서 진압되었다.

로마황제에게 중요했던 '빵과 서커스'

원형경기장의 구경거리

2세기 전반의 시인 유베나리스(Juvenalis)는 로마 시민이 단지 '빵과 서커스'에만 관심을 가지고 있으며 타락했다고 한탄했다. 빵이란 로마 시민에게 싼값(또는 무상)으로 배급되는 식량을 가리키며 서커스란 구경거리를 지칭한다.

기원전 3세기부터 이탈리아반도 밖으로도 지배권을 넓힌 로마는 해외에서 막대한 부를 끌어모았다. 식량배급은 이 부를 배경으로 해서 기원전 133년, 그라쿠스(Gracchus)가 싼값에 곡물을 시민에게 공급한 일에서부터 시작된다. 기원전 58년, 호민관인 클로디우스는 이를 무상으로 배급했다. 이후 무상으로 배급받는 시민은 증가하여 기원전 2년 아우구스투스황제 시대에는 약 20만 명에 달했다. 이 정책은 유력 정치가의 인기몰이나 선거대책에 매우 효과가 있어 역대 황제들에게도 이어졌다.

구경거리에는 루디(ludi)라는 경기축제(전차경주와 연극)와 무네라(munera)라는 검투사 시합의 두 종류가 있었다. 루디는 왕정시대에 전쟁의 승리를 신들에게 감사하여 헌납하는 제사에 그 기원을 둔 역사가 깊은 경기이다. 무네라는 사자의 영령을 추도하기 위해 개최된 공양의 한 형태로 로마에서는 기원전 264년에 유니우스 브루투스 페라(Junius Brutus Pera)의 장례식에서 두 명의 아들이 처음으로 주최했다. 말하자면 사적 행사가 기원이었다.

로마에서는 매년 9월에 루디 로마니(ludi Romani)라고 불리는 대경기제가 개최되었다. 당일은 유피텔 신전에서 정무관을 선두로 하여 전차, 기마, 스포츠 경기자와 악사, 무용가들의 화려한 행렬이 이어졌다. 경기는 연극과 전차경주(나중에 격투기 포함)로 이루어졌다. 전차경주는 이미 공화정기에 만들어진 대전차경기장에서 치러졌다. 길이 600미터, 폭 150미터, 주행코스 1,500미터의 장방의 원형경기장은 약 25만 명의 관중을 수용할 수 있었다고 한다. 모인 시민들은 두 필의 말 혹은 네 필의 말이 이끄는 전차경주의 승패를 예상하고 도박을 하며 열광했다. 또한 그들은 검투사의 시합이나 맹수사냥에도 열광했다. 서기 80년에 거의 완성된 원형경기장은 이런 종류의 구경거리의 무대였다.

그러나 공화정 말기에는 루디와 무네라의 구별이 애매모호해졌다. 게다가 이들 모두 정치적 의미를 지니게 되었다. 구경거리를 주재하는 정무관의 인기는 급상승하였으며 이는 이후의 민회 선거에서 더욱더 고위층으로 선출될 가능성을 높였다. 이 때문에 사비를 투자하여 구경거리를 주재하는 인물이 나타났다. 가장 유명한 사람이 카이사르다. 그는 기원전 65년 안찰관(按察官)이었던 때에 검투사 시합, 구경거리, 향연 등의 비용을 부담해서 크게 인기를 누렸다고 전해진다.

황제의 신격화

이런 경향은 제정기에도 이어졌다. 시민들은 절대적 권력을 지닌 황제가 구경거리를 후하게 제공하리라고 기대했다. 시민들은 막대한 부와 권력을 손에 넣은 황제에게 '빵과 서커스'를 요구했다. 이를 실현할 수 있는 사람은 황제뿐이며 황제는 '빵과 서커스'를 보장함으로써 시민의 지지를 굳힐 수 있었다. '빵과 서커스'는 제국의 통치를 위한 중요한 수단이었다.

초대 황제 아우구스투스는 『업적론』속에서 검투사 시합이나 전차경주, 맹수사냥을 몇 번이나 개최했음을 자랑스럽게 생각했으며, 제3대 칼리굴라(Caligula) 황제는 주최자임과 동시에 자신도 검투사나 기수, 가수 등을 연기하여 구경거리에 적극적으로 참가했다. 로마에서 다섯 명의 현명한 황제로 불리는 황제 중 마지막 황제였던 마르쿠스 아우렐리우스(Marcus Aurelius) 황제 시대의 로마에서는 실제로 연간 130일이 구경거리에 할당되었으며 일시적인 구경거리를 포함하면 거의 이틀에 한 번꼴로 구경거리가 제공되었다고 한다.

구경거리는 원래 신에 대한 제사용이었기 때문에 황제의 신격화에도 기여했다. 행렬에는 황제 조상들의 동상이 신들의 동상과 함께 공양되어 황제 일족의 신성성이 눈에 보이는 형태로 제시되었다. 로마 이외의 지방에서도 황제를 신으로 모시는 사제(지방 유지)가 구경거리를 제공하는 경우가 있었다. 구경거리를 매개로 해서 '황제 → 지방 유지 →민중'이란 통치 시스템이 관철되었다.

4세기 이후 기독교의 영향으로 투기장에서의 유혈을 수반하는 구경거리는 제한되었으며, 5세기에는 검투사 시합이 금지되었다. 로마제국은 새로운 시대의 변환기를 맞이하고 있었다.

로마가 기독교를 박해한 이유

민중이 고발한 기독교

2세기 초 로마제국의 정치가인 (소)플리니우스는 소아시아의 폰토스주에 총독으로 파견되어 일반시민들로부터 '기독교도'란 이유로 고발당한 사람들의 재판에 관여했다. 플리니우스는 기독교도라고 자처하는 자를 처형하고 신앙을 버린 자는 석방했다. 그는 트라야누스황제에게 자신의 조치에 대해서 의견을 묻는 편지를 보내고 황제도 답장으로 기독교도의 처형이나 종교를 버린 자의 석방을 승인했다.

2세기 후반에는 역시 소아시아의 아시아주에서 발생한 지진재해의 원인을 기독교도 탓으로 돌리는 민중들이 나타나거나, 스미르나(현재 터키의 이즈미르)의 사제인 폴리카르포스가 민중의 격렬한 증오로 인해 순교하는 사건도 일어났다. 177년에는 갈리아의 루그두눔(현재의 리용)에서 많은 기독교도가 학살되었다. 박해는 민중의 개인적인 형벌에서 시작되어 총독도 신도를 엄벌에 처했다. 많은 기독교도들이 축제의 구경거리로 제공되어 야수의 먹이가 되거나 뜨거운 쇠로 몸을 지지는 형벌을 받기도 했다고 한다. 특히 2세기에는 이처럼 민중의 증오에 기인한 기독교도 박해사건이 많이 발생했다.

기독교도 박해의 배경

3세기 중엽까지는 국가가 정책적으로 기독교도를 박해한 예는 찾아볼 수 없다. 1세기에 있었던 네로황제의 박해는 유명하지만, 이는 신도가 방

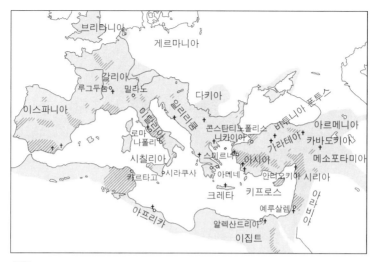

로마제국의 기독교 보급

화죄를 덮어쓴 것이므로 신앙이 죄가 된 것은 아니다. 또한 기독교도의 황제에 대한 예배 거부가 박해를 초래했다는 설도 최근에는 부정되고 있다. 앞에서 서술한 답장에서도 트라야누스황제가 고발되지 않은 신도의 체포나 익명의 고발장 접수를 금지하고 있는 것으로 볼 때 기독교 문제에 깊게 관여하지 않는 자세를 보이고 있음을 알 수 있다.

　당시의 도시 민중에게는 반기독교 감정이 있었고 2세기까지의 박해는 민중의 이런 감정에 기인한 것이었다. 그럼 왜 기독교도는 민중의 증오를 샀는가? 재판에서는 기독교도란 '이름'이 범죄로 취급되었지만, 그 배경에는 민중의 편견이 있었다고 전해진다. 신도의 관행이 '프라기티아'(파렴치한 행위)로 오해받은 것이다. '프라기티아'에는 식인 습속이나 성적 난잡함 등이 있었는데, 특히 '무신론'이 위험시되었다. 기독교는 먼저 도시에서 확대되었지만 고대 지중해세계의 도시공동체에서는 그리스나 로마의 토착 신들이 받들어졌고, 시내의 신전에 많은 신의 동상이 세워져 있었다. 도시 시민은 신들에 대한 제사를 중시하고 도시에 대한 재앙(전쟁, 천재지변)은 신의 분노에 의한 것이라고 믿었다. 도시의 신들을 받들지 않는 기독교도들은 '무신론' 자로 간주되어 공동체에 위험을 초래하는 존재로서 극단적인 증오의 대상이었다. 루그두눔 박해도 당시의 대외 위기 등을 '신의 벌'이라고 느낀 민중의 두려움이 반영된 결과라고 말할 수 있다.

3세기에 접어들면서 민중이 가하는 박해는 감소한다. 이에 비해 황제에 의한 박해가 이루어졌다. 반란이나 외적 침입 등의 위기를 맞은 이 시기에 황제는 권력을 강화하기 위해 전통종교를 공손히 따를 것을 명령했고 이에 따르지 않는 기독교도를 박해했다. 그러나 기독교는 이미 로마제국에 뿌리 깊게 침투되어 있었다.

변화하는 로마사회와 기독교

2세기에서 7세기경까지의 시대를 '고대 말기'로 간주하고 단순히 쇠퇴의 역사로 보는 것이 아니라 새로운 사회의 형성과정으로 보는 설이 최근 주목받고 있다. 그리고 이 과정에도 기독교가 크게 관여했다고 전해진다.

초기 기독교도는 도시공동체 안에서 이질적 존재로 간주되었다. 그러나 제국의 영토 확장 속도가 완만해지고 새로운 변화가 로마사회 전체에 일자, 이는 도시민에게도 영향을 미쳤다. 여러 가지 '불안'이 사회를 덮쳐, 사람들의 심성이나 가치관도 변했다. 기독교도는 신도의 결속을 굳히고 교회의 조직화를 추진해나갔다. 그들은 노예제에 대한 관점 등에서는 로마사회나 다른 종교와 공통점을 지니면서도 금욕이나 가난 구제 등에 대해 독자적 규범을 만들어 변화에 대응하는 삶의 방식을 모색했다. 기독교는 신분이나 국가를 초월하여 교회를 중심에 둔 공동체를 만들어나갔다. 고대의 도시공동체가 변화하는 가운데 사람들은 기독교 속에서 새로운 공동체를 발견한 것이다.

로마에는 여황제가 없었는가

고대세계의 여성

로마제국에는 여황제가 없었다. 로마는 건국 때부터 전사(戰士)들의 공동체였다. 로마인들은 기원전 1000년경 티베리스강 주위에 촌락을 형성하고 에트루리아인과 협력하여 도시 로마를 만든 후에도 근처의 각 부족과 싸울 수밖에 없었다. 이런 환경에서는 무엇보다도 전쟁의 지휘를 오랫동안 해온 자가 지도자로서 적당했다. 여성이 지도자가 될 수 없었던 원인은 오로지 이 점에 있었다.

후세에는 프랑스의 잔다르크와 같은 유능한 여성 지휘관도 볼 수 있지만 이는 예외일 것이다. 고대세계에서 전쟁은 남성의 몫이었다. 여성의 역할은 가정을 지키고 자녀를 낳아 차세대의 전사로 키우는 것이었다. 따라서 여성은 집에 있어야 하는 존재로 전사공동체인 도시의 정치에 직접 참가할 수 없었다.

시민이 전원 참가하는 켄투리아민회는 전투집단인 백인대(百人隊, 켄투리아)를 기초로 한 구성이었으나 여기에도 여성이 들어갈 여지는 없었다. 고대 로마(그리스도 포함하여)에서는 여성이 정치의 무대에 나서는 일은 없었다. 공화정기의 콘술(집정관)은 정치와 군사를 맡는 최고관직이었지만 이 직책에도 여성이 취임한 예는 없었다. 무엇보다도 무예와 강건함이 존

경받는 시대였다.

이미 공화정 후기부터 로마의 군인은 유력자들의 사병과 같은 존재였다. 장기간의 종군과 싼 값의 노예 노동력의 유입 등에 의해 사회적으로 몰락한 로마의 중소 토지 소유자는 유력자들의 비호 아래 들어가 무기나 식량을 제공받고 그들에게 충성을 맹세하는 사적인 병사가 되었다.

공화정 말기에 권력투쟁을 펼친 마리우스(Gaius Marius)나 술라, 루쿨루스, 폼페이우스, 카이사르, 안토니우스 등의 유력한 정치가들은 모두 이런 사병 군단을 지닌 우수한 군사령관이었으며, 최후에 승리를 거둔 옥타비아누스(초대 황제 아우구스투스)도 바로 이와 같은 사람 중의 한 명이었다. '원수정(元首政, 帝政)'이란 결국 '군사독재정치'였다. 이후 역대 황제는 모두 군사력을 배경으로 황제의 자리에 앉았다. 군대를 장악하지 않으면 황제가 되기 어려웠다. 그렇기 때문에 여성이 황제의 자리에 앉을 가능성은 없었다.

역사에 이름을 남긴 대황후(大皇后)들

그러나 역사에 이름을 남긴 황후들은 수도 없이 많다. 아우구스투스황제(재위 기원전 27~서기 14년)의 아내인 리비아, 그리고 셉티미우스 세베루스(재위 193~211년)의 아내이며 카라칼라황제(Caracalla, 재위 211~217년)의 어머니인 율리아 돔나는 남편과 아들에게 큰 영향을 미쳤다고 전해진다. 그러나 누구보다 가장 유명한 황후는 아그리피나일 것이다. 제3대 칼리굴라황제의 여동생이자 명문가 태생인 그녀는 제4대 클라우디우스(Claudius)황제의 후처로서 황후의 직위를 얻자마자 전 남편인 도미티우스 아헤노바르부스와의 사이에 태어난 아들을 황제의 계승자로 삼으려고 계책을 세운다. 클라우디우스에게는 전 황후와의 사이에 적자 브리타니쿠스(Britannicus)가 있었으나 아그리피나는 계책을 써서 자신의 아들을 후계자로 삼는 데 성공하였고 끝내 남편인 클라우디우스를 연회석에서 독살하여 아들을 즉위시켰다고 전해진다. 그가 바로 악명 높은 제5대 황제 네로(재위 54~68년)이다. 황제의 자리에 앉은 네로는 점차 자신의 어머니를 밀리한다. 59년, 여러 번의 충돌 끝에 아그리피나는 아들 네로가 보낸 자객의 손에 의해 살해된다. 아들을 황제로 삼기 위해 음모와 계책을 구사한 후 그 아들에게 죽임을 당한 그녀의 일생은 파란만장 그 자체이며 처참하기까지 하다. 정치의 앞무대에 등장할 수 없었던 여성은 이런 운명을 걸을 수밖에 없었는지도 모른다.

호박길

'호박길'이 운반한 것

고대 유럽에는 북방의 발트해 연안에서 중부 유럽을 관통하여 이탈리아의 아드리아해에 이르는 교역로가 있었다. '호박길'이다. '호박길'은 아드리아해 연안의 아킬레이아(현재의 그래도)를 출발하여 판노니아 평원의 에모나(현재의 루블랴나)를 거쳐, 켈리아(현재의 첼레), 포에토비오(현재의 프추에 혹은 펫타우) 등을 지나 무르강을 넘어 사바리아(현재의 좀바츠헤이), 스칼라반티아(현재의 쇼프론)에 이른다. 그리고 더 나아가서 도나우 경계에 들어서며 빈도보나(현재의 빈), 또는 카르눈툼(현재의 페트로넬)을 지나 북진하여 체코의 브루노, 폴란드의 브로츠와프, 포즈난을 거쳐서 현재의 그다니스크에 도달한다.

발트해 연안의 호박은 예전부터 널리 알려져 있었다. 슐리만이 트로이에서 발견한 400개의 장식용 호박은 기원전 1850년대로 추정되는 지층에서 출토되었으며, 이는 발트해에서 도나우강의 수운을 이용하여 흑해에 이르는 길로서, '호박길'과는 일부 다른 별도의 교역로가 존재했음을 시사한다.

그리고 발트해 연안의 호박은 고대 저술가들의 기록에도 자주 등장한다. 그 예로서 1세기 말에 『게르마니아(Germania)』를 저술한 타키투스는 발트해 연안에 사는 아에스티의 각 부족에 관한 서술에서 "게르마니아인 중에서 그들만이 호박(sucinum)을 — 그들은 이것을 글레섬(glesum)이라고 부르지만 — 수심이 얕은 해변이나 백사장에서 주워 모은다. 이 호박이 어떤 성질인가……라는 문제는 야만인에게는 당연한 것이지만, 묻지도 답을 찾지도 않았다. ……우리들 로마인의 사치가 이 호박을 유명하게 하기까지 그들은 오랫동안 해안에 박힌 이것을 다른 지층과 마찬가지로 방치하고 돌보지 않았다. 그들 자신은 ……자연 그대로 볼품없는 덩어리째 주워 모아 그 대가를 받아 간다"라고 기술하고 있다.

여기서 타키투스가 말하는 아에스티의 각 부족이란 현재의 에스토니아란 국명에 그 흔적이 남아 있는 풀첸족의 라틴어명이며, 게르만족도 슬라브족도 아닌 발트계 민족이다. 타키투스는 게르마니아에서는 가치 없는 것으로 취급받고 있는 호박이 로마에서는 진품으로서 중요시되는 것을 비교 서술하여 로마의 과열된 문명사회에 경종을 울리고 있다. 그리고 이 기술에서 로마 상인이 발트해 연안에 진출하여 호박을 사 모았던 모습을 짐작할 수 있다. 이처럼 로마 제정기에는 로마 상인이 '호박길'을 통해 발트해나 북해 방면으로 진출하여 그 땅에서 로마산 포도주, 토기, 유리제품, 금속제품 등과 북유럽산 호박, 모피, 수달의 이빨 등을 교환하는 무역을 했다.

'호박길'이 운반한 것은 이런 상품뿐만이 아니었다. '호박길'은 초기 기독교의 전도에도 큰 역할을 했다. 어떤 기록에 의하면 상인들이나 로마군이 '호박길'로 이동하여 이미 1세기에는 도나우강 연안에서 기독교도의 존재를 확인할 수 있고, 또한 도나우강 북방의 콰디족에게도 기독교의 정보가 전해졌다. 그리고 4세기 초반에는 '호박길'의 도상에 위치하는 포에토비오에서 신학자인 빅토리누스가 사제로서 '호박길'을 통해 현재의 헝가리 지역에 기독교를 전파했다.

'호박길'의 중개지로서의 카르눈툼

'호박길'이 도나우강을 넘어서 '야만족'의 나라에 들어가는 지점, 즉 현재의 빈(영어로는 비엔나) 동쪽 약 40킬로미터의 지점에 카르눈툼(Carnuntum)이 위치하고 있었다. 카르눈툼은 마르쿠스 아우렐리우스황제가 마르코만니, 콰디, 야즈게스 등의 북방 게르만의 각 부족을 상대로 싸운 마르코만니 전쟁(166~180년)의 본 진영이 있었던 마을이며 실제로 이들 북방 게르만의 각 부족도 '호박길'을 통해 로마제국에 침입했다. 카르눈툼이 한창 융성할 때에는 수비대 병사와 시민의 총수가 4만을 넘는 대도시로 발전하여 4세기 초기의 디오클레티아누스(Diocletianus) 황제 시대에는 제국의회의 개최지가 되었으며 370년대에는 발렌티니아누스황제(Valentinianus)의 게르만 공격의 출격기지로서도 이용되었다.

카르눈툼은 현재 폐허가 되었지만 그 주변에는 '이교도 문'이 즐비해 아킬레이아에서 발트해에 이르는 '호박길'이 여기서 '야만족'의 경계를 넘었음을 보여준다. 동서를 연결하는 도나우강과 남북을 연결하는 '호박길'이 교차하는 지점에 위치하며 교역과 군사의 역사가 깊게 새겨진 도시가 바로 카르눈툼이다.

게르만인은 어떤 신을 믿었나

고대 게르만인의 종교관

고대 게르만인은 여러 가지 자연현상을 신격화하여 많은 신들을 숭배했다. 신들의 최고 위치에 있으면서 바람·교역·전쟁을 주재하는 신인 보단(Wodan, 북유럽 신화의 오딘Odin을 부르는 고대영어 이름, Wednesday는 이 신의 이름에서 유래 — 옮긴이)을 비롯하여, 천공(天空)을 지배하고 집회를 보호하는 신인 튀르(Tiwaz), 천둥을 쏘는 도나르(뇌신, Donar), 봄에 축복을 주는 다산의 여신인 네르투스(Nerthus), 사랑과 부뚜막의 신 프레야(Freya) 등이 대표적인 신들이다. 그리고 고대 게르만인은 하지와 동지, 초하루 등의 특정한 날에 성스러운 산의 정상이나 수목, 샘 언저리 등에서 높은 지위의 신들에게 인간 또는 동물을 제물로 바쳤다.

예를 들어 타키투스의 『게르마니아』를 보면 셈노네스족은 특정한 날에 사절(使節)을 통해서 신성한 숲에 모여 인간을 제물로 바쳤으며 자신이 신의 심복임을 나타내기 위해 참가자는 몸을 사슬로 묶는 등의 비밀의식을 거행했다. 또한 유틀란트반도에 거주하며 네르투스 여신을 숭배했던 앙그리족, 워리니족, 에드세스족 등은 현재의 스웨덴령 고트랜드섬이라고 추측되는 섬의 신성한 숲에 모여 의식을 치렀다. 여기서는 단 한 명의 사제가 성림(聖林)에 도착한 네르투스 여신을 성의(聖衣)로 감싸고 성차(聖車)에 태운 후 그것을 수소가 끌도록 하여 제사를 올렸다. 며칠간의 제사 기간 중에는 종족 사이에 일종의 휴전상태가 유지된다. 그리고 제사가 끝나 인간과의 교류에 질린 여신을 다시 성림으로 보내면, 성차와 성의를 신비의 호수에서 깨끗하게 씻는데, 이 일에 봉사한 노예들은 호수가 삼켜버리고 만다. 이 노예들도 일종의 인신공양의 제물이다.

게르만인은 왜 기독교로 개종했는가

게르만인이 기독교로 개종한 이유는 그들의 순수한 자발적 또는 종교적 동기 때문은 아니다. 하나는 로마제국에서 이단으로 취급된 아리우스파가 고트족 등에게 포교를 하여 게르만사회에 전파했기 때문이다. 또 다른 이유는 '게르만민족의 대이동' 후의 부족국가의 건설로 소수의 게르만인이 압도적 다수의, 게다가 문화수준이 높은 로마인, 또는 로마계 주민을 통합해야만 하는 정치상황에서 행해진 선택의 결과였다. 예를 들면 서고트왕국, 동고트왕국, 반달왕국 등은 자기 부족의 60배에서 100배나 되는 로마(계) 주민을 지배해야만 했던 것이다.

그 결과 이들 나라에서는 아리우스파를 믿는 소수의 게르만인과 가톨릭을 신봉하는 다수의 로마(계) 주민 사이에 종교대립이 생겼으며, 이는 부족국가의 토대를 뿌리째 흔들어놓는 원인이 되었다. 특히 게르만인 사이에 확대됐던 아리우스파는 게르만의 풍속과 습관을 받아들여 제사방식도 게르만어로 하는 등 토착화되어 있었기 때문에 라틴어의 제사의식을 지켜온 가톨릭 신자인 로마(계) 주민들은 이를 받아들일 수 없었다.

이에 비해 496년 초대 국왕 클로비스(Clovis)의 개종에 의해 고대 게르만의 다신교세계에서 한발 앞서 가톨릭세계로 들어간 프랑크왕국은 로마(계) 주민과 제휴를 할 수 있었다. 그 결과 게르만 각 부족국가에 대한 정복전쟁이 이단인 아리우스파를 타도하기 위한 '성전'으로서 국내외의 로마계 문화인들에게 지지를 받았으며, 프랑크족과 갈리아계 로마인과의 결혼을 재촉하는 등 프랑크왕국의 발전에도 기여했다.

그러나 클로비스의 개종은 실제로는 표면적인 것에 지나지 않았으며 국왕의 일부다처제나 왕국의 분할 등 게르만의 관습이 뿌리 깊게 남아서 지배계급 안에서조차 가톨릭교에 대한 신앙은 정착되지 않았다. 예를 들면 카를 대황제 자신이 일부다처제의 생활을 하면서 점이나 거석(巨石)·숲·샘에서의 제사를 금지하는 칙령을 내릴 정도였다. 이렇게 해서 기독교가 게르만이나 켈트의 토착적, 이교적 요소와 접촉하면서 유럽의 종교로서 성장한 것은 클로비스 이후 약 600년도 더 지난 후의 일이었다.

로마가 게르만인의 침입을 막지 못한 이유

로마와 게르만의 대치에서 게르만의 우세로

375년에 서고트족이 로마제국에 침입함으로써 시작된 게르만 각 부족의 이동을, 독일에서는 '게르만민족의 대이동', 프랑스에서는 '게르만 대침입'이라고 부르는데, 게르만인의 로마 침입은 이미 기원전 2세기 말에 시작되었다. 즉 유틀랜트반도에서 현재의 오스트리아로 이동해온 킴브리족과 테우토니족이 로마군을 격파했고, 기원전 105년 아라우시오(현재의 오랑쥬)의 결전에서 8만 명의 로마군을 전멸시켰다. 이처럼 예전부터 게르만인이 다른 지역으로 이동하거나 침입을 한 이유는 라인강 동쪽의 북유럽에서 기후 등 자연환경의 영향을 받는 농경과 목축을 생업으로 삼았기 때문이다. 그들은 자연환경이 변하면 항상 가족과 가축을 이끌고 보다 더 풍요한 거주지를 찾아서 어쩔 수 없이 고향을 떠나 집단이주를 해야만 했다.

그런데 게르만인의 침입은 로마에게는 국경방어의 문제였기 때문에 로마는 그 저지에 힘을 기울여 격심한 공방이 전개되었다. 둘의 세력관계는 기원전 58년에 갈리아 총독인 카이사르가 수에비족의 왕인 아리오비스투스(Ariovistus)에게 승리를 거두고, 초대황제인 아우구스투스가 엘베강 연안까지 게르만을 정복하는 등 초창기에는 로마가 우세했다.

그러나 서기 9년 케루스키족의 아르미니우스(Arminius)가 지휘하는 게르만 연합군이 토이토부르크 숲의 싸움에서 로마군에게 큰 승리를 거두었으며, 그 결과 로마는 라인강 동쪽의 속주화를 단념했다. 그리고 80년대 전반 로마의 도미티아누스황제에 의한 라인강과 도나우강의 원류를 잇는 리메스(Limes, 長城)의 건설, 마르쿠스 아우렐리우스황제가 십수 년의 세월을 허비한 북방 게르만 각 부족과의 마르코만니전쟁(166~180년) 등을 거치면서, 게르만은 '로마의 평화' 아래에서 점점 공격적으로 바뀌어갔다. 또한 한편에서 게르만인은 로마군의 용병, 콜로누스(Colonus, 소작농민), 노예 등으로서 평화적으로 로마제국에 이주하는 등 로마와 게르만 사이에는 평화와 전쟁의 여러 가지 교류가 이어졌다.

'3세기의 위기'에서 '민족대이동'으로

3세기 로마제국에는 정치적으로는 군인황제의 난립, 경제적으로는 경제활동의 부진과 도시의 쇠퇴, 몰락한 시민들이 대토지 소유자 밑으로 들어가는 등 일련의 사회적 혼란이 발생해 '3세기의 위기'라고 불리는 시대를 맞이했다. 그 동안 동방에서 사산조(朝) 페르시아가 로마제국의 국경을 침입했으며 북방에서는 230년대부터 270년대에 걸쳐서 프랑크족과 알라만족이 라인 국경을, 고트족과 카르피의 각 부족이 도나우 국경을 넘어서 격심한 침입을 거듭하는 등 로마제국은 게르만 각 부족의 침입을 받았다. 그리고 게르만의 침입에 대응하는 동안에, 251년에는 데키우스황제가 고트족과의 전쟁에서 전사했고 270년에는 속주였던 다키아를 폐지하는 등 로마는 혼란이 심화되었다.

4세기 초, 군인황제 시대를 수습한 디오클레티아누스(Diocletianus) 황제가 도미나투스(전제군주제)를 펼쳐, 정치체제의 재강화를 도모했다. 그러나 4세기 후반에는 인구의 감소, 군사비 증대에 따른 국고지출의 압박, 각 계급간의 대립격화, 도덕적 혼란, 로마군에 지배받는 게르만인의 비율 증가 등 로마제국은 쇠퇴의 조짐이 한층 더 심화되었다.

이런 상황에서 375년 약 6만 명의 서고트족이 서진하는 훈족의 위협에서 벗어나기 위해 도나우강 남쪽 기슭으로의 정주를 탄원해왔다. 로마 측은 이를 인정하고 그 일부를 로마군에 편입시켰으며 다른 일부를 트라키아(Thracia, 현대 그리스어 명칭은 트라키 — 옮긴이)에 받아들였다. 그러나 트라키아에 남아 있던 서고트족이 속주민과 손을 잡고 반란을 일으켰다. 378년 발렌스(Valens) 황제가 진압에 나섰지만 아드리아노플의 전쟁에서 전사한다. 이렇게 해서 게르만인이 로마제국으로 침입하는 일은 피할 수 없는 사실이 되었다. 이후 게르만인은 로마에 적대하는 '야만족'에서 '동맹자'로 바뀌고 로마제국은 정치·군사 면에서 게르만화가 진행되었다.

원래 로마와 게르만의 관계를 바라보는 입장은, 게르만의 민족이동을 서로마의 멸망과 관련해서 이해하는 경향이 강했다. 그러나 375년의 서고트족의 침입에 앞서서 로마와 게르만 사이에는 약 500년간의 여러 관계사가 있었고, 중심인 로마와 주변 또는 변경인 게르만과 켈트 등의 북방 '야만족'으로 구성되는 역사적 세계(예를 들면 '지중해세계')를 고려하여 그 구조적 변화 속에서 양쪽 관계의 추이를 동적으로 파악하는 관점이 필요하다.

유럽의 성립

무희 테오도라는 어떻게
로마제국의 황후가 되었는가

테오도라의 성장과정

무희(舞姬) 테오도라(Theodora)는 황제 유스티니아누스(Justinianus)보다 15세 정도 연하였기 때문에 497년경 태어났다고 추정된다. 그녀는 제국의 수도 콘스탄티노플에서 개최되는 서커스집단의 '곰 사육사'였던 아카키오스란 남자의 차녀로 태어났다. 그녀의 언니 이름은 코미트, 여동생의 이름은 아나스타시아였다. 세 자매의 아버지는 장녀 코미트가 일곱 살이 채 못 되었을 때 세상을 떠났다. 이 때문에 어머니는 같은 서커스집단에 '곰 사육사'로 들어온 다른 남자와 재혼했다.

고대 수도 로마에서 행해진 '빵과 서커스'는 '새로운(제2의) 로마'인 콘스탄티노플에도 계승되었다. 원래 로마의 원형극장에서 번성했던 검투사 노예들에 의한 경기(서로 죽이기)는 여기서는 폐지되었다. '서커스(구경거리)'의 절정은 전차경기장('히포드롬 Hippodrome'이라고 불렸다)에서 거행된 경마(전차경기)였다. 한편 원형투기장에서는 동물의 곡예 등이 사람들을 즐겁게 해주었다.

테오도라의 추문(醜聞)

테오도라에 관한 정보의 대부분은 프로코피오스(Prokopios)에 의해 전해진다. 그는 제국의 '정사(正史)'라고도 말할 수 있는 『전사(戰史)』(유스티니아누스의 '재정복활동'을 정리한 것)를 저술했는데, 이와는 성격이 전혀 다른 『일화집(秘史, anecdote)』이란 책을 남긴 것으로도 유명하다.

『일화집』은 충격적인 스캔들로 가득 차 있다. 이중에는 단순한 가십거리가 많이 포함되어 있어서 사실 그대로 받아들이기엔 무리가 있다. 그러나 아주 천박하긴 하지만 당시의 권력자(황제를 포함하여)를 철저히 비하하는 신랄함이 많은 독자들의 공감을 불러일으켰으며 또한 지지를 얻었으리라고 상상하는 것은 그리 어렵지 않다. 그렇기 때문에 오늘날까지 남아 있을 것이다.

테오도라의 추문에 관해서는 지금까지 기번(Gibbon) 등 많은 사람들이 언급해왔다. 정리하면 이런 내용이다. 테오도라는 육체가 성숙해짐과 동시에 극장 무대의 누드 댄서로 활약하며 매춘굴에도 드나들었을 뿐만 아니라 혼란한 성생활을 했다. 그러나 음란한 연회에서 30명의 남자를 상대로 하여도 그 욕망은 채워지지 않았다. 하지만 관객 앞에서 보여줄 정도의 예능성을 겸비하고 있었던 것은 아니다.

황후의 조건

유감스럽게도 유스티니아누스와 어떻게 만났는지는 알려져 있지 않다. 그녀가 극장에 출연한 것을 본 것일까. 아무튼 그녀는 그의 애인이 되었다. 그녀에 대한 유스티니아누스의 애정은 상당했던 것같이 보이며 그녀에게 고위의 작위를 수여하기도 했다.

그는 당시 숙부인 유스티누스 1세의 보좌역을 이미 담당하고 있었으며 그가 황제직위를 계승하리란 의견에는 모든 사람들이 일치했다. 그러나 둘의 결혼에는 큰 장벽이 남아 있었다. 로마법에서는 무대에 서는 여성과 원로원의원(그는 이 자리에도 있었다)의 결혼이 금지되어 있었던 것이다. 그러나 그는 숙부를 움직여 칙령을 발표하여 그런 직업을 지닌 여자도 이전 생활을 다시 하지 않으면 고귀한 신분의 남성과 결혼할 수 있도록 하였다.

그는 테오도라의 어느 점이 그토록 맘에 들었을까. 비꼬기 좋아하는 프로코피오스조차도 그녀가 총명하고 재치가 있었으며 굳센 의지를 갖춘 여성이었다는 것을 인정하고 있다. 물론 '경력'을 생각하면 얼굴도 아름다웠을 테지만 용모보다도 당시의 고귀한 여성들에게는 흔하지 않았던 성격에 그가 매력을 느끼지 않았을까?

제국 수도에서 532년에 '니카반란'(당시 제국의 황제 유스티니아누스가 전쟁을 치르기 위해 필요한 경비를 세금으로 메우려고 하자 시민들이 경마장에서 반란을 일으켰는데 이때 니카[승리하자란 뜻]라고 외쳤기 때문에 니카반란이라고 부른다. ─ 옮긴이)이 일어났을 때 그녀가 제국 수도에서 도망려는 황제를 질책하고 격려해서 반란을 진압했다는 에피소드는 이런 성격에서 유래하는 것 같다. 실화라고 생각할 수는 없지만 실제 그녀는 마치 '여자황제'가 된 것처럼 행동했다고 전해진다. 여성 경시의 가치관이 강한 보수적 지식인층에 속하는 프로코피오스는 특히 이를 심하게 증오했다.

그렇다고는 해도 당시 최하층이라고도 할 수 있는 신분에서 황후까지 올라가는 것을 허용한 그 사회의 뛰어난 유연성은 주목할 만하다. 이는 황제도 마찬가지였다. 숙부인 유스티누스 1세는 거의 무일푼에 가까운 처지로 제국 수도에 와서 일개 병사에서 황제가 된 인물이다.

유스티니아누스와 테오도라 사이에는 딸이 있었는데 요절했다. 유스티니아누스(재위 527~565년)의 후계자로 혈연관계에 있던 후보자 중에서 테오도라(548년에 사망)의 조카를 아내로 맞이했던 인물이 선출된 것도 흥미 있는 일이다.

키릴문자는 어떻게 만들어졌나

비잔틴제국과 동유럽세계

슬라브민족은 6~7세기 발칸반도에 본격적으로 진출하기 시작하면서 비잔틴제국과 부딪쳤다. 당시 비잔틴은 중앙아시아에서 아바르인의 습격을 받은 적이 있어서 발칸반도에서의 권위를 완전히 잃었고 그들을 군사력으로 격퇴할 만한 국력도 없었다.

그러나 비잔틴은 군사력 이외에 유효한 '무기'를 지니고 있었다. 이는 "야만족으로 야만족을 제압한다"는 교활한 외교와 기독교의 포교를 주요수단으로 하는 '구슬리기 작전'이었다. 아바르인에 대해서는 슬라브계 민족인 세르비아인이, 불가르(Bulgar, 현재의 불가리아의 어원)에 대해서는 아시아계 민족인 마자르(Magyars, 헝가리)인이 대항세력이 되게 유도하였다. 비잔틴은 제국에 침입하는 이민족을 제국 밖에 있는 다른 이민족이 맞서게 할 목적으로 이들 이민족을 동맹자란 명목으로 차례로 초청하였다.

키릴문자의 성립

그러나 이 정치수법은 성패의 격차가 커서 동맹자로서 제국 내에 들인 결과 새로운 적이 될 위험성조차 내포하고 있었다. 나중에 제국의 존립을 위협하는 존재가 된 세르비아인이 그 좋은 예라 할 수 있다. 이런 의미에서도 이민족을 회유하여 제국을 유지하는 '구슬리기 작전'은 중대한 국책이 되었다.

이를 위해 필요하다고 생각한 것은 먼저 그들을 기독교로 교화시키는 것

메토디오스(왼쪽)와 키릴로스(오른쪽)

으로, 같은 신앙을 지닌 동포라는 의식을 가지게 하여 적개심을 없애는 일이었다. 게다가 제국은 이민족을 종교적으로 제국 수도인 콘스탄티노플의 총주교의 영향 아래 두고, 정치적으로도 '지상에 있는 크리스트의 대리인'으로서 군림하는 황제를 국왕보다 우월한 특별한 종주(宗主)로 인식시켜 그 지배구조 안에 그들의 왕국을 편성하도록 했다.

그런데 이들 슬라브계를 중심으로 동유럽의 각 민족을 기독교로 교화하려고 한 것은 비잔틴제국의 정책만은 아니었다. 로마교황청도 빈번히 사절이나 선교사를 파견했다.

포교 성공의 열쇠를 쥔 것은 언어와 이를 표기하는 문자였다. 가톨릭교회에서 제례용어로서 공인된 것은 헤브라이어, 그리스어, 라틴어뿐이었다. 그런데 이들 언어는 동유럽의 각 민족에게는 매우 낯선 것이었다(게르만계 각 민족도 별 차이는 없었다). 무엇보다도 이들은 아직 문자를 알지 못했다.

여기서 비잔틴정부는 포교에 즈음하여 그들의 언어를 표기하는 문자를 만들어 성서를 슬라브어로 펴내는 작업을 시작했다. 이것이 가톨릭교회보다도 비잔틴정부가 큰 성공을 거둔 요인이 되었다.

황제 미카엘 3세(Michael 3, 재위 842~867년)의 명령에 의해 이 중요한 임무에 종사한 이는 메토디오스(Methodios)와 키릴로스(Kyrillos, 세례명 콘스탄티노스) 형제였다. 형제는 정부고관이나 철학교수를 역임할 정도로 높은 교양을 지니고 있었으며 슬라브어(남슬라브어에 속하는 마케도니아 방언)에도 정통하여 슬라브계 민족과 의사소통이 가능했다. 이들은 그 공적으로 '슬라브의 사도' 라고 불렸다.

형제는 최고(最古)의 슬라브문자를 고안했지만 이는 정확히는 '글라골문자' 이며 오늘날 널리 알려져 있는 '키릴문자(Kirillitsa)' 와는 다른 것이다. 후자는 그들의 제자들이 전자를 참고로 하여 그리스 알파벳의 대문자에서 발전시킨 것이다. 그들은 863년에 대모라비아국의 로스티슬라프경의 요청을 받아서 그곳으로 파견되었다.

형제와 키릴문자의 그 후

모라비아 포교는 지원자 로스티슬라프경의 실각, 그리고 동방의 마자르인의 침입을 받아서 모라비아국이 멸망함으로써 실패로 끝나고 말았다.

모라비아에서 추방당한 형제는 이미 형제의 평판을 듣고 있던 로마교황 하드리아노 2세(Hadrianus 2)에게 초청되어 로마로 왔다. 동생인 키릴로스(콘스탄티노스)는 869년 로마에서 사망했다. 그는 사망 직전에 수도승이 되었으며 '키릴로스' 는 이때 개명한 이름이다. '키릴' 은 그의 러시아어 이름이다.

형은 이후에도 포교를 계속하지만 멸망이 가까운 혼란기였던 모라비아에서는 성과를 맺지 못했다. 그러나 그의 사망(885년) 후 제자들이 불가리아 포교에 앞서서 슬라브어를 사용한 것이 계기가 되어 급속히 확대되었다. 또한 이 문자도 러시아와 세르비아 등 그리스정교를 수용한 나라들로 보급되었다.

그리스정교와 로마가톨릭의 차이

언어의 차이

로마제국의 동쪽 변경에서 탄생한 기독교가 서쪽으로 확대되는 과정에서 성서를 번역할 필요가 생겼다. 『구약성서』는 헤브라이어로, 『신약성서』는 그리스어로 씌었기 때문이다. 또한 제국의 동부에서는 공용어인 라틴어보다도 그리스어가 훨씬 우세했기 때문에 『구약성서』의 그리스어역은 『칠십인역성서(Septuaginta)』로서 이미 기원전 2세기에 완성되어 보급되었다.

성서의 라틴어역이 완성된 것은 4세기 초 히에로니무스(Hieronymus)에 의해서였다. 그는 헤브라이어에도 정통했으므로 『구약성서』를 원전에서 직접 번역했다. 단지 나중에 가톨릭교회의 공식성서가 되는 『불가타(Vulgata)성서』는 후에 가필 수정된 것이다.

둘의 결별

476년 서로마제국이 멸망한 후에도 동로마제국(비잔틴)은 1,000년이란 긴 기간 동안 존속했다. 그러나 이탈리아의 지배란 의미에서 보면 유스티니아누스시대(재위 527~565년)를 절정으로 하여 이미 6세기 후반에는 가파른 내리막길이었다. 이 때문에 점차로 로마교황이 로마시의 사실상 책임자가 되었으며 콘스탄티노플황제에 대신할 보호자를 필요로 했다. 이단으로 생각하는 아리우스파를 믿는 롬바르드족이 이탈리아를 침입했고 가끔 로마시도 공격했기 때문이다.

그러나 이는 동시에 동로마제국 황제의 영향권에서 탈피하는 좋은 기회이기도 했다. 황제는 정치뿐만 아니라 종교까지 지배하는 것을 강력히 바라고 있었으며 순종하지 않는 교황을 빈번히 체포하거나 경질했기 때문이다. 또한 제국의 수도 콘스탄티노플은 '5대본산'(로마, 안티오키아, 예루살렘, 알렉산드리아) 중에서도 격이 높아져 갔으며, 5세기에는 로마 다음의 지위를 황제로부터 부여받았다. 그리고 로마의 지위도 위협했다. 황제의 비호 아래 있는 동안은 직접적인 저항이 곤란했다.

여기서 교황은 서유럽에서 태두하기 시작한 프랑크왕국에 접근하여 751년에 시작된 카롤링거왕조의 시대에 접어들면서 프랑크왕권과의 관계는 강고하게 된다. 같은 해에 이탈리아에서 비잔틴의 최대 거점인 라벤나가 롬바르드족에 의해 함락된 일, 그리고 피핀이 이 롬바르드족을 토벌하고 교황령을 선포한 것은 이탈리아에서의 세력관계의 역전을 명확하게 보여준다.

로마교황과 비잔틴황제의 대립은 이 8세기 후반에 '성상숭배문제(聖像崇拜問題)'로 나타난다. 교황의 수위권(首位權)은 『신약성서』에서 성 베드로가 예수로부터 지도자로 지명된 것에서 유래한다. 교황은 그 성 베드로가 순교한 로마시에서 그의 후계자를 역임하는 존재인 것이다.

또한 『구약성서』는 기독교도에게도 불가결한 것이었다. 그러나 유명한 '십계'에는 우상숭배를 엄격히 금지하는 항목이 존재한다. 따라서 황제로서 이를 엄수하는 것은 당연하다고 생각했다. 원래 동방에서는 성물의 제작이 성행하진 않았으나 문제가 된 것은 예수와 성인들의 이콘(icon, 聖像) 문제였다. 8세기에서부터 9세기에 걸쳐서 비잔틴제국에 내란을 초래한 이콘 파괴투쟁은 결국 이콘의 '숭경(崇敬, 숭배는 이콘에 신성을 부여하고 만다)'을 인정하는 형태로 끝났다.

서방에서는 게르만계 각 민족에 대한 포교를 위해 이콘뿐만 아니라 성물에 대한 숭배와 공경이 인정되었다. 게르만인들은 예전부터 우상을 숭배해왔기 때문이다.

게다가 콘스탄티노플 총주교인 포티오스와 니콜라우스 1세 등이 역대 교황과 충돌을 일으켰다. 이 둘은 로마교회의 수위권과 교구의 경계를 둘러싸고 싸웠으며, 서로를 파문하는 사태로까지 번졌다. 그 배경에는 앞으로의 불가리아 포교의 주도권 쟁탈 문제도 있었다. 다만 서로 어느 정도 양보를 했기 때문에 대립은 화근을 남기면서도 일단 수습되었다.

양 교회의 대립 이후

로마교황과 콘스탄티노플 총주교 및 그 보호자인 비잔틴황제와의 관계는 그 후로도 결코 양호했다고는 말할 수 없다.

결국 1054년에 파국을 맞이했다. 총주교 케룰라리우스가 사용한 '세계총주교'란 칭호와 교의에 대한 해석의 차이에서 상호 파문이란 절연장을 서로 내민 것이다. 이 관계가 수복된 것은 1965년(제2차 바티칸공의회)에 이르러서이다.

그리고 로마교회가 '가톨릭(=보편적)'이라고 칭한 것에 대해 동방교회는 '오소독스(정통파)'를 사용했다. 후자는 일반적으로 '그리스정교회(Greek Orthodox Church)'라고 불리지만 현재는 '러시아정교회'나 '세르비아정교회'식으로 각각 나라별로 독립교회를 형성하고 있어 이는 총칭에 불과하다.

중세 유럽의 최대 도시

5~15세기의 서유럽의 도시 규모는 그렇게 크다고는 할 수 없다. 11세기쯤 되어 중세도시가 성립했지만 이들은 "평균적으로 수천 명에 불과했으며 시의 영역은 넓었지만 도로는 좁고, 늘어선 집들도 작아서 방 한 칸이나 두 칸짜리 집이 대부분이었다"(카와노 켄지河野健二,『西洋經濟史』)고 한다.

그런데 남유럽의 경우는 좀 사정이 달랐으므로 이를 역사적으로 검증해 보자.

'서방의 보석' 코르도바의 번영

711년에 베르베르인(Berber) 부장(部將) 타리크가, 이어서 다음해에는 북아프리카 총독인 무사가 아랍인(주체는 베르베르인) 부대를 지휘하여 이베리아반도를 침공하였다. 그 후 파죽지세로 북진을 계속하여 곧 서고트왕국을 멸망시키고 거의 4년 만에 반도의 대부분을 지배하게 되었다. 이후 이베리아반도는 알 안다루스(아라비아어)라고 부르게 되었으며 15세기까지 8세기에 걸쳐서 이슬람세력의 지배를 받았다.

처음 알 안다루스는 다마스쿠스의 옴미아드왕조(Ommiad) 제국의 한 지역에 불과했지만 옴미아드왕조가 멸망했을 때(750년) 먼 거리였음에도 불구하고 이 땅으로 도망쳐온 압둘 라흐만 1세가 독립왕조를 창시했다. 이것이 후기 옴미아드왕조(756~1031년)이며 수도는 코르도바(Cordoba)였다.

압둘 라흐만 3세(재위 912~961년)의 시대에 코르도바의 번영은 절정에 달한다. 대 모스크와 궁전(아르카사르 Arcasahr)을 중심으로 시가지가 확대되고 주위 성벽의 길이가 12킬로미터, 그리고 성벽 외 거주민 구역은 21개를 넘을 정도로 확대되었다. 대 모스크의 동쪽 시장(스크)에는 각지에서 많은 상인이 모여들어 상거래로 활기에 차 있었다.

도시 인구는 '50만 명' (스페인의 중세 역사가 산체스 알보르노스의 설. 적어도 면적으로 보면 10만 명 이상일 것이라고 간주된다) 정도였으며 성벽의 내외를 포함하여 1,600채의 모스크, 300군데의 공중목욕탕, 70군데의 공공도서관이 있었다고 전해진다. 또한 이 시기에 알 안다루스의 경제는 활황을 이룬다. 농업은 로마시대 이후에 올리브, 포도, 보리의 재배가 한층 더 발전하였고 아랍인에 의해서 쌀, 설탕, 오렌지, 레몬, 목화, 석류 등의 작물이 새롭게 재배되었다. 또한 비단, 유리, 종이가 생산되면서 인쇄업도 발달했다. 수리(水利)나 관개기술을 도입한 것도 이슬람교도였다.

이들 농산물이나 수공업제품이 시장에서 판매되었으며 더 나아가서 북방 기독교 국가들이나 해외의 이슬람권, 비잔틴 등과도 광범위한 교역을 하여 알 안다루스의 경제기반을 다졌다. 이들 경제력이야말로 '서방의 보석'이라고 불리는 수도 코르도바의 번영을 가져왔으며 방대한 인구를 지탱한 것이다. 코르도바는 동방의 콘스탄티노플이나 바그다드에 필적하는 도시 중 하나였던 것이다.

이슬람문화의 눈부신 발전

경제 번영은 알 안다루스에 문화의 개화를 가져왔으며 특히 코르도바에는 유럽보다도 먼저 대학, 도서관, 서점 등이 차례로 생겨났고 철학, 의학, 수학 등의 학문 연구나 교육이 활발해졌다. 예를 들면 대수(代數)나 '0'의 발견은 아랍인(이슬람교도)이 유럽보다 빨랐으며 천문학도 발달했다. 압둘 라흐만 3세는 그리스인, 유대인 학자를 초빙하여 그리스의 고전, 예를 들면 아리스토텔레스나 프톨레마이오스(Ptolemaios) 등의 작품을 번역, 연구시켰다. 11~12세기의 유럽은 이런 번역을 통해서 아랍·이슬람문화를 정력적으로 흡수했다.

토마스 아퀴나스(Thomas Aquinas)는 『신학대전 *Summa Theologiae*』에서 이 훌륭한 성과인 기독교사상과 이슬람철학의 융합을 분명히 지적하고 있다. 또한 나중에 이탈리아 르네상스의 선구자들도 이슬람철학의 라틴어 번역을 배웠다고 전해진다. 어찌 되었든 당시의 서유럽세계는 남방의 이슬람세계로부터 경제나 문화를 포함하여 매우 많은 점을 배웠다.

영국은 켈트와 아일랜드를 지배할 수 있었나

거석문화

아일랜드를 대표하는 거석유적 중 하나는 기원전 2500년경의 것으로 추측되는 뉴그레인지(Newgrange)의 원형고분이다. 빛이 입구의 좁은 통로를 지나 1년에 한 번 동지 무렵의 며칠 동안만 안의 묘실에 들어가도록 설계되어 있다(아일랜드에서는 겨울에 태양 보기가 어려우므로 실제로는 몇십 년에 한 번). 입구의 커다란 돌이나 거석 사이의 통로 벽에는 많은 소용돌이무늬가 새겨져 있다. 선주민이 남긴 것이다. 소용돌이무늬를 특징으로 하는 켈트문양이 쉽게 받아들여져 발전한 것은 이런 배경이 있었기 때문일 것이다. 또한 켈트인의 내도(來島)와 거의 동시기에 전해진 기독교에도 켈

켈즈의 서. 800년경의 마태복음의 사본.
XPI는 크리스트란 의미. 소용돌이 문양,
매듭 문양으로 뒤덮인 장식 페이지는
켈트미술의 최고 걸작품이다.

트미술은 받아들여졌다.

기원전 200년경 아일랜드에 정주한 켈트인은 대륙에서 발달한 켈트문화, 특히 화려한 장식세공의 라텐느(latene) 문화를 흡수하여 아이리시 켈트문화를 성숙시켰으며, 각지에 성립한 소왕국이 경쟁적으로 영웅시대를 연출하는 정교한 금세공을 탄생시켰다.

초기 기독교

켈트의 종교는 드루이드(Druid, 神官이란 의미)교로 영혼의 불멸을 믿는 자연숭배 신앙이었다. 드루이드는 신관뿐만 아니라 시인, 재판관, 예언자이기도 했으며 소왕국(부족국가)의 난립 속에서 자유롭게 이동할 수 있었고 숭배의 대상이었다. 5세기 이후 기독교가 전해졌어도 드루이드교의 신앙이 사라진 것은 아니었다. 이것이 지금도 남아 있는 장례식 전날 밤샘하는 풍습이나 샘·숲·산 등에 대한 신앙(풍속)이다.

고대 아일랜드의 기독교가 수도원 중심으로 된 것은 켈트 소왕국 속에서의 드루이드의 지위가 변하지 않았기 때문이며 또한 각 소왕국으로 들어온 기독교 신자가 대륙에서 추방된 자들이었기 때문이라고 한다. 아일랜드에서 진행된 초기기독교의 조직화와 권위화는 켈트 소왕국과 공존하면서 원환(圓環)이 박힌 켈트 십자가(하이크로스)나 소용돌이, 넝쿨, 매듭 문양을 사용한 성서 사본이나 교회 장식품 등속에 켈트문화를 뿌리박고 성숙시켜 나갔다. 그 대표적인 것이 더블린대학도서관에 전시되어 있는 '켈즈의 서(書)'다. 이것들은 12세기에 교회가 조직을 개혁한 후에도 아일랜드 기독교의 귀중한 유물로 남겨졌다.

봉건제

소왕국이 난립하는 아일랜드에 바이킹이 침입해온 것은 8세기 말이며 이후 1세기 정도 반복되었다. 그들은 흐름이 약한 강을 안쪽 깊숙이 거슬러 오르면서 발자취를 남겼다. 바이킹은 단순한 해적이 아니라 상업민이기도 했으므로 아일랜드에 무역 근거지를 구축했다. 이 무역근거지는 현재 수도인 더블린의 원형이 되었다. 이것이 자극이 되어 소왕(小王)들이 상왕(하이킹)을 선출하는 연합국가의 초기형태가 나타났다. 아일랜드인이 마음의 고향이라고도 부르는 타라의 언덕은 이 상왕 선출의 장소였다.

당시 아일랜드는 통일국가를 형성하지는 못했다. 그러나 12세기 이후 헨리 2세를 비롯한 역대 잉글랜드 왕들이 아일랜드 정복을 시도했고 앵글로와 노르망디 귀족에게 토지를 부여하면서 봉건제를 도입했다. 그러나 페일(요새 속)이라고 불렀던 잉글랜드 법이 미치는 지역은 더블린 주변에 한정되었고 더 이상 확대되지는 않았다. 잉글랜드 왕은 태수(太守)라 불렸으며 아일랜드 왕이란 칭호를 얻지는 못했다. 아일랜드 왕이라고 자칭한 이는 1542년 헨리 8세였다.

잉글랜드 왕이 아일랜드를 침입한 이후 아일랜드 상왕의 존재는 이름뿐이었다. 그러나 여전히 아일랜드 왕은 켈트 부족연대의 상징이었고 켈트 국가는 쉽게 무너지지 않았다. 오히려 앵글로와 노르망디 귀족이 켈트화되었고 '타락한 영국인'으로 불리기까지 했다. 그러나 다른 한편에서는 켈트세력이 잉글랜드 왕에게 토지를 헌상하고 다시 토지를 수여받는 잉글랜드 봉건귀족화도 진행되었다. 아일랜드 역사의 복잡하고 미묘한 이런 이

중구조는 근대까지 계속된다.

아이슬란드란 나라는 어떻게 해서 생겼나

바이킹 활동의 하나

절해고도(絶海孤島)인 아이슬란드를 노르웨이가 식민화한 것은 서기 870년, 바이킹의 활동과 관계가 있다. 바이킹의 활동은 일반적으로 약탈, 통상, 식민의 세 가지였는데 그중 식민활동이 가장 성공한 예가 아이슬란 드 식민이었다. 바이킹이 도착하기 전 아이슬란드에는 극소수의 아일랜드 의 기독교 칩거수도사(파파라고 불렀다)들이 이 적막한 섬에서 수행하고 있 었다. 그들은 이교도 바이킹과 함께 생활하는 것을 피해 섬을 떠났다.

아이슬란드란 이름의 유래

이 식민활동에는 아이슬란드란 이름의 유래와도 관련이 있는 전사(前 史)가 있다. 노르웨이인들이 페로섬을 향해 가던 도중 커다란 나라를 발 견했다. 이들이 이 나라를 떠날 때 눈이 많이 내렸으므로 눈의 나라라는 이름을 붙였다. 그 다음에 스웨덴 출신의 갈자르란 자가 눈의 나라를 찾아 나섰고 여기를 돌아본 후 이 섬이 눈의 나라라는 것을 확인했다. 노르웨이 에서는 갈자르호름(갈자르의 나라)이라고 불렀다.

그 다음에는 바이킹 출신인 프로키가 눈의 나라를 찾아나서 섬의 북서 쪽에 상륙했다. 이 섬에서는 생선이 많이 잡혀서 주로 어업에 힘을 기울였으나 건초 만들기는 게을리 했기 때문에 가축을 전부 잃었다. 봄은 매우 추웠고 산에 올라가서 보니 피오르드(빙식곡이 침식하여 생긴 좁고 깊은 협만 — 옮긴이)는 얼음덩어리로 가득했다. 그래서 프로키는 이 나라에 아이슬란드란 이름을 붙이고 노르웨이로 돌아갔다.

외딴 섬의 식민지

최초로 아이슬란드에 정주한 사람은 잉골푸르 아르나르손이란 남자였다. 그는 희생양을 바쳐 자신의 운명을 알기를 원했고 신탁(神託)이 제시한 아이슬란드를 목표로 하여 레이캬비크에 살았다. 그는 무인도에 온 최초의 거주민이란 사실로 유명해졌고 이후 다른 사람들이 그 뒤를 따랐다. 수도 레이캬비크의 중심부에는 현재 그의 웅장한 동상이 세워져 있다.

그러면 생활이 험난한 이국을 왜 식민지화하였는가? 이는 노르웨이의 국내 사정과 관계가 있다. 노르웨이는 각 지역의 왕들이 서로 싸움을 계속했는데 이 중에서 아름다운 머리카락을 가진 왕이라고 불리던 헤럴드가 9세기에 통일왕권을 이룬다. 그는 각지의 호족에게 신하로서 복종할 것을 요구하고 이에 따르지 않는 자는 국외로 추방시켰다. 이 때문에 독립심이 강하여 왕의 신하가 되기를 거부한 자들은 아이슬란드나 그 밖의 땅으로 자유를 찾아서 이주했다. 이때 약 400가족의 이주자들의 흥미진진한 에피소드를 담은 『식민의 서(書)』는 세계사적으로도 귀한 내용이 풍부하게 담긴 소중한 식민 기록이다.

『식민의 서』가 전하는 구체적인 식민의 모습

솔로루브란 남자는 토르신을 믿고 있었는데 헤럴드 왕의 압제를 피해서 아이슬란드로 향했다. 그는 토르신의 상이 새겨져 있는 가장(家長)이 앉는 윗목의 기둥을 바다에 던져 이 기둥이 표류한 곳에 정주하여 집과 신전을 짓고 살았다.

한 여자는 젊은 수소를 데리고 일출에서 일몰까지 하루 동안 걸을 수 있는 땅을 손에 넣었다. 에눈드는 불타는 화살을 강 건너로 쏘아 강 서쪽의 땅을 자신의 것으로 성지화하여 그 한가운데서 살았다.

이렇게 해서 아이슬란드의 식민은 870년에서 930년 사이에 대체로 완성되었다. 그들은 왕정을 싫어해서 전도 집회로 법률을 만들고 역법을 정했으며 결국 기독교로 개종한다.

나라는 계속되는데 왕조명이 자주 바뀐 이유

중세의 서유럽사를 보면 확실히 왕조 교체가 많다. 세계 어디에서도 왕위계승은 어려운 일이지만 특히 영국이나 프랑스의 국왕은 대가 끊기지 않도록 노력을 많이 기울였다. 왕위 계승에 이토록 고심한 데에는 이유가 있었다. 하나는 왕의 권위 확립과 유지의 문제이고 다른 하나는 가톨릭세계의 혼인제도에 몇 가지 제한 규정이 있었기 때문이다.

왕조 교체의 사례

실제로 어떤 이유로 왕조가 바뀌었는지를 보자. 프랑스에서는 987년 왕위에 오른 위그 카페(Hugues Capet) 이후 1328년 샤를 4세가 죽을 때까지 카페왕조가 계속되었다. 그러나 샤를 4세에게는 남자 계승자가 없었기 때문에 카페왕조는 단절되고 필리프 6세에 의해 발루아(Valois) 왕조가 창설되었다. 발루아왕조는 길게 계승되어 1589년까지 이어졌지만 위그노전쟁 중에 앙리 3세가 암살되어 왕가는 단절되고 앙리 4세의 부르봉왕조로 이어졌다.

영국에서는 정통 왕위계승을 둘러싼 대립 속에서 왕조 교체가 반복되었다. 랭커스터왕조인 헨리 4세가 왕위에 올랐을 때, 그리고 1455년의 장미전쟁에서 플랜태저넷(Plantagenets) 왕조의 후예인 에드워드 4세가 요크왕조를 창시하였을 때 왕조가 바뀌었다.

왕의 권위와 왕의 치유 능력

이상에서 본 것처럼 왕위나 왕조를 유지하는 것이 쉬운 일은 아니었다. 프랑스의 카페왕조에서 그 전형을 찾아보자. 이 왕조는 카롤링거(Carolingian) 왕조의 후계자임을 주장하여 성서적 의식인 왕의 기름 바르기와 제관의식으로 왕위 계승의 정통성을 내외에 보였다. 그럼에도 불구하고 왕은 '대리 왕'이나 '임시 왕'이라고 불릴 정도로 신뢰를 바로 얻을 수는 없었다.

왕위의 정통성이나 가문의 위신을 높이기 위해서 카페왕조는 당시 빈번히 발생하여 공포에 떨게 했던 임파선결핵이란 병을 치유하는 기적을 행하는 자로 등장했다. 왕은 미사를 본 후에 물을 채운 그릇을 가지고 오게하여 제단 앞에서 기도를 드리면서 동시에 오른손으로 환자를 만진 손을 이 그릇의 물로 씻는다. 이 물을 환자에게 주어 9일 동안 경건하게 단식을 하면서 복용하게 하여 쾌유시킨다는 것으로 어떤 약도 사용하지 않았다.

왕위의 정통 후계자인 적자 가계의 가장에게 임파선결핵 치유의 기적이 있다고 사람들이 믿게 된 배경은 강한 신앙심과 영력에 기대고 싶은 인간의 연약함에 그 이유가 있었다. 환자를 치유했다고 여겨지는 최초의 국왕은 카페왕조 2대째인 로베르였다. 이렇듯 왕의 권위의 구축은 실로 어려운 일이었다.

프랑스의 왕위 계승과 혼인문제

다음으로 왕의 권위를 지속시키기 위해서는 왕위를 혈연의 정통성 속에서 계승해야만 했는데 당시의 혼인제도는 그 계승의 곤란함을 배가시켰다. 예를 들면 카페왕조의 필리프 1세는 교회의 윤리(교회법에 의해서 규정된 중혼과 근친상간의 금지)와 대립하면서도 외아들인 루이 왕자만으로는 걱정이 되어 '내연'의 처인 베르트라드와의 사이에 2남 1녀를 두어 왕관을 지키려고 했다. 또한 루이 7세도 첫 왕비와의 사이에 두 딸을 두었지만 근친결혼이었다는 것을 이유로 재혼하고 세 번째의 결혼에서 겨우 아들을 둘 수 있었다. 당시는 의료지식과 기술이 미숙해 유아사망률이 높았기 때문에 왕권 계승은 험난했다.

이렇게 중세 서유럽의 왕조는 기름 바르기 의식 외에도 왕의 치유 '능력'을 이용해 왕의 권위를 높여나가야만 했다. 혼인을 둘러싼 교회 윤리에 따르면서 남자에 의한 왕위 계승을 확고히 지켜야만 했다.

계승문제를 둘러싼 대립과 항쟁, 왕조 단절의 드라마가 많이 생긴 요인은 여기에 있었다.

수도원이 각지로 퍼져나간 이유

기독교회의 세속화와 수도원

중세 서유럽이 처음부터 기독교의 세계였던 것은 아니다. 기독교는 토

착 민간신앙이나 이단, 이교, 유대교 그 밖의 종교와 대립하면서 확대되었
다. 또한 기독교 성직자의 생활이나 태도가 성서에 근거한 '훌륭한' 것도
아니었다.

이미 6세기에 베네딕투스(Benedictus)는 이탈리아의 몬테카시노
(Monte Cassino)에 수도원을 열었다. 베네딕투스는 로마시의 부패에 절
망하여 동굴에서 수도생활을 한 후 몬테카시노로 들어갔다. 그가 '수도원
의 아버지'라고 불린 것은 지나치게 엄격하여 지킬 수 없는 계율을 배제하
고 정착·공생형의 '베네딕트의 수도계율'을 만들었기 때문이다. 정착하
지 않고 방랑하는 수도자는 신도들의 시주에 의해 생활할 수밖에 없으나
베네딕투스는 산 속에 정착하여 자립을 위해 노동할 것을 회칙의 기본으
로 삼았다. 즉 사람들의 생활현장에서부터 떨어져 신에게 봉사하는 학교
를 만든 것이다. 6세기에 이미 기독교의 부패에 대해 수도원이 개혁을 한
것이다.

하지만 생활 속의 수도와 은거·칩거하는 수도 사이에 모순이 생겼다.
교회 부패의 개혁자인 수도원이 훌륭해지면 질수록 신자나 수도사가 모여
들어 금욕과 청빈의 계율은 무너져버리기 십상이었다. 몬테카시노도 베네
딕투스 죽음 후 몇백 년에 걸쳐서 부패되고 세속화되어갔다.

클뤼니의 개혁과 수도회

909년 9월 11일에 프랑스 동남부의 부르고뉴지방에 클뤼니(Cluny)수
도원이 창설된 것은 수도원의 역사 중 또 하나의 새로운 계기였다. 베네딕
트회의 계율에 근거해 규율을 부흥시켰기 때문이다. 10세기의 지방교회회
의는 전란에 의해 교회와 수도원이 황폐화된 것과 수도의 규정도 읽지 못
하는 속된 수도원장과, 대처(帶妻)성직자에 대해 한탄하고 있다. 속인들
이 수도원을 소유하는 관습이 확대된 결과, 수도원은 그들의 증여와 횡령

의 대상이 되었다. 즉 교회의 부패 · 세속화가 클뤼니수도원운동을 낳은 것이다.

11세기가 되면서 이 파의 수도원은 일괄해서 교황의 보호 아래 들어간다. 사제의 관할권을 배제한 이런 수도원 연합은 서방 최초의 '수도회'의 탄생을 의미했다. 교황 요한 11세(Johannes 11)는 클뤼니를 직접 보호 아래 두고 수도원장의 자유선거, 다수 수도원의 감독, 다른 수도원이 클뤼니에 이주하는 것을 인정하는 특허장을 냈다. 오딜로가 5대 원장을 역임할 때 34개의 수도원이 교황의 일괄 보호 밑으로 들어갔다.

이에 대해 클뤼니를 관할구로 가진 사제로부터 항의가 있었지만 '수도회'의 특권은 흔들리지 않았다. 12세기 6대 원장인 위그 시대에 들어서면서 당시 34개였던 클뤼니파는 프랑스에 815, 독일에 105, 이탈리아에 52, 잉글랜드에 43, 스페인에 23개의 수도원을 거느리는 '수도회'로 발전하여 민중을 기독교로 교화하는 데에 공헌했다.

신앙의 세기의 사회적 배경

이런 수도원의 급속한 확대는 수도원 개혁만으로 이루어진 것은 아니다. 그 사회적 배경에는 첫 번째로 장원경제의 발전과 상업의 부활로 민중 전체의 경제생활이 안정 · 향상되었다는 점이다. 두 번째로 심각한 사회불안 (민중과 기사, 귀족 모두에게)이다. 생활의 여유가 내면적인 갈등을 낳았다고 해도 좋을 것이다. 세 번째로 신앙의 이론문제, 이단과 이교의 확대와 교회의 위기감이다. 노르망디인, 마자르인 그리고 이슬람교도의 서구 침입, 기독교회 내부의 황폐함과 항쟁이 한층 더 많은 이단을 낳았다.

한편 11세기에는 순례나 성스러운 유물 숭배가 민중 사이에서 번성하여 귀족이나 민중들은 로마, 이스라엘, 스페인의 산티아고 데 콤포스텔라 등지로 빈번하게 순례를 하였다. 또한 원래 동방교회의 관습이었던 성모마리아 숭배도 확대되어갔다. 8월 15일의 성모승천제나 9월 8일의 성모성탄제 등이 크리스마스나 부활제와 같은 축일이 되었다. 민중에게 기독교란 이런 것이었으며 이 흐름과 수도원의 확대는 관계가 있었다. 또한 11세기 말에 십자군원정이 일어난 것도 신앙을 돈독하게 했다.

그러나 이 시대에 교회의 사회적 역할이 인정된 계기 중 주목할 만한 것으로서 '신의 평화' 운동이 있다. 이는 전란 속에서 교회나 농민에 대한 약탈, 즉 무기를 지니지 않은 자에 대해 이루어지는 폭력에 대한 대항수단으로서 교회가 주장하기 시작한 것이다. 이윽고 일주일 중 4일을 '신의 휴전'이란 이름으로 전투를 금지하기에 이르렀다. 이는 농민(민중)과 기사 양쪽 모두로부터 지지를 얻어, 교회의 권위를 높여갔다(목요일은 크리스트 승천, 금요일은 수난, 토요일은 크리스트의 죽음, 일요일은 부활의 날).

시토수도원과 탁발(托鉢)수도회

그러나 13세기가 되면서 클뤼니수도원은 비판받게 된다. 비판파의 대표인 시토수도원은 클뤼니파가 와인이나 생선 등 필요 이상의 호화스러운 식사를 한다는 것과 예배당의 거대한 크기, 높이, 넓이, 사치스러운 대리석을 비판했다. 마치 유대인의 예배, 사탄의 식당과 같다고 비판한 것이다. 시토수도원은 본래의 베네딕트의 계율을 준수하며 청빈함을 실천했다. 종래 수도사의 흑의에 대신하여 염색하지 않은 백의를 걸치고 십자가도 금은이 아닌 목제를 사용했다. 클뤼니에서는 이미 사라진 노동을 부활시켰고 수도원 연합도 만들지 않았다. 공동생활을 버리고 개인적 수도와 신자에게 가까이 다가가는 것을 목표로 했다. 도미니크나 프란체스코로 대표되는 탁발수도회라고 불리는 운동이다.

어찌되었든 중세의 수도원운동은 기독교회의 순화와 서유럽에서의 기독교도 확대의 원동력이 되었다고 할 수 있다.

중세의 기사는 여성을 정말로 숭배했나

낭만적인 사랑이야기의 세계

음유시인의 현악기 반주에 맞추어 낭송되는 기사와 귀부인의 사랑이야기는 중세 이야기세계의 꽃이다.

주인공인 기사는 목숨을 걸고 귀부인을 악한의 마수에서 구출해낸다. 때로는 의리와 충성 사이에서 비애로 끝나는 경우도 있다. 귀부인은 정숙하고 아름다우며 기사는 늠름하고 용감하다.

이들 이야기의 배경에 있는 것이 '기사도'이다. 여기서 주축이 되는 세 가지는 충성, 신앙, 여성과 약자에 대한 보호이다. 이중 세 번째의 비중이 높아져서 기사답다는 것은 반드시 귀부인을 숭배하는 것을 의미하게 되고 말았다. 기사도의 쇠퇴를 한탄하여 기사 수행길에 나선 돈키호테가 제일 먼저 찾아나선 것도 숭배할 만한 귀부인이었다.

숭배의 대상은 유부녀, 가능하면 주군의 부인

그러나 귀부인 숭배의 실태는 이야기처럼 아름다운 것은 아니다.

중세에는 독신 여성을 완전한 여성으로 생각하지 않았다. 따라서 기사들의 동경 대상은 유부녀였다. 게다가 장애가 많으면 많을수록 훌륭한 사랑이 되므로 가장 적합한 예는 주군의 부인과의 사랑이었다. 『트리스탄과 이졸데(Tristan and Isolde)』의 금지된 사랑이나 『아더 왕과 원탁의 기사』에 등장하는 기사 랜슬롯과 왕비 기네비어의 불륜의 사랑 등 왕비나 왕의 약혼녀와 신하인 기사의 사랑이야기가 미화되었다.

한편 왕의 경우도 자신의 부인을 기사들을 끌어들이는 미끼로 이용했던 것으로 보이며 토너먼트(중세 기사들의 창 시합을 말한다)에는 아름답게 치장한 부인을 동반하기도 했다. 기사들은 다른 사람의 부인들은 숭배했지만 일단 결혼하면 자신의 부인은 심하게 학대했다. 부인은 어디까지나 '소유물'로서 가축처럼 취급해도 상관없었다. 집안에 있을 때는 부인을 부려 먹고 폭력을 휘두르며 소유물의 증거로서 낙인을 찍는 기사조차 있었다고 한다. 십자군원정에 나가는 기사가 부인에게 '정조대'를 강요했다는 이야기는 유명하다.

기독교의 여성관

한편으로는 숭배, 한편으로는 학대와 멸시를 하는 모순의 배경에는 기독교의 여성관이 있었다. 인류의 모든 악은 이브가 아담을 유혹한 데서 시작되었다며 교회는 "여자여 너는 지옥의 입구다"라고 하고 "부인되는 이여, 신을 따르듯이 남편에게 복종하라"고 강압한 것이다.

그 한편으로는 청순하고 숭고한 성모마리아를 칭송하는 풍습이 예전부터 있어서 마리아상이 눈물을 흘렸다든지 병을 치유했다든지 하는 기적담이 각지에 전해져 열광적인 마리아 신앙을 낳았다. 마리아와 이브, 이 전혀 상반되는 여성상에서 보이는 모순된 견해가 중세 유럽의 여성의 지위에 반영되었다.

화려한 사랑의 그늘에서

여성의 지위는 극히 낮아 권리 등의 개념조차 없었다. 형제가 없는 경우나 남편이 죽은 경우에 한해 여성도 토지를 상속받을 수는 있었으나 이런 여성 상속인은 호시탐탐 남성 귀족들의 표적이 되었다. 일족이 토지를 확보할 수 있도록 친척들이 획책하여 어릴 때부터 결혼시키는 경우도 적지 않아 남편이 두 살, 아내가 다섯 살인 경우도 있었다. 그리고 결혼하자마자 토지의 권리는 남편 것이 되어 아내는 자유롭게 '경영'하는 것도 처분하는 것도 불가능했다.

서민 여성

당시 인구의 대다수는 농민이었다. 농촌 여성들은 아버지나 남편과 함께 흙에 묻혀서 일하며 늠름하고 검소하게 그리고 겸허하게 생활했다. 중세사회는 남성의 사망률이 높아 여성 인구가 10~20퍼센트를 항상 웃돌았다. 게다가 독신 성직자가 많았기 때문에 결혼하지 못하는 여성이 많아 도시에서는 이런 여성들이 여러 직업에 종사했다. 자수, 실잣기, 향신료 판매, 제본, 세공, 대장장이까지 있었다. 14세기 파리에서는 여성이 가질 수 없는 직업은 단 하나뿐이었다고 기록되어 있다.

그래도 일자리를 얻지 못한 여성이 많았다. 직업이 없는 여성은 창부가 되는 것 이외에 달리 살아갈 방법이 없었다. 유럽의 각 도시에는 공공의 사창가가 있었다. 군대에는 반드시 창부 집단이 따라다녔고 야영지에서는 야영지 만들기나 취사에 종사했다. 남자 군인과 같이 여자들도 부대를 만들고 계급도 있었으나 이는 연령과 용모에 따라 순위가 매겨졌을 뿐이었다.

일하는 여성들은 처음에는 길드나 수공업 길드에도 가입할 수 있었다고 한다. 그러나 자본주의의 발달과 함께 가부장제가 강화되면서 여성은 점차 일자리에서 쫓겨나 직업을 잃고 가정에 갇히게 되었다.

성지순례가 성행한 이유

기독교세계에서 성지순례가 시작된 것은 꽤 오래된 일이다. 4세기 초, 보르도에서 예루살렘으로 향한 순례가 최초의 기록으로 남아 있다. 이것이 10세기 이후 급속히 발전하여 11~12세기에 절정에 달한다.

성 야곱의 전설

전설에 의하면 813년 7월 25일에 북스페인의 레브레돈의 산 속에서 그리스도의 12사도의 한 사람인 성 야곱(스페인어로 산티아고라고 한다)의 묘지가 발견되었다. 이 소문은 곧 전파되어 당시의 아스투리아스(Asturias) 왕인 알폰소 2세의 귀에도 들어갔다. 왕은 즉시 이 발견 장소에 작은 성당을 짓고 성 야곱의 제사를 지냈다. 이후 아들인 알폰소 3세는 새롭게 이 근처에 웅장한 성당을 건립했다. 이후 이 땅은 산티아고 데 콤포스텔라(콤포스텔라는 라틴어로 '별의 근원'이란 의미)라고 불리며 로마네스크 형식의 대성당을 시작으로 다수의 수도원과 교회가 세워졌고 기독교의 성지로 숭배되었다. 11세기 이후에는 예루살렘, 로마의 산 피에트로와 함께 유럽 3대 순례지의 하나로서 많은 순례자를 불러모았다.

당시의 스페인은 레콘키스타(Reconquista, 스페인어로 '재정복전쟁' 또는 '국토회복운동')의 와중에 있었다. 8세기 이후 스페인 전역은 이슬람세력(스페인에서는 무어인이라고 부름)의 침입으로 이슬람교로의 개종을 강요당했고 기독교도는 이교도들 때문에 두려움에 떨었다.

그러다가 718년 북스페인의 코바돈가에서 이슬람교도에 대한 반격의 기치가 올랐다. 반이슬람 '재정복' 전쟁으로서의 레콘키스타의 시작이었다.

이 전쟁의 와중인 844년, 북스페인의 크라비호의 싸움에서 산티아고 최초의 기적이 일어났다. 가르시아 왕인 라미로 1세 군단과 이슬람군이 교전하던 중에 갑자기 백마를 탄 기사 모습의 산티아고가 나타나 이슬람군을 발로 차 열세였던 기독교군을 승리로 이끌었다는 것이다. 이후 산티아고는 레콘키스타 속에서 이교도 이슬람과 싸우는 '수호신', 더 나아가서는 스페인 전체의 '수호신'으로서 스페인 사람들의 마음속에 살아 있게 되었다.

번성하는 순례 ― '산티아고로의 길'

이렇게 해서 11세기 말 로마네스크양식의 대성당이 건립된 산티아고 데 콤포스텔라는 성지로서 일약 각광을 받게 되었다. 프랑스에서 피레네산맥을 넘어서 바스크지방을 지나 부르고스, 레온을 경유하여 산티아고에 이르는 길은 세계적인 순례의 '산티아고의 길'이 되었고 주변에 많은 마을이 생겼으며 교회가 건립되었다.

11~12세기가 되자 프랑스, 독일 등의 유럽 각지에서 순례자들이 모여들어 절정기에는 연간 50만 명에 이를 정도로 번성했다고 한다. 순례의 행렬은 신을 구하고 현실의 생활이나 고뇌에서 해방되려는 농민, 상인에 이어 장인들로 혼잡했다. 이슬람세력과의 대결로 피레네산맥 이북의 지원을 필요로 했던 스페인의 기독교도들에게 이 순례의 성황이 얼마나 큰 정신적 지주였는가는 상상하기 어렵지 않다.

11세기가 되어서 기후와 풍토가 혹독한 유럽의 대지에 경제 발전의 조짐이 보이기 시작했다. 농업생산력이 늘어나고 시장이 생겼으며 도시에 인구가 집중했다. 그 결과 경제활동을 오로지 토지에 의존했던 사람들이

산티아고 성지순례의 길

외의 시민들도 성장해 부를 손에 넣는 시대가 왔다. 이런 시대를 배경으로 한 경제력으로 로마네스크양식의 교회나 수도원의 건설비가 충당되었으며 성지순례를 지탱했다. 11세기에 시작되어 17세기까지 계속된 산티아고 순례는 유럽과 이베리아반도를 잇는 두터운 동맥이었다.

십자군이 가지고 돌아온
'성 십자가'는 진짜였나

예루살렘의 '성 십자가'

기독교를 공인한 로마황제 콘스탄티누스 1세의 어머니인 헬레나는 예루살렘에서 십자가에 못 박혀 숨진 크리스트의 처형에 사용된 십자가를 발견했다고 한다. 이것이 4세기 말 이후 확대된 '성 십자가'의 발견설이다.

7세기에 페르시아가 일시적으로 '성 십자가'를 빼앗지만 당시의 비잔틴 황제 헤라클레이오스(Herakleios)가 탈환했다. 그 후 '성 십자가'는 수도 콘스탄티노플로 옮겨지는데 예루살렘에도 그 일부가 남았다. 11세기 말, 제1차 십자군의 병사들은 예루살렘을 점령하여 학살과 약탈을 했는데 이때 현지의 동방교회 성직자는 고문에 의해서 '성 십자가'의 존재를 고백할 수밖에 없었다고 한다. 12세기 초 예루살렘의 '성 십자가'의 일부가 파리로 보내졌다는 사실을 적은 편지가 남아 있다.

성 유물 숭배

현대의 우리들이 생각할 때 '성 십자가'가 실물일 가능성은 매우 낮다고 말할 수 있다. 그러나 중세 사람들은 이를 믿었고 그것이 최고의 영적인 힘을 지닌다고 믿어 그것에 의지하려고 하였다.

'성 십자가'는 성스러운 유물의 일종이다. 성스러운 유물이란 본래는 순교자 등 '성인'의 유해를 가리키며 각별한 영적 힘을 가지고 있다고 전해졌다. 이윽고 유해뿐만 아니라 그들이 지녔던 물건들, 의류나 장신구, 심지어는 무덤의 흙까지 숭배의 대상이 되었다. 이렇게 해서 성스러운 유물 숭배는 기독교의 보급에 따라서 보다 더 민중의 감각에 가까운 신앙으로 성장했다.

8~9세기에는 프랑크왕국이나 로마 교회가 자신들의 권위 확대나 민중 교화를 위해 성스러운 유물을 이용했기 때문에 로마로부터 유럽 각지로 성스러운 유물의 '이장(移葬)'이 행해졌다. 9~11세기경에 교회 건설이 활발해지면서 성스러운 유물의 수요도 급증하여 유물의 '발견'이나, 더 나아가서는 매매와 도난사건도 빈번히 발생했다.

성스러운 유물에는 어떤 '효능'이 있었을까? 민중은 병의 치료나 재앙의 회피, 농산물의 풍작을 성스러운 유물에 빌었다. 민중뿐만 아니라 13세기의 신학자 토마스 아퀴나스(Thomas Aquinas)는 여행 도중에 자신이 지니고 있던 성 아그네스(304년경에 순교한 소녀)의 성스러운 유물로 동행자의 열병을 치유했다고 전한다. 또한 성스러운 유물은 사회적 역할도 담당했다.

귀족의 '선서(宣誓)' 의식에 성스러운 유물이 포함되었으며, 전란이나 폭력이 만연했던 시기에는 민중의 평화에 대한 소원을 배경으로 교회세력이 지도한 '신의 평화' 운동과 '신의 휴전' 운동도 성스러운 유물이나 성인의 이름으로 맹세하였다.

11~13세기에는 성스러운 유물 숭배와도 관련된 순례운동이 절정기를 맞이한다. 유명한 유물을 소유한 교회가 있는 지역은 많은 순례자를 모았으며, 그로 인한 이익이 지역공동체를 윤택하게 했다. 그리고 성스러운 유물 숭배와 순례에 대한 정열은 성지를 향한 대규모의 '무장순례'인 십자군 운동의 근거가 되었다.

제4회 십자군과 성스러운 유물

비잔틴세계에서도 성스러운 유물 숭배를 볼 수 있는데 7세기 이후에는 이콘(聖畵像) 숭배가 주류였다. 제국의 수도 콘스탄티노플은 성스러운 유물의 보물창고로서 서유럽에 알려져 있었다.

성지 회복이란 목적을 일탈한 것으로 유명한 제4차 십자군에 참가한 기사 로벨 드 클라리는 콘스탄티노플에 도착한 후 시내를 견학했는데 특히 부코레온 궁전 내의 예배당에 안치된 귀중하고 성스러운 유물에서 눈을 떼지 못했다.

"예배당에는 매우 아름답고 성스러운 유물상자가 몇 점 있었다. 이중에는 실물 십자가의 일부가 2개 있었으며 그 두께는 사람의 발 크기만큼이고 그 길이는 사람 키의 반 정도 되었다. 또한 크리스트의 옆구리를 찌른 창 끝이나 손발에 박혔던 두 개의 못도 있었다."(레진 페르노드Regine Pernoud, 『십자군의 남자들Les Hommes de la Croisde』, Fayard, 1982)

1204년 4월 콘스탄티노플은 제4차 십자군에 의해서 점령되었다. 약탈이 행해졌고 이 도시의 성스러운 유물 대부분은 서유럽으로 보내졌다. 십자군운동은 결국 성지 회복이란 애초의 목적은 달성하지 못했다.

그러나 12세기경부터 서유럽에는 동방에 기원을 두는 크리스트나 마리아 등의 성스러운 유물이 증가했다고 전해진다. '성 십자가'를 포함한 대량의 유물 획득은 서구인의 정신적인 면에서 십자군 최대의 '전과(戰果)' 중 하나였다고 할 수 있다.

시칠리아섬은 언제부터 문화의 선진지역으로 발달했나

시칠리아섬

이탈리아반도의 긴 장화의 발끝에 해당되는 큰 삼각형의 섬이 지중해 최대의 섬인 시칠리아섬(Sicilia)이다. 로마, 피렌체 등의 정해진 코스에 만족하지 못하는 관광객을 위해 여행잡지에서도 중요하게 다루는 곳이기도 하다. 이 시칠리아섬에 대한 일반적인 이미지는 로마에서 멀리 떨어진 이탈리아의 '변경'이란 것이다. 이런 이미지를 가지고 시칠리아섬을 방문하는 사람들은 아마도 크게 놀라면서 여행을 하게 될 것이다.

확실히 기대한 대로의 바다가 있으며 풍요로운 자연이 있다. 한편 언덕 위에는 고대 그리스인의 신전의 흔적이 남아 있고 지금도 사용할 수 있는 원형극장이 있다. 수는 적지만 로마제국 시대의 유적도 남아 있다. 또한 큰 마을의 중심에는 대성당이 즐비하며 무엇보다 팔레르모(Palermo)에는 왕궁이 있다. 이 왕궁은 선명한 색깔의 모자이크로 장식되어 있다. 여기를 방문하는 사람들 모두를 매료시키는 아름다움이다. 대체 시칠리아는 어떤 역사를 지니고 있는 섬일까?

지중해의 교차점, 시칠리아

지중해의 지도를 보면 시칠리아섬은 유럽과 아프리카를 잇는 징검다리와도 같다. 지중해의 거의 중앙에 위치하므로 지중해의 교차점이라고도 할 수 있어 많은 민족이 이 섬을 찾아온 것이 쉽게 이해된다. 팔레르모에 왕궁을 건설한 사람들도 섬 밖에서 왔다.

비잔틴제국의 지배 아래 있던 시칠리아섬에 아랍인이 찾아온 것은 9세기 초다. 이후 약 1세기 반이란 세월을 거쳐 아랍인들은 시칠리아섬을 그들의 손 안에 넣었다. 그들은 탁월한 관개시설을 시칠리아섬에 도입했고 농업의 발전에 크게 공헌했다. 이때 오렌지와 레몬, 사탕수수, 뽕, 대추야자 등이 섬으로 옮겨졌다. 다음에 나타난 사람들이 노르망디인들이었다. 이 움직임은 11세기 초에 일어났다.

노르망디 · 시칠리아왕국의 성립

당시 북프랑스 노르망디지방은 인구가 급증하여 많은 노르망디인들이 일을 찾아서 해외 여행길에 올랐다. 이 속에는 용병이 되기 위해 남이탈리아를 향하는 집단도 있었다. 그들 중 실력을 인정받은 자는 토지를 획득해 동향의 노르망디인들을 모았다.

이중에서 가장 성공한 이가 오토빌가의 형제들이다. 형인 구이스카르드는 남이탈리아에서도 가장 유력한 군주로서 성공을 거두었고, 동생인 로제르는 시칠리아섬의 아랍인들을 공격하여 11세기 후반에는 섬의 통치권을 얻었다. 동생의 아들 로제르 2세가 남이탈리아의 모든 영지와 시칠리아섬을 계승하여 시칠리아 국왕이 된 것은 1130년이다. 이후 노르망디왕국의 3대에 걸친 통치로 시칠리아섬은 고대 그리스 시대에 이어 제2의 황금시대를 맞이한다.

왕국의 번영

노르망디인 국왕의 통치는 관용을 기조로 했다. 비잔틴제국 통치시대 때부터 있던 그리스인뿐만 아니라 아랍인도 왕궁의 관료로 중용했다. 물론 그리스어, 아라비아어, 라틴어가 전부 공식적으로 인정되었다. 그 결과 지중해 주변에 나타난 탁월한 문화, 즉 그리스 · 비잔틴 문화, 아랍 · 이슬람 문화, 라틴 · 가톨릭 문화가 여기서 만나서 개화하게 된다.

여러 사람들이 왕궁을 방문하여 그 화려함에 경탄을 보냈고 대대로 국왕이 보호 · 발전시켜온 학문과 예술의 영향을 받았다. 왕국의 탁월한 통치제도, 관료제와 중앙집권제는 서유럽의 각 국가로 이어졌다. 시칠리아 섬은 또한 지중해의 교역 중심지로서 크게 발전했다.

노르망디 · 시칠리아왕국의 이런 번영은 13세기 전반 시칠리아 왕으로서 신성로마제국의 황제가 된 프리드리히 2세까지 계속되었다. 그러나 그 다음으로 지배자가 된 프랑스인도 스페인인도 노르망디 · 시칠리아왕국의 관용을 계승하지 않았다. 시칠리아는 긴 침묵의 시대를 맞이하게 된 것이다.

헨젤과 그레텔이 방황한 길

독일의 그림(Grimm) 동화에는 벌채업을 하는 가난한 부모가 남매를 숲에 버리는 이야기가 있다. 남매는 돌아가는 길을 찾을 수 없어서 헤매다가 마녀의 집에 가게 되고 잡아먹히기 직전에 도망쳐 집으로 돌아온다는 이야기로 17세기의 프랑스 페로(Perrault) 동화가 그 원전이다. 당시는 생활이 곤란해지면 자녀를 버렸다고 한다.

숲길은 어떻게 되어 있었는가

고대 로마시대에 제국 전체의 길은 8만 킬로미터에 이르렀다. 서로마제국이 멸망하자 프랑크왕국의 카를대제는 도로를 정비하려 했지만 영주도 교회도 농민도, 성이나 교회나 집을 만들 때 로마의 도로에서 돌을 떼어내 사용하는 바람에 파괴가 진행되었다. 국왕조차 각지에서 세금으로 걷은 농작물을 자신이 있는 곳으로 운반하는 것이 곤란해지자 자신이 영지를 돌면서 세금을 거둘 정도였다. 중세에는 군사나 원거리 상업을 위한 도로도 불충분했다.

숲길은 개간과 관련이 깊다. 11세기부터 14세기까지 유럽의 인구는 2배로 늘어나는데 이는 이 시대에 영주와 수도원, 농민이 활발하게 개간을 했던 것과 관계가 있다. 또한 철 생산이 많아진 결과 철제 도끼를 사용하여 숲을 개간할 수 있었고 마을에는 대장간도 나타났다. 이렇게 해서 숲 속의 수도원과 장원이 연결되고 농민이 도시에 다니기도 했다. 운송수단이나 여행이 늘어나 길을 사용할 기회는 증가했으나 길의 악조건은 여전히 개선되지 않았다.

영주들은 일부러 길을 울퉁불퉁하게 만들기도 했다. 세관을 통과시킴으로써 이익을 얻을 수 있도록 한 것이다. 농민도 울퉁불퉁한 길을 수리하지 않아 마차가 전복되면 이를 운반하고 수고비를 벌기도 했다. 당시 형벌의 하나로서 '여행하기'가 있을 정도로 여행은 위험했다. 마차는 진동이 심해 피곤했으므로 가난한 사람들은 탈 것으로 보통 말을 사용했다. 농민도 가끔 여행길에 나섰지만 필사적인 각오가 필요했다. 단거리 여행조차도 주저해 가까운 지역과도 고립되는 경향이 있었다. 숲은 아직도 벌채나 숯, 수도사나 유랑극단, 사냥을 즐기는 귀족이나 도적의 세계였다.

농민의 생활은 향상되었나

지중해 연안과 달리 북유럽의 토지는 습기가 많기 때문에 심경(深耕, 깊이갈이)이 곤란했다. 이를 해결한 것이 철로 만든 큰 바퀴가 달린 쟁기의 사용이었다. 효율을 더욱 높이기 위해서 소뿐만 아니라 말도 경작에 이용되기 시작했다. 11세기경에는 말이 힘을 낼 수 있도록 말발굽을 씌우고, 쟁기를 끌 때 목이 압박받지 않도록 고삐 등도 사용되었다.

물론 한 사람의 농민이 몇 마리의 소와 말을 소유하는 것은 불가능했으므로 이웃끼리 소와 말을 합쳐서 무거운 쟁기를 끌게 했다. 경작하기 쉽게 각자의 밭에 울타리를 만들지 않아 토지를 유효하게 이용했다. 윤작에 의해서 농지를 여름 경작지, 겨울 경작지, 휴경지로 나누는 삼포식 농업이 생겨났는데 이는 이포식 농업에 비해 휴경지는 2분의 1에서 3분의 1로 줄고 소와 달리 건초를 먹는 말의 먹이용 경작지를 둘 수도 있게 되었다. 윤작으로 경작된 콩은 풍부한 단백질로서 생활을 지탱했다. 물레방아나 풍차도 이용되어 밀을 가루로 만드는 데 활용되었다. 12세기경의 농민은 활기에 넘쳤다.

그러나 14세기경부터 백년전쟁과 같은 전란이나 페스트의 확대, 저온이 계속되자 숲을 간척하여 만든 마을은 폐촌이 되기 시작했다. 독일에서는 마을의 4분의 1이 폐허가 되었다. 다시 인구가 증가하여 개간이 시작된 것은 16세기 이후이다. 영주나 국왕 등은 세금 수입과 활발한 상거래를 위해 간선도로와 폐쇄된 마을을 잇는 길을 정비하기 시작하여 숲 속에 길이 깔리고 상인이 활약하여 승합마차와 여행객이 다니게 되었다. 국가에 의한 이런 정비는 통치가 목적이었으며 중앙집권적으로 마을을 파악해갔다.

다른 한편으로는 이런 길에 의해 다른 문화권의 사람들과의 만남이 17세기경의 마녀사냥 시대와 겹쳐졌다. 두 남매의 이야기는 사실이 아니지만 이런 시대를 배경으로 한다. 벌채로 제공되는 목재는 건축이나 숯, 철

의 용광, 유리 만드는 데 필요한 칼륨을 얻기 위한 목탄 만들기와 관계가
깊다. 이 이야기는 14세기 이후의 경제 쇠퇴기에 일어난 한 가난한 벌채업
자의 이야기일지도 모른다.

로마교황이 몽고제국에 사절을 파견한 이유

전설의 왕 프레스터 존

12세기 후반 유럽의 기독교세계는 이슬람세력이 확대되는 것에 크게 위
기감을 느끼고 있었다. 동지중해 지역에 만들어진 유럽 식민지의 의미를
지니는 십자군 국가도 점차 이슬람의 손에 넘어갔다.

이때 유럽 기독교세계에는 어떤 소문이 돌기 시작했다. 이는 동방의 기
독교 왕인 '프레스터 존(Prester John)'이 구세주가 되어 나타나 유럽을 구
원해줄 것이란 내용이었다. 언제부터인가 이 프레스터 존은 몽고 고원의
유목민의 왕들로 연상되기 시작했다. 분명히 몽고 고원의 유목민 중에는
그 수는 적어도 네스토리우스파(Nestorians) 기독교도가 존재했다.

11세기에 몽고 고원에 세력을 펼친 케레이트 부족(Kereit)의 왕인 마르
크스도 역시 네스토리우스파 기독교도였다. 마르크스의 손자이며 칭기즈
칸의 최대 라이벌인 온탄도 또한 네스토리우스파의 신자였다. 또는 이런
인물들의 존재가 초원의 왕들과 프레스터 존을 결부시켜 생각하게 만들었
는지도 모른다.

1219년, 칭기즈칸의 정복활동은 서방에 확대되었다. 중앙아시아에 있

었던 이슬람 강국인 호라즘왕국(남으로는 이란 북부와 아프가니스탄의 북부까지 지배했던 강력한 왕국―옮긴이)에 대한 공격이 시작되었다. 오트랄, 브하라, 사마르칸드 등의 마을이 차례로 함락되었다. 국왕도 도망가다가 사망해 겨우 2년 만에 호라즘왕국은 와해되었다. 이 호라즘왕국을 중동의 이슬람세력과 동일시했던 유럽 사람들은 프레스터 존의 출현을 더욱 확신했다.

그러나 프레스터 존이 이끈다고 확신했던 몽고군은 중동으로 가지 않고 동유럽에 모습을 나타냈다. 1241년 4월 폴란드의 리그니츠 초원에서 유럽의 군대는 몽고군에게 대패했다. 게다가 헝가리에서도 헝가리군이 패했다. 유럽 사람들은 몽고의 일부를 이루는 '타타르족(Tatar)'과 라틴어의 '타르타로스(지옥)'를 연관시켜 몽고인을 '타르타르인'이라고 불렀다.

수도사가 정보수집을 하다

유럽인을 공포에 떨게 한 기마군단 타르타르인은 1214년 11월 오고타이 칸(Ogotai Khan)이 사망하자 갑자기 철수했다. 타르타르인(몽고인)이란 대체 어떤 사람들일까? 프레스터 존은 아닐까? 기독교세계에 공포와 의문이 꼬리에 꼬리를 물고 있었다.

1245년 교황 인노켄티우스 4세(Innocentius 4)는 리옹에서 공의회를 열고 몽고에 대한 정보를 수집하기 위해 사절을 파견하기로 했다. 프란체스코수도회에서 3명, 도미니크수도회에서 4명의 수도사가 이 사절로 뽑혔다.

이들 두 수도회는 교황 직속이었고 로마교회를 위해 첩보원의 역할도 담당했다. 수도사들은 각각 지정된 각지의 몽고 지배자 아래 부임하게 되었다. 이중에서 몽고 초원의 칸이 있는 곳까지 멀리 여행을 한 이가 프란체스코수도회의 피아노 카르피니(Piano Carpini)였다.

교황의 서신을 지닌 카르피니는 처음에 주치울루스(킵차크한국 Kipchak Khan, 남러시아의 킵차크 초원을 중심으로 세워진 몽골왕국이며 금장한국이라고도 한다. ─ 옮긴이)의 바투를 방문하여 알현하지만 바투의 지시에 의해 몽고제국의 수도 카라코룸(Kharakhorum)을 향하게 되었다. 1246년 카르피니는 카라코룸에서 구유크 칸(Guyuk Khan, 몽골제국 제3대 황제이며 정종이라고도 함. 오고타이 칸의 장남이다. ─ 옮긴이)을 알현하고 구유크가 교황에게 보내는 칙서를 받았다.

카르피니보다 조금 늦게, 프란체스코수도회에 소속된 수도사 루브르크가 프랑스 왕 루이 9세와 교황 인노켄티우스 4세의 서간을 지니고 카라코룸으로 향했다. 루브르크도 처음에는 바투를 목적지로 했으나 그 후에 카라코룸으로 향하게 되었다. 1254년 카라코룸에 도착한 루브르크는 몽케 칸(憲宗)을 알현하고 루이 9세에게 전할 국서를 받았다.

카르피니와 루브르크는 몽고를 여행하는 동안에 대해, 그리고 카라코룸에 체재했을 때의 보고서를 상세하게 작성해 교황과 루이 9세에게 제출했다. 이들 보고서에는 몽고의 관습이나 풍속, 전투 모습이 세세하게 적혀 있어 당시의 몽고제국이나 중앙아시아의 상황을 그대로 전하고 있다. 이들은 몽고의 정보를 수집하는 역할을 충분히 달성했다.

'유대인'은 왜 게토에 살았나

유대교도에 대한 차별·격리·박해의 근원이 가톨릭세계의 반유대관에 있다는 것은 널리 알려져 있는 사실이다. 15세기에 이미 '게토'(Ghetto, 유대교도 거리)가 생겼으며 격리정책이 행해졌다. 중세 유럽에서 '유대인' 차별은 어떤 것이었을까?

중세의 유대교도

카를대제의 보호 아래에서 유대교도 상인은 동방무역에서 활약했다고 알려져 있다. 유대교도들은 통상·무역뿐만 아니라 농업이나 수공업 부문에서도 활약했으며 더 나아가서는 프랑크 국왕의 권력기관인 관직에도 종사했던 사실이 확인된다. 이처럼 중세 초기(8~10세기)에는 유대교도와 가톨릭교도가 거의 공존관계에 있었다.

그런데 십자군이 발생할 즈음부터 변화가 보이기 시작했다. 십자군의 움직임이 이교도에 대한 싸움이라는 이상한 종교적 열광과 전투의지를 고양시키는 현상을 낳았기 때문이다. 이단에 대한 대응과 마찬가지로 '개종하려고 하지 않는' 유대교도에 대한 박해가 유럽 각지에서 일어났다.

하인리히 4세가 '유대교도 보호령'을 내리고 그 대신에 유대교도들에게 특별 납세의무를 부과했다. 13세기에는 이것이 신성로마제국 전체로 확대되었다. 이렇게 해서 기독교도와 유대교도를 구별하게 되었고 가톨릭의 다른 왕권들도 이와 같은 대응을 했다.

격리의 움직임

유대교도를 가톨릭세계에서 완전히 차별하게 된 것은 1215년의 제4회 라테란(Lateran) 종교회의에서이다. 유대교도인지 아닌지 외양만으로는 구별할 수 없기 때문에 그들에게 특정한 옷에 베레모, 망토, 두건을 두르게 하고 노란 천을 몸에 달 것〔카논법 제6조(교회와 관련된 모든 법을 카논법이라고 한다 — 옮긴이)〕을 명령했다. 기독교도와 유대교도가 동석하는 일마저 엄하게 금지했다. 그러나 이 회의의 방침이 곧 전적으로 실시된 것은 아니다.

유대교도를 배제하는 또 하나의 움직임은 실질적으로 그들의 직업 선택의 자유를 빼앗는 것이었다. 길드에서 내쫓음으로써 장인의 길은 막혔고 농지 보유를 막아 농장 경영도 불가능하게 되었으며 가게에서 장사하는 것도 어렵게 되었다. 그 결과, 교회법에 구속되지 않았던 사채나 외환업에 종사할 수밖에 없게 되었다.

게토의 성립

14세기에 흑사병이 크게 번지자 그 원인이 유대교도 때문이라고 생각하여 심한 박해를 하였다. 유럽 각지에서 광신적 습격이 행해졌는데 국왕의 권력도 이에는 속수무책이었다. 이를 피해 많은 유대교도가 폴란드 등 동유럽으로 이주했다. 남아 있던 유대교도도 거주만은 자유로웠다.

그러나 15세기가 되자 국왕은 유대교도를 일정 지구에 격리하고 관리하려고 했다. 이는 국왕의 권력으로 유대교도 보호권을 행사한다는 것을 보여주기 위한 시위 차원의 행위였으며 왕고(王庫)의 재원을 확보하기 위해 유대교도가 유출되거나 또는 확산되는 것을 방지하기 위한 대책이기도 했다. 프랑크푸르트 등의 도시도 유대교도에 대한 징세권을 잃고 싶지 않았기 때문에 도시의 성 밖에 게토를 건설해 그들을 강제이주시켰다.

이처럼 한정된 생활공간으로 유대교도들을 내쫓았던 가톨릭세계의 '유대인' 규정은 광신적인 눈길과 관념으로 유대인관을 구축시키게 되었다.

중세 유럽의 길드의 직인은
수공업주가 될 수 있었나

길드(Guild, 특권적 동업자의 조합)는 시대와 지역에 따라서 다른 특성을 지니고 있었다. 일찍이 벨기에의 역사가 앙리 피렌느(H.Pirenne)는 상인 길드가 서유럽의 '도시 자치'에 도움이 되었다고 평가한 적이 있지만 현재로서는 그렇게 보기 힘들다. 또한 우리들은 도시수공업자의 각 직종별 길드의 '수공업주(手工業主)—직인(職人)—도제(徒弟)'란 신분제에 근거한 도제제도를 고정된 것으로 생각하기 쉽지만 정말 그럴까?

길드

각 도시의 길드는 11 ~ 12세기에 성립되었다고 생각된다. 이는 북유럽, 남유럽, 동유럽에서도 같다. 전성기를 맞이한 것은 13세기 이후이며 제일 먼저 나온 것은 상인 길드였다. 최초로 결성된 길드는 각 도시의 대외적 교역의 독점을 위해서 만들어진 것이며 국왕이나 귀족에 의해서 보증된 상업의 독점영업권을 무기로 다른 사람이나 길드에 속하지 않은 사람을 배제하기 위한 단체였다. 처음엔 원거리 상인이 중심이었으나 나중에는 소상인이나 수공업자도 이에 참가했다.

다른 한편 13세기 말경부터 도시의 수공업자가 번성하게 되자 그들이 독립하여 동 직종 길드를 결성하게 되면서 자립해나갔다. 각 업종별로 만들어져 '수공업주 — 직인 — 도제'란 신분제를 확립하고 수공업 경영의 경제적 이익을 지키며 이에 속하는 사람들의 사회생활이나 종교생활 등의 상호부조를 목적으로 하게 되었다.

길드는 수공업주의 집회에서 선출된 임원에 의해 운영되었는데 수공업주들은 가맹금 외에 연회비나 예배용 초를 납입해야 했으며 또한 길드 구성원 이외의 자들에 대한 자선, 도시 내의 각 시설에 대한 기부도 했다.

길드의 역할

길드에는 엄격한 규제가 있었다. 대외적으로는 길드에 가입하지 않은 자의 영업을 인정하지 않았고 신규 가입자에게 제한을 두는 등 독점화를 추진하였으며 대내적으로는 신분이나 토지 소유의 평등 등에 원칙을 두었다. 좀더 구체적으로 보면 길드 구성원 수의 제한(수공업주 수의 제한), 공동도매, 제품의 품질이나 양의 검사, 판매가격의 결정 등 세부에 걸친 규정이 존재했다.

길드 중에서 완전한 구성원의 권리를 지니는 것은 수공업주들이었지만 수공업주로 고용된 직인이나 여기서 교육받는 도제도 또한 길드의 규제 아래 놓여졌다. 이는 노동조건에 대해서뿐만 아니라 일상생활 전반에도 그 영향을 미쳤다.

수공업주가 되지 못하는 직인의 증가

그러나 13세기 후반 이후에는 부유한 상인층이 시정(市政)을 독점하고 과점해나가게 되었으며 수공업 관련의 동 직종 길드가 연대해서 시정 참가운동을 일으켰다(독일에서는 춘프트Zunft 투쟁이라고 한다). 게다가 14세기 이후에 중세 장원경제가 쇠퇴하고 흑사병 등이 유행하자 농민들이 도시로 유입되어 도제나 직인이 증가했다. 그러자 수공업주들은 도제기간을 연장하고 직인이 수공업주가 되는 자격을 얻기 위한 '마스터피스(masterpiece, 試作品)'에 대해 과대한 요구를 하면서 길드 가맹금을 인상하기도 했다.

이 때문에 14~15세기에는 수공업주가 될 수 없는 직인들이 급증했고 사회가 불안해졌으며 여러 도시에서 시민들이 봉기했다. 또한 직인조합을 결성해서 수공업주들에 대항할 뿐만 아니라 상호부조나 경제적 이익을 지키기도 했다. 이를 '직인 길드'라고 부르는 경우도 있다.

이처럼 일반적으로 중세 후기가 되면 수공업주의 수가 제한되거나 수공업주 자격의 획득이 곤란해졌다. 게다가 15세기 말까지 농민들이 계속 도시로 흘러들어왔기 때문에 일을 얻지 못한 도시민이 증가했다. 이 때문에 길드제도를 지키려고 자유경쟁을 억제하는 등 길드는 기술면에서도 제도면에서도 보수적으로 되어갔다.

중세의 대학생은 어떤 사람들이었나

중세의 대학은 11~12세기에 탄생했다. 볼로냐대학이나 파리대학 등이 그것이다. 대학을 당시에는 우니베르시타스 또는 스투디움이라고 불렀는데 이는 동업자 길드나 조합을 의미하는 단어였다.

이러한 중세의 대학생들은 어떤 사람들이며 그들의 출신성분이나 계층은 어떠했는가? 또한 그들은 대학에서 무엇을 배웠을까? 무엇보다도 중세 대학의 학문은 어떤 역할을 수행했을까?

대학의 실태

중세의 대학도 시대와 함께 변화했다. 예를 들면 파리대학의 경우 13세기까지 특정 건물도 없었고 고정수입도 없었으며 또한 오늘날처럼 대학의 운영체제를 갖추고 있지도 않았다. 학부는 신학, 교회법, 의학의 상급학부와 하급의 교양(학예)학부로 편성되어 있었으며 교양학부는 출신지별로 '프랑스인' '피카르드인(Picardie)' '노르망디인' '영국인'의 4개의 '동향회(나티오)'로 구성되어 있었다. 동향회에는 언어의 차이가 있을 뿐 입학시험도 없었으며 라틴어의 소양을 갖춘 자라면 누구라도 자유롭게 들어갈 수 있었다. 강의는 교실이 아니라 성 줄리앙 르 포블 교회나 사제 저택의 응접실 등을 교수가 빌려서 했다.

그런데 백년전쟁이 일어난 14세기부터 대학은 변화하기 시작했다. 대학 교수가 강의에 대한 대가를 이전보다 더 요구하는 등 학칙에 변화가 일어났으며, 무상으로 교육을 받고 학위를 취득하는 가난한 학생수가 급속히 감소했다. 영주제의 위기가 심각해지자 경제적 이유에서 대학교수가 새로운 부유층, 왕족이나 귀족, 교회나 세속의 후원자에게 기생할 수밖에 없게 되자 대학은 세습적 경향을 강화하고 귀족화되었다. 또한 본래 자선을 목적으로 만든 기숙사도 수도원과 같은 체제를 지니게 되어 귀족풍에 물들어 폐쇄적이 되었다.

학생의 출신계층

학생의 구성에 대해서는 실제 잘 알려져 있지 않다. 대학에 따라서도 다르겠지만 일반적으로 부유한 귀족 외에 소귀족, 도시민, 부유한 농민 등 중류계급에 속하는 자제들이 대학에서 배웠다.

여자(여자 수도원 등에서 교육을 했다)는 입학할 수 없었다. 일설에 의하면 독일 대학의 경우 가난한 학생은 평균적으로 전체 학생의 약 20퍼센트였다고 전해지지만 이 '빈곤'한 학생들이 반드시 사회적 하층계급 출신이라는 것을 의미하지는 않으므로 불분명하다.

그러나 대체로 13세기까지는 가난한 학생을 받아들이기 위해 기숙사(콜레주)를 지어야 할 만큼 가난한 학생이 많았다고 한다. 주로 파리에 나타났던 고리알드족(방랑 학생)의 존재도 그들의 한 표현이며 또한 파리의 학생기숙사 중 하나였던 소르본 학생기숙사의 창립자는 농민출신이었다. 이것이 14세기 이후가 되면 황제나 국왕, 도시가 관료 양성을 목표로 대학의 유지와 창설에 가담하게 되어 대학의 수는 증가하지만(1500년에 약 80개), 아주 특별한 경우를 제외하고는 가난한 학생이 입학하기는 힘들어졌다.

학문의 역할

그럼 대학에서는 무엇을 가르쳤을까? 이도 그 내용을 상세하게 알 수 없다. 교수는 강의와 토론에 의해서 수업을 진행했는데 토론은 성서나 권위 있는 교회 연설을 인용하여 상대를 논파하는 식이었다. 이런 분위기 속에서 13~14세기 파리에서 볼 수 있듯이 학생은 열광적인 집단으로 변했고 학문적으로 설득력 있는 분석과 논리 구축의 역할을 넘어서 사회적 · 지적 폐단의 해결을 위해 행동하고 봉기하는 경우도 적지 않았다.

15세기 이후 스콜라학(Scholasticism)에 대신해서 휴머니즘을 배우게 된다.

예를 들면 페트라르카(Petrarca) 예찬이 행해지는 등 전체적으로 학문의 이론보다 오히려 문학에 관심이 높아졌다. 이렇게 되자 학문은 점점 귀족적 성격을 지니게 되고 13세기까지의 대학에서 볼 수 있었던 많은 다원적 가치는 후퇴하고 말았다.

트럼프는 언제 어떻게 시작되었나

중세의 놀이

중세 유럽인의 최대 오락은 바로 '주사위놀이'였다. 이 놀이는 운을 시험해보는 측면을 지닌 데다가 도박적 요소가 강했기 때문에 신을 모독한다는 이유로 교회의 비난을 받았다. 그러나 모든 계층과 노소를 막론하고 이 놀이에 열중해 중세 전성기에 유럽 전역으로 퍼졌다.

트럼프놀이 이전에 유행한 또 하나의 놀이는 인도에 기원을 둔 '체스'였다. 체스는 이슬람세계를 경유하여 1000년경 유럽에 전해졌다. 체스는 처음에는 귀족이나 수도원에서 행해졌지만 14～15세기경에는 부유한 시민들 사이에도 보급되었다. 체스는 주사위놀이보다 지적이며 여성도 참가할 수 있었다는 점에서 특징이 있다.

트럼프의 등장

14세기 말 체스의 라이벌로 등장하여 곧 주역의 자리를 빼앗은 것이 '트럼프놀이'였다.

그럼 트럼프놀이는 어떻게 해서 시작되었는가? 크게 나누자면 두 가지 계통을 생각해볼 수 있다. 13세기 말 독일에서 만들어진 숫자가 적힌 카드와 프랑스에서 만들어진 깃발 문양이 들어 있는 카드 등을 근원으로 하는 유럽기원설과 인도·이슬람세계를 중개로 하여 전달되었다는 동방기원설이 있다. 어느 쪽이든지 1370년대부터 1380년대에 걸쳐서 남독일이나 이탈리아 각 도시에서 트럼프 열기가 높아진 것은 틀림없는 사실이다. 실제로 이들 지역에서는 트럼프 열기를 억제하기 위해 도시가 조례로 금지조치를 내린 바 있다. 이는 명백히 초기의 트럼프놀이가 도박적 성격을 강하게 지니고 있었음을 보여준다.

인쇄기술의 발달

그러나 시당국이나 교회의 탄핵에도 불구하고 트럼프놀이는 주사위놀이, 체스와 함께 모든 신분계층에 스며들었는데 여기에는 이유가 있었다. 그것은 수와 색깔, 심벌의 표식이 합쳐져 있는 트럼프는 주사위보다 변화에 넘치고 지적이며 게다가 체스만큼 어렵지도 않다. 그리고 카드 자체에 동식물이나 인물상 등의 아름다운 그림이 그려져 세련미도 지니고 있었기 때문이다. 이즈음에 파리시민의 가정에도 트럼프가 보급되었다는 기록을 볼 수 있으며 또한 조금 늦게 전달된 영국에서도 15세기 말에 도시의 노동자나 도제들 사이에 트럼프놀이가 확대되었다고 한다. 이렇게 해서 트럼프놀이는 도시에서 농촌으로 보급되었고 계급이나 지역을 막론하고 구석구석까지 침투되어갔다. 여기에 크게 공헌한 것이 목판과 활판 기술의 발달이다. 대량생산이 가능하게 된 독일제의 아기자기한 트럼프가 유럽 시장에서 활개를 치고 뉘른베르크나 아우크스부르크, 울름 등의 카드가 명성을 떨쳤다.

놀이의 왕은 누구인가

중세에는 트럼프나 주사위처럼 운을 시험하는 게임 이외에 신체를 사용한 놀이도 또 하나의 놀이로서 일상적으로 행해졌다. 특히 공놀이는 성행했던 것처럼 보이며 현재의 축구나 럭비의 전신인 '드로우 경기', 골프와 당구의 전신인 '크로스 경기', 테니스의 전신인 '폼 경기' 등이 특히 유행했다.

한편 이런 놀이도 당연히 신분에 따라 차이가 있었다. 서민은 휴일 등에 기분전환 정도로 게임이나 경기를 했지만 중세의 놀이의 왕은 누구보다도 기사 신분의 젊은이들이었다. 이들은 '일하는 사람'이 아니라 병아리 '전사'였다. 따라서 놀이에 쓸 시간적 여유가 가장 많았다. 놀이는 그들의 생활 속에서 매우 큰 부분을 차지했다. 그들은 놀이를 통해서 기사의 한 사람으로서 기술, 예절, 용감함을 체험했다.

백년전쟁은 프랑스와 영국의 전쟁이었나

현대에 살고 있는 우리들은 '영불 백년전쟁'이란 표현으로 이 전쟁을 아무 생각 없이 '영국과 프랑스'의 전쟁, 즉 영불 사이의 전쟁으로 파악하는 경향이 있다. 이 때문에 근대의 '영불 식민지쟁탈전'과 비교해서 정중하게도 '제1차'란 수식어를 붙여서 생각하게 되었다.

백년전쟁의 후기, 15세기에 등장하는 잔 다르크를 '구국의 영웅'으로 평가하는 것과 더불어 백년전쟁이 영불 사이의 전쟁이라는 것은 어떻게도 수정이 불가능한 착각이 되어버렸다. 백년전쟁은 정말로 두 나라 사이의 전쟁이었을까?

백년전쟁이 일어난 시대

14~15세기의 서유럽을 역사학에서는 봉건제나 영주제의 '위기'의 시대라고 부른다. 귀족과 승려가 중심이 되었던 장원경제가 십자군원정이

초래한 도시의 성장과 상업 · 수공업의 발달로 급성장한 시장경제 때문에 경영의 위기에 빠진 일을 가리킨다. 장원경영의 위기는 정치와 사회의 위기를 불러일으켰으며, 영주제의 기능을 구조적으로 마비시키는 계기가 되었다.

예를 들면 영주 경영이 위기에 빠져서 상품가치가 높은 작물을 재배하게 된 결과 밀 등을 생산하는 농지가 감소하여 식생활을 지탱하는 곡물의 생산 저하를 불러왔다. 또한 기후의 급변이나 흑사병 등으로 유행병에 약한 체질이 되었다. 이런 상황에서 영주세력은 임시세의 징수, 포로의 몸값에 대한 소득, 게다가 약탈에 의한 수익까지 기대하여 전쟁의 개시를 바라기까지 했다.

발루아왕조의 내부 대립

초기 백년전쟁의 성격을 잘 나타내는 전투가 1356년 9월의 푸아티에전투이다. 이때 프랑스세력인 발루아왕조의 장 2세가 영국세력의 플랜태저넷왕조군에게 체포되었다. 그러자 일찍부터 왕조 내부에서 샤를 황태자(Charles, 장 2세의 후계자)에 대항하여 주도권 쟁탈을 하고 있었던 유력자인 나바르 왕 샤를의 세력이 영향력을 회복했다. 이런 움직임 속에서 그들은 1357년 3월의 삼부회에서 파리 상인의 우두머리였던 에티엔느 마르셀 등의 왕국개혁파와 협력해서 왕조의 주류파에 반기를 들었다.

그런데 실은 이런 움직임은 이보다 1년 전에 시작되어 나바르세력은 영국세력과 연합을 결성하고 발루아왕조와 적대했다. 더욱이 푸아티에전투 후에 세느강과 루아르강 사이의 지역에는 용병에서 떨어져나온 방랑 군사단이 출몰하여 대혼란이 일어났는데 발루아왕조는 이런 사태를 해결할 의지도 능력도 없었다. 나바르군은 영국세력의 병사, 파리 시민군과 함께 샤를 황태자와 대립했다. 게다가 한창 백년전쟁의 와중이었다.

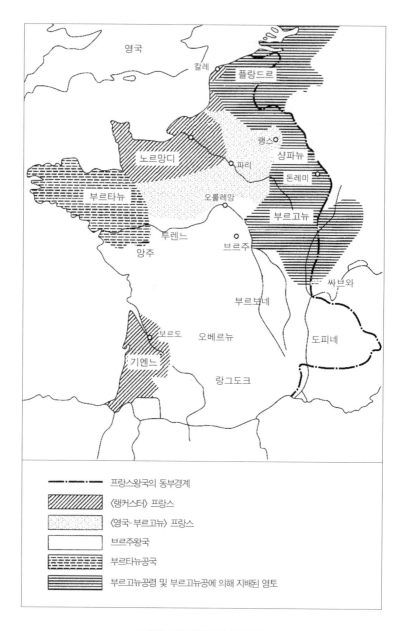

영국

칼레

플랑드르

노르망디

랭스

샹파뉴

파리

돈레미

부르타뉴

오를레앙

부르고뉴

투렌느

브르주

앙주

싸브와

부르보네

보르도

오베르뉴

도피네

기엔느

랑그도크

── 프랑스왕국의 동부경계

〈랭커스터〉 프랑스

〈영국-부르고뉴〉 프랑스

브르주왕국

부르타뉴공국

부르고뉴공령 및 부르고뉴공에 의해 지배된 영토

트루아조약(1420년) 후의 프랑스

잔다르크의 경우

15세기 전반에는 이 전쟁의 성격이 보다 확실해졌다. 아르마냐크세력 (Les Armagnacs)과 부르고뉴세력의 대립이 프랑스 내부에서 선명해졌다. 1420년 부르고뉴세력과 영국세력인 랭카스터왕조가 트루아동맹을 맺게 되자 프랑스는 발루아왕조파, 부르고뉴세력, 아르마냐크세력 등 세 개의 세력이 각각의 지역을 지배하게 되었다.

영국세력은 노르망디와 파리 등을 지배하였고, 아르마냐크세력은 루아르 중류지역의 브르주에 정부를 세웠으며, 부르고뉴세력은 북부와 동부를 지배했다. 잔 다르크가 등장하는 것도 이와 관련이 깊다.

파리는 영국세력의 거점이었지만 파리의 지배층이 이에 모순을 느낀 것은 아니었다. 실제로 잔은 파리를 공격해서 중상을 입었을 뿐만 아니라 잔을 체포한 것은 다름 아닌 부르고뉴세력이었다. 백년전쟁의 주역은 명백히 두 나라의 왕조였지만 그들이 반드시 영국과 프랑스를 대표하는 것은 아니었다.

로빈 후드는 실제 인물인가

인물상의 변화

월터 스콧(Walter Scott)이 19세기에 저술한 『아이반호 *Ivanhoe*』의 로빈 후드의 이미지는 유명하다. 잉글랜드를 정복한 노르망디인에게 반항하는 색슨인의 영웅으로, 음모로 재산을 잃고 숲에 숨어서 명예회복의 기회를 기다린다. 십자군원정중인 국왕 리처드의 왕위를 빼앗으려고 하는 동생 존의 음모에 맞서 투쟁하며, 국왕에 충성을 맹세하고 명예를 회복한 끝에 연인과도 맺어진다는 이야기다.

그러나 로빈 후드에 대한 최초의 기술은 14세기 후반인 1377년경에 인기를 끈 종교 시 『농부 피어즈』이다. 그 후 때로는 요먼(yeoman)이라고 불리는 독립 자영농민, 왕정개혁에 관계한 자, 도적이지만 의적이며 헌팅턴 백작이란 칭호까지 지닌 귀족, 또는 풍요의 신과도 같은 신화적 존재 등 로빈 후드에게는 실로 다채로운 인물상이 부여되어왔다.

역사적 실상의 단서

로빈 후드의 최대의 적은 주 장관, 즉 셰리프(sheriff, 최고의 지방관리 ─ 옮긴이)라고 불리며 왕으로부터 임명받아 주의 정치에 책임을 지는 권력자였다. 그 권력 중 경찰권과 사법권은 1361년부터 치안판사로 옮겨졌다. 로빈 후드의 이야기에는 주 장관이 나오지만 치안판사는 등장하지 않는다. 만약 로빈 후드가 실재인물이라면 1361년 이전 사람이라고 생각할 수 있다. 또한 숲에 사는 그들은 사슴고기를 중요시하는데 당시 숲은 왕의 영지였고 사슴 밀렵은 범죄였다. 숲에 세금을 매기는 법은 11세기 후반에 잉글랜드를 정복한 윌리엄 왕에 의해 제정되었으므로 이 이후의 일이다.

또한 셔우드 숲을 한바퀴 돌고 로빈을 만났다고 하는 국왕 에드워드는 2세일 가능성이 있다. 1세에서 3세까지의 에드워드 국왕 가운데 이 지역의 순행 기록이 있는 사람은 1323년의 2세뿐이다. 또한 교회권력에 대한 반감, 농민에 대한 애정 등도 고려해서 생각하면 14세기 전반의 이야기일 가능성이 한층 높아진다.

14세기 전후의 농촌

잉글랜드의 봉건제는 11세기의 노르망디인의 정복에 의해 확립되어 처음부터 왕권이 강했으며, 영주의 토지를 농민에게 경작시키면서 자유를 속박하는 장원이 형성되었다. 그러나 200만 명 이하였던 인구가 14세기 중엽에는 350만 명으로 증가했듯이 잉글랜드에는 비교적 평화가 유지되었고 양모나 곡물도 수출하게 되었다. 13세기에는 많은 마을에서 시장과 자치도시가 성립하였고 화폐경제가 발전한다. 농민은 노동으로 받는 지대를 화폐로, 그것도 정액으로 받게 된다. 드디어 영주의 속박에서 해방된 농민도 나타났다.

1348년 페스트의 확산으로 인구가 줄자 일단 농민의 노동조건은 개선되지만 그 후 영주에 의한 임금제한, 지대의 강요나 인클로저(enclosure, 근세 초기의 유럽 특히 영국에서 영주나 대지주가 목축업이나 집약농업을 영위하기 위해 공동이익권에 반대하고 사적소유권을 주장하며 의회입법에 따라 개방경지나 공동목장 등을 폐쇄한 일. 이로 인해 중소농민은 몰락하여 소작인이나 공장노동자가 되었다. — 옮긴이), 더 나아가서는 백년전쟁을 치르기 위한 과세 등에 의해 농민의 생활은 곤란해졌다. 법의 보호를 받지 못하고 범법자로서 숲으로 도망치는 이도 생겨났다. 이런 배경에서 일어난 1381년의 농민반란(예를 들면 와트 타일러의 난)에 의해 농민은 영주의 인격적인 지배에서 해방되어 자유로운 독립 자영농민이 번영하는 시대가 되었다.

왜 교회에 반대하고 왕에게는 충성을 바쳤는가

그들은 숲을 가로지르는 수도원 관계자들로부터 돈을 빼앗았다. 수도원은 12세기부터 장원경영을 시작하여 양모를 대규모로 생산하였으며 국토의 반을 소유하는 대영주였고 세속영주에 못지않게 농민을 지배했다. 잉글랜드는 존 왕이 로마교황에게 굴복(1213년)한 이래 교황에게 세금을 바치는 나라였다. 백년전쟁 때 교황은 프랑스 왕의 지배 아래 있었기 때문에 프랑스 편을 든 것도 원인이 되어 교회에 대한 비판이 일어나기 시작했다.

한편 국왕은 당시로서는 새로운 배심제를 도입하여 국왕재판소의 권위를 높였다. 또한 농노 신분의 농민은 영주의 재판을 받았으나 자유로운 신분의 농민은 국왕의 재판을 받았다. 왕은 영주나 장관 등의 지배자의 위법으로부터 농민을 보호하는 입장이었다.

로빈 후드는 14세기 전반기의 자영농민 출신의 범법자로 국왕에 대한 환상을 지녔지만 민중에게는 친절하고, 대영주나 주 장관인 지배자와 싸운 인물이란 이미지가 강하다. 하지만 현재까지의 연구 성과를 보면 로빈 후드는 이야기와 역사적 사실의 중간적 존재라고 생각된다.

이단으로 처형된 후스는 무엇을 했나

보헤미아(뵈멘)의 사람들과 후스

체코인(보헤미아인)이 민족을 의식할 때 반드시 떠올리는 인물이 얀 후스(Jan Hus)다. 18세기 말 프랑스혁명에서부터 나폴레옹의 등장에 이르는 변혁의 폭풍 속에서 팔라츠키는 『보헤미아의 역사』를 저술하였는데 그는 거기에서 합스부르크의 지배 아래 놓인 체코인으로서 얀 후스를 중심으로 보헤미아인(Bohemia, 독일어로는 Bömen이라고 함 — 옮긴이)의 자각을 촉구했다.

또한 1968년 '프라하의 봄'을 소련군의 전차가 짓밟았을 때에도 사람들

14세기의 신성로마제국과 보헤미아왕국

은 얀 후스의 동상 앞에 모여 부당한 간섭에 대항하는 의지를 표명했다.

중세 말엽에 살았던 얀 후스가 어떻게 해서 지속적으로 체코 민족의 마음속에 남아 있게 되었을까?

14세기의 유럽과 보헤미아

체코인의 나라 보헤미아는 13세기 후반부터 크게 성장하여 신성로마황제(독일 왕)의 선거권을 지닌 7선(選)제후(帝侯)의 하나로까지 성장했다. 특히 룩셈부르크왕조의 카렐 4세(Karel 4) 시대에 독일의 '대공위(大空位)' 이래 계속 혼란 속에 있던 독일 왕(신성로마황제) 선출문제에 대해 '금인칙서(金印勅書)'를 발포해 혼란을 마무리하는 등 보헤미아 왕으로서의 권위도 높였다.

1346년 프라하는 보헤미아제국의 수도가 되었다. 중유럽 최초의 프라하대학(정식 명칭은 카를로바대학 — 옮긴이)이 설립되고 유럽의 학예가 수입되었다. 앞서 프라하 주교의 자리가 대주교의 자리로 승격한 일도 있어서 유럽의 중심도시로서 기능하기 시작했다.

이런 번영 속에서 궁정 측근, 고위 성직자, 부유한 시민층, 대학교수, 학생 등에 독일계 사람들이 대량으로 진출하여 전통적인 체코인 귀족층, 시민, 농민과의 사이에 알력이 생기기 시작했다. 교회에 대한 우대책은 교회의 부유화·세속화를 진행시켜 일부에서는 부유한 성직자가 생겨나는 한편, 다수의 궁핍한 성직자도 존재하게 되어 교회의 부패와 타락에 심한 비판이 일었다.

1378년 카렐 4세가 사망하자 보헤미아는 혼란에 빠졌다. 그 이유 중의 하나는 근친간의, 특히 보헤미아의 왕 바츨라프(형)와 헝가리의 왕 지기스문트(이복동생)의 대립이다. 또한 바츨라프는 교회의 권한을 둘러싸고 프라하 대주교와도 대립했다. 이 혼란은 내전을 초래했으며 독일의 제후 선거회의는 바츨라프의 폐위를 선언하기에 이르렀다. 다른 한편 지기스문트는 패했다고는 하나 오스만제국에 대항하는 십자군을 조직하여 1410년에는 황제로 선출되어 분열된 로마교회의 통합에 큰 역할을 수행했다.

교회 개혁에 앞장선 얀 후스

중세 말기가 되자 교회의 권위에 균열이 생기기 시작했다. 로마교회의 대분열, 세속화와 부패에 대한 비판이 쏟아졌다. 영국의 위클리프(John Wycliffe)가 그 대표적 인물이다. 그는 성서주의의 입장에서 '빵과 와인'의 성찬(sacrament)을 부정하고 교회에 의한 영혼의 구제 그 자체에도 의문을 품었다.

위클리프설은 급속히 보헤미아에도 전해져 이에 찬동하는 사람들이 나

타나기 시작했다. 프라하대학의 교수 얀 후스도 이중 한 명이었다. 1402
년 후스는 개혁파의 중심이었던 베들레헴교회의 설교사로 임명되어 체코
어로 설교를 하여 인기를 모았다. 처음에는 바츨라프 왕도 그의 교회 비판
에 지지를 보냈으며 후스 자신도 교회의 순화를 세속권력에 기대했다. 그
러나 후스의 비판이 로마교회의 권위 그 자체, 그 체제에까지 미치기 시작
하자 고위 성직자, 대학교수(독일계가 많았다)로부터 경계의 목소리가 나
오기 시작했다.

이미 위클리프를 이단으로 선고하고 파문한 교황은 보헤미아에서 위클
리프설이 확대되자 놀라서 프라하 대주교에게 명하여 위클리프의 책을 금
서로 정하고 후스와 그 지지자를 파문한다. 교황이 나폴리 왕에 대한 전쟁
비용을 조달하기 위해 면죄부를 판매하려고 하자 후스는 이를 강력히 비
난함으로써 바츨라프 왕과 대립하게 된다.

황제 지기스문트의 배신과 후스의 처형

황제 지기스문트(Sigismund)는 오스만대책, 제국 통합문제 등 여러 가
지 위기를 안고 있었지만 조급히 해결해야 할 것은 로마교회의 통합이었
으며 교의상으로는 보헤미아의 이단문제였다. 황제는 후자를 공정한 토론
으로 결론 내기 위해 후스에게 자유안전통행권을 주어 콘스탄트공의회에
출석할 것을 요청했다.

후스는 신변의 위험을 느꼈지만 참가해서 자신의 주장을 펼치면 개혁을
이해해줄 가능성이 있다고 믿으며 콘스탄트로 갔다. 그는 도착과 동시에
체포되어 심문에 처해져 자신의 주장을 철회할 것을 요청받는다. 이를 거
부한 후스는 "모든 것에서 이기고 영원의 힘을 지니는 진리를 확실히 지켰
으면 한다"라는 유언을 남기고 콘스탄트시 성벽 밖에서 처형된다. 후스의
화형 소식이 보헤미아에 전해지자 체코인들은 분노에 휩싸였다. 그들은

지기스문트와 로마교회에 대항해 싸울 것을 천명했다. 이른바 후스전쟁이었다.

진리를 올곧게 인지하고, 중세 가톨릭의 절대적 권위였던 로마교회와 강력한 황제의 권력 앞에서 한발도 물러서지 않고 대결한 후스는 체코인의 자랑이었고 마음의 지주가 되었다.

윌리엄 텔은 실제 인물인가

스위스 건국의 영웅 윌리엄 텔의 이야기

활의 명수이며 스위스 건국의 영웅으로 일컬어지는 윌리엄 텔(독일어로는 빌헬름 텔)의 이야기는 독일 작가 실러(Schiller)의 희곡이나 이탈리아의 작곡가 로시니(Rossini)의 서곡에 의해 전세계에 알려졌다.

그의 이야기는 실화일까? 그렇지 않다면 이런 이야기가 만들어진 배경은 무엇인지 살펴볼 필요가 있다. 일단 실러의 희곡에 따라서 줄거리를 살펴보도록 하자.

13세기 말 스위스의 우리지방에 텔이란 이름의 활을 잘 쏘는 사냥꾼이 있었다. 어느 날 아들을 데리고 알트도르프의 마을로 외출했을 때 이 지방을 다스리는 합스부르크가의 관리인 게슬러가 자신의 모자를 긴 막대 위에 걸고 지나가는 사람들에게 인사를 시키는 것을 보았다. 텔 부자는 그 앞을 인사하지 않은 채 지나치려고 했기 때문에 게슬러의 분노를 사고 만다. 텔은 자신의 아들 머리 위에 올려진 사과를 활로 쏘아 명중시키라는 명령을 받는다. 무사히 사과를 쏠 수는 있었으나, 실패할 경우에 숨겨놓은 두 번째 화살로 게슬러를 죽이려고 한 사실이 들통이 나서 텔은 체포되어 호수의 언저리에 있는 성으로 호송된다. 그러나 호수 위에서 텔을 실은 배는 폭풍을 만나고 이 기회에 텔은 도망쳐서 관리 일행을 기다리다가 게슬러를 사살한

16세기 초에 그려진 가장 오래된 텔의 그림.

다. 이 이야기를 전해들은 우리지방과 근처의 사람들은 합스부르크로부터의 독립을 요구하며 봉기한다.

이야기의 무대가 된 시대

현재의 스위스는 예부터 켈트인의 땅이었지만 4세기 이후 침입한 게르만 부족들이 왕국을 형성하여 8세기 이후에는 프랑크왕국에 편입되었다. 그 사이에 로마문화에 대한 게르만 각 부족의 대응에 따라 현재의 프랑스어 지역, 독일어 지역, 이탈리아어 지역이 생겨났다.

프랑크왕국의 분열 후 이 땅은 신성로마제국령이 되었고 11세기 이후의 상업이나 도시의 발달에 의해서 지중해 상업권과 북방 · 발트해 상업권을 잇는 교통의 요충지로서 한때 각광을 받았다. 그중에서도 1200년경의 고타르도 고개의 개통에 의해 그 북쪽의 입구인 우리지방에는 세관이 설치되고 신성로마제국의 황제 직할지로서 자치가 인정되었다. 이는 세력이 계속 증가하고 있던 봉건제후 합스부르크의 지배력 아래 있던 슈비츠나 운

터발덴의 각 주에도 자치의 기운을 돌게 해 이들 각 주도 황제로부터 자치를 인정받았다.

그러나 13세기 후반 신성로마제국은 황제 부재의 혼란기를 맞이한다. 이러한 혼란기를 끝내고 황제의 자리에 오른 이가 아이러니컬하게도 합스부르크가의 루돌프 1세였다. 그러나 다행히도 그의 관심은 스위스보다는 오스트리아 각 주를 보호하는 데 있었다.

또한 이들 주의 주민들을 황제의 용병으로 쓰기 위해 루돌프는 우리와 슈비츠의 자치권을 인정했다. 1291년 루돌프가 갑자기 사망하자 지금까지의 자치권을 빼앗길지도 모른다고 생각한 우리, 슈비츠, 운터발덴의 주민들은 7월 16일에 루트리 광야에 모여 상호의 충성과 협력을 맹세했다.

이후 합스부르크가 출신이 아닌 황제를 거쳐서 1298년 다시 합스부르크가의 황제 알브레히트 1세가 취임했다. 그러나 이 황제도 세 주의 자치를 인정했고 세금을 거두기는 하였으나 게슬러와 같은 비도덕적인 인물이 있었다는 흔적은 찾아볼 수 없다. 아무래도 텔의 이야기는 실화라기보다 창작된 게 아닌가싶다.

텔 이야기는 왜 만들어졌을까?

텔 이야기를 볼 수 있는 가장 오래된 기록은 '자르넨 백서'(1470~1472년)이다. 이 문서는 운터발덴의 남쪽에 해당하는 지방의 중심지인 자르넨(Sarnen)의 공식 기록문서로서 편찬된 것인데, 텔의 행위가 계기가 되어 합스부르크에 대한 봉기로 이어졌다는 기술은 없다. 그러나 7년 후 「스위스동맹의 기원에 대해서」란 서사시 중에 "내 아들을 사살할 경우에 게슬러를 죽일 작정이었다"고 텔이 고백한 후에 큰 소란이 일어났고 최초의 동맹자가 나타났다고 기술되어 있다. 텔의 행위로 스위스 건국이 시작되었고 언급한 최초의 기술이다.

그런데 왜 15세기의 후반에 스위스 건국의 역사가 저술된 것일까? '루트리 광야의 맹세' 후에도 합스부르크가와의 투쟁은 계속되어 14세기에는 팔주동맹(八州同盟)이 맺어졌으며 15세기 초에는 스위스 북부의 합스부르크 영지를 빼앗고 13주 동맹으로 발전해갔다.

그러나 15세기 전반기에 슈비츠와 취리히 사이의 일부 지역의 지배권을 둘러싼 대립이 나타났다. 이때 취리히는 합스부르크가 출신인 국왕에게 원조를 청해 취리히와 각 주 사이에 전쟁이 시작되었다. 이 전투에서 취리히는 인구의 3분의 1을 잃었다.

취리히는 나중에 동맹에 복귀하긴 하지만 치른 대가는 컸다. 각 동맹 주는 원점으로 돌아가 동맹의 의의를 합스부르크에 대한 투쟁에 두고 절박하게 이를 전달할 필요가 있었다. 이 시기에 스위스의 각지에서 건국사가 저술된 배경에는 이런 사정이 있었다.

유리는 어떻게 유럽에 퍼졌나

베네치아의 유리

1585년 일본의 유럽파견 소년사절단이 유럽으로 건너가 로마교황을 알현한 후 베네치아(영어로는 베니스)를 방문했다. 이때 소년사절단은 당시의 베네치아 총독으로부터 많은 유리제품을 선물로 받았다고 전해진다. 당시의 베네치아는 오늘날에도 그 이름을 떨치는 '베네치아 유리'의 전성기였으며 그 정묘한 기법과 아름다움은 유럽 각국의 왕후와 귀족들을 매료시켰다.

무엇보다도 유리는 고대 오리엔트에 그 기원을 두며 로마제국 시대에 '입으로 불어 만드는 유리' 의 제조법이 발명되기에 이르러 크게 발전을 하였다. 이 로마 유리를 유럽에서 전승한 곳이 베네치아였다.

해상국가로서 계속 성장한 베네치아는 11세기에 지중해의 패권을 잡았다. 그리고 동방무역을 독점하여 이슬람 유리나 비잔틴의 유리그릇을 만들어내는 우수한 유리장인을 데리고 가서 스스로 유리그릇을 생산하기 시작했다.

1291년 베네치아시는 모든 유리공장과 장인을 무라노섬(베네치아의 연안에서 1.5킬로미터 정도 떨어져 있는 작은 섬)에 강제로 이주시켜 유리산업을 보호 육성하고 유리기법의 해외 유출을 방지하려 했다. 그 결과 각국의 왕후와 귀족의 베네치아 유리에 대한 동경은 한층 더 높아져 베네치아 유리를 소유하는 것이 사회적 지위를 드러내는 하나의 수단이 되었다.

바다의 여왕 베네치아

11세기에서 15세기에 걸쳐서 베네치아는 최고 전성기를 맞이한다. 특히 13세기의 제4차 십자군원정에서는 콘스탄티노플을 점령하고(1204년), 지중해 동부에 영토를 얻어 그 세력을 동방으로 확대했다. 게다가 베네치아는 갈레온선(galleon, 3~4층 갑판의 400톤급 범선 — 옮긴이)을 조종하여 지중해를 떠나 북해까지 이르렀으며 육로로 널리 중국에까지 진출했다.

이렇게 해서 베네치아는 세계 각지의 다양한 상품이 모여 번영의 극치에 달했다. 남독일의 마, 플랑드르의 모직물, 독일의 은과 금, 중앙유럽의 모피, 북해의 호박 등 유럽 각지의 물품이 거래되었다.

한편 동지중해 연안에서 베네치아를 거쳐 유럽으로 들어오는 상품은 향신료, 면, 향, 비단, 명반(明礬), 염료 등으로 인도나 중국, 동남아시아,

아프리카 등지로부터 들어오는 것도 있었다. 베네치아에서는 가죽제품, 유리, 도자기, 금속 일용품이나 미술품이 수출되었다.

번영의 그늘

베네치아의 15세기는 지금까지의 부의 축적과 정치적 독립을 계속 유지해온 것이 풍요한 열매를 맺은 시대이기도 했다. 마을은 호화로운 건물이나 예술품, 자본으로 넘쳐나고 지식인이나 예술가들이 모여 이탈리아 르네상스의 한 부분을 담당하고 있었다. 그러나 15세기 말 소위 신대륙 미국의 발견과 인도 항로의 발견은 베네치아의 번영에 그늘을 드리웠다. 특히 1498년 바스코 다 가마(Vasco da Gama)가 인도에 도착했다는 소식은 홍해를 경유하는 베네치아 교역을 파괴하고 제해권(制海權)을 잃게 해 서서히 쇠퇴하게 되었다.

이렇게 교역활동이 쇠퇴하는 속에서도 무라노는 16세기 말에 이르러 베네치아 유리의 보배라고까지 불리는 장식유리의 기법을 만들어냈고 다른 유럽 나라들의 추종을 불허하는 활황을 보였다. 각국은 다투어 베네치아 유리를 모방했고 이윽고 17세기 후반 영국에는 아연유리가, 보헤미아에서는 크리스털이 생산되었다. 해양국가로서 군림했던 베네치아는 1797년 나폴레옹군의 침입에 의해 공화국이 붕괴되었지만 베네치아 유리가 그 빛을 잃는 일은 없었다.

유럽의 확대

신데렐라는 어떻게 12시를 알았을까

페로의 동화 『신데렐라』의 모티브

신데렐라는 첫날 밤, 왕궁의 무도회에 열중해 있다가 11시 45분의 시계 소리를 듣고 요정과의 약속대로 12시 전에 왕궁을 뒤로 한다. 그러나 이틀째 밤은 왕자에게 사랑 고백을 듣고 들떠서 시간을 잊은 나머지 12시 시보를 듣고 성급히 왕궁을 빠져나오다가 한쪽 유리구두를 잃어버리고 마법이 풀려서 가난한 모습으로 돌아온다. 이 이야기의 원제는 『상드리옹, 재투성이 소녀』로, 신데렐라는 그 영어 번역이다.

이 이야기가 실려 있는 프랑스의 샤를 페로(Charles Perrault)의 『전래동화』는 1697년 파리에서 출판되었다. 페로는 루이 14세의 대신 콜베르(Colbert)의 밑에서 일하던 유능한 관료로 아카데미 프랑세즈의 회원이기도 했다. 신데렐라의 모티브인 계모와 그 자녀에게 주인공이 괴롭힘을 당하지만 최후에는 행복해진다는 이야기는 세계 곳곳에 분포하며 유럽에만 500가지가 넘는다. 특히 페로의 『전래동화』에는 학대받던 자가 최후에는 본래의 지위를 찾고 형제자매가 다 행복해진다는 결말을 맺는 이야기가 많은데, 그 배경에는 절대왕정 아래에서 사회적으로 인정받고 출세하는 데에는 본인의 노력과 가족의 협력이 필요하다는 관료로서의 페로 자신의 가치관이 담겨 있다.

15분마다 한 번씩 울리는 시계

신데렐라가 시간을 안 것은 15분마다 한 번씩 울리는 시계에 의해서이다. 이런 시계는 언제 나타났을까? 중세 유럽의 수도원에서는 시간에 대한 규율이 엄격해 정확한 시간을 알 필요가 있었다. 기계식 시계가 유럽에서 출현한 것은 13세기 말 이탈리아에서였다.

14~15세기에는 시의회당, 교회 등의 공공건물에 시계가 설치되어 사람들에게 시간을 알렸다. 시계탑의 건설은 당시로서는 큰 공공사업이었는데 도시의 지배자들은 도시의 상징으로서 훌륭한 시계탑을 건설했다. 프랑스에서는 15분마다 한 번씩 울리는 시계가 보급되었다. 신데렐라는 왕궁 안에서 시보를 들었으므로 이는 실내용 시계라고 생각할 수 있다. 16세기 중엽부터 시계의 선진지역인 독일에서는 태엽을 감는 형식의 호화로운 시계가 만들어졌으며 15분마다 한 번씩 울리는 시계도 있었다. 신데렐라가 들은 것도 이런 시계 소리였을 것이다.

12시의 약속을 깬 신데렐라

신데렐라는 왕자와 지낸 한순간에 마음을 빼앗겨 요정과의 약속을 깨고만다. 신데렐라에게는 마법이 풀리는 순간 비참한 생활로 돌아가는 벌이 내린다. 이는 무엇을 의미하는 것일까? 시계가 보급되기까지 사람들의 생활리듬은 자연의 시간, 즉 일출에서 일몰까지를 기준으로 했다.

이것이 시계의 보급에 의해 하루 24시간이란 인공적 약속으로 그 기준이 변하였고 사람들은 시간에 맞추어 일하게 되었다. 여기서부터 시간은 가치 있는 것이 되었고 시간을 기준으로 한 임금체계도 나타났다. 당시 도시자본가들은 시간을 기준으로 사람들을 고용하였고 더 나아가서는 칼뱅주의의 확대와 함께 정해진 시간 내에 근면하게 일하는 노동자의 노동관도 만들어졌다.

1563년 영국에서 제정된 '도제법(徒弟法)'에도 노동시간이나 일을 태만히 하는 경우에 대한 벌금이 제정되었다. 신데렐라와 요정과의 약속의 배경에는 16세기 이후에 변한 시간관념과 노동관이 나타나 있다.

「모나리자」는 왜 유명한가

인간의 기술을 뛰어넘은 기법

레오나르도 다빈치는 1452년 피렌체(영어로는 플로렌스) 북서쪽의 빈치란 마을에서 태어나서 피렌체, 밀라노, 로마 등 이탈리아 각 도시를 옮겨다니며 살았다. 만년에는 프랑스 왕인 프랑수아 1세의 초대로 앙부아즈로 이주했고 1519년에 그곳에서 사망했다.

레오나르도는 15점 정도의 그림을 남겼는데 「모나리자」는 「성 안나와 성 모자」「세례자 요한」과 함께 그가 생애 내내 지니고 있던 특별한 작품이다. 이 초상화는 모델, 주문 내용, 제작연도, 주제의 내용이 무엇인지, 미소나 배후의 황량한 배경은 무엇을 의미하는지 등 많은 수수께끼에 싸여 있다.

화가이며 미술사가인 바사리(Vassari)는 자신의 저서에서 이 작품을 피렌체의 비단직물상 프란체스코 델 지오콘도의 아내인 모나리자(리자 부인)의 초상화라고 소개했다. 그는 그림 속 인물의 입이 실물 같아 보이고 목에서 맥박이 뛰는 것을 알 수 있다며, 생기 넘치는 실물에 가까운 인물묘사가 보는 사람을 압도하는 신의 기술이라고 경탄하고 있다. 그러나 이 저작물은 1550년에 간행된 것으로 레오나르도의 사후 31년이나 지난 후였으며, 한번도 「모나리자」를 보지 않은 채 소문을 모아서 쓴 것이다. 어찌

되었든 이런 경악과 감탄은 16세기 중엽, 근대 이전의 기본적인 「모나리자」관이라고 할 수 있겠다.

당시의 안료는 종류와 색깔이 한정되어 있었는데 레오나르도는 윤곽선을 그리지 않고 스푸마토('연기와 같은' 이란 의미로, 대상과 대상 사이를 구분짓는 윤곽선을 흐리게 만들어 대상들이 서로 부드럽게 스며드는 것처럼 표현하는 것 ─ 옮긴이)로 명암을 불확실하게 처리하여 자연스러운 입체감을 주는 기법을 생각해냈고 엷게 색칠하기를 몇 번 거듭하는 바림기법(점층법)을 사용해서 사람의 기술이라고는 생각할 수 없는 미묘한 색깔의 농담을 낸 인물의 사실기법에서는 전대미문의 최고봉에 달했다. 공간의 표현에서도 르네상스 시대에 자주 사용된 투시도법을 더 발전시켜, 예를 들면 「모나리자」의 조감도와 같은 배경에서 볼 수 있는 색조의 변화에 의해 거리감을 낳는 공기원근법(空氣遠近法)을 생각해냈다.

양산되는 「모나리자」

레오나르도의 사후에 「모나리자」는 프랑수아 1세의 손에 건너가 루이 14세에 의해 베르사유궁전에 놓여졌으며 프랑스혁명 후 1792년에 루브르궁전으로 옮겨졌다. 1800년에는 튈르리궁전의 나폴레옹 침실에 장식된 적이 있고 1804년부터 루브르미술관에 전시되었다. 즉 왕가의 미술품이 일반인에게 공개되기 전에 「모나리자」를 볼 수 있었던 사람은 국왕이나 나폴레옹, 그리고 그들에게 허가받은 극소수의 특권층이었다.

바사리 이후에 전설적인 경탄을 들으면서도 실물을 볼 수 없었던 사람들은 대용품이 될 만한 복제를 원했다. 루브르미술관은 1952년에 미술관이나 개인이 소유하는 「모나리자」의 모사품을 61점 공개했다. 18세기 이전에는 모사의 수요도 높았는데 모사는 화가의 수련 내용이기도 했을 것이다. 양손을 모으고 상체를 옆으로 튼 채 앉아 있는 독특한 포즈는 동시

대인인 라파엘로(Raffaello), 19세기의 코로(Corot), 밀레(Millet) 등의
작품에도 영향을 미쳤다.

19세기의 유럽에서는 화가 이외에도 괴테(Goethe), 발레리(Valéry),
역사가인 미슐레(Michelet) 등에 의해 레오나르도의 재평가가 시작되었
다. 현대인이 「모나리자」에 숨겨진 아름다움이나 신비성, 초월적인 냉소
나 영원성을 보는 것은 낭만주의가 새롭게 부여한 남자를 유혹하는 관능
적인 '숙명의 여성'의 이미지이다.

이렇게 해서 19세기에 희대의 걸작이란 명성이 확립되었고, 석판화 · 동
판화를 거쳐서 1870년대 이후에는 사진이 이 복제품의 수요를 대신했다.
「모나리자」의 분신은 화집, 서적, 교과서, 그림엽서, 트럼프, 달력, 광고
에서 대량복제되었고, 1911년의 도난사건은 「모나리자」를 더욱더 유명하
게 했다. 오늘날 각양각색의 미디어에 의해 「모나리자」의 이미지는 대중
화, 비속화되어 어딘가에서.본 적이 있는 넘쳐나는 '그림'이 되었다.

그러나 신격화된 그 영원성은 불변하며 뒤샹(Duchamp)이나 레제
(Léger), 달리(Dali), 워홀(Warhol) 등 20세기 이후의 현대 미술가들은
「모나리자」의 이미지를 대담하게 차용, 해석하여 '예술'을 되묻고 있다.

면죄부를 발행한 레오 10세는
어떤 사람인가

메디치가 출신의 로마교황

1515년 11월 30일 피렌체(영어로는 플로렌스)의 거리는 한 남자의 환영

식으로 붐볐다. 화려하게 장식된 거리를 걷는 남자는 호화스러운 법의를 걸치고 머리에는 삼중관을 쓰고 있었다. 남자의 이름은 로마교황 레오 10세(Leo10, 재위 1513~1521년)로 속명은 조반니 데 메디치(Giovanni de Medici), 피렌체의 대부호 메디치가의 일원이었다.

조반니는 아버지 로렌초(일 마니피코, 위대한 로렌초라는 뜻의 별칭 — 옮긴이)의 차남으로 태어나 어릴 때부터 성직자가 되도록 길러져 겨우 16세의 나이로 추기경에 취임했다. 그러나 이후의 그의 인생은 파란만장하다. 아버지의 죽음 후 1494년의 정변으로 메디치 일가는 피렌체에서 추방당해 그도 이탈리아와 유럽 각지를 전전했고 교황과 전쟁을 한 프랑스군의 포로가 되기도 하지만 형 피에로의 죽음 후 메디치가를 대표하게 된다.

1512년에 그는 교황동맹군인 스페인 병사를 이끌고 피렌체로 귀환하여 다음해의 교황 선출회의에서 드디어 제217대 로마교황으로 선출된다. 사상 최연소인 37세의 교황 탄생이었다. 상인출신의 메디치가에서 로마교황이 나온 것이다.

메디치가의 대두

메디치가는 피렌체에서 두각을 나타낸 일족이었다. 피렌체는 상업과 모직물업, 금융업으로 번영한 도시국가였으며 정치체제는 집정부 시뇨리아(signoria, 군주제. 주권을 뜻하며 주권을 장악한 군주를 시뇨레라고 한다 — 옮긴이)를 중심으로 하는 유력한 상공업계층에 의한 과두공화제로, 요직에 취임하는 인물을 추첨으로 선출했다.

메디치가가 비약적으로 발전한 것은 14세기 말부터로 조반니 데 비치, 그 아들인 코시모(일 베키오), 코시모의 손자 로렌초(일 마니피코)의 시대이다. 그들은 로마교황청의 금융업무를 담당하고 금융업을 발전시켰다.

코시모 등은 당시 자신의 사적인 당파인 '메디치파'의 확대에 적극적으로 노력했다. 코시모는 표면적으로는 일개 시민이면서도 메디치파가 요직을 독점할 수 있도록 하여 일족 지배의 안정을 도모했다. 1434년부터 60년 동안은 메디치가가 도시의 실권을 거의 장악했다. 로렌초 시대에는 본업인 은행업이 쇠퇴해 메디치가는 점차 '은행가, 상인'에서 '귀족, 군주'로 변모해가기 시작했다. 가문에 권위를 더하기 위해서라도 로마교황청과 손을 잡는 일은 불가피한 일이었다. 조반니의 추기경 취임과 교황 즉위는 메디치 일족의 염원이기도 했다.

중세와 근대 사이에서 삶을 보낸 교황

15세기 중엽 이탈리아에서는 베네치아공화국, 밀라노공국, 피렌체공화국, 교황령, 나폴리왕국(스페인 통치 아래)의 5대국이 연합과 종속을 되풀이하며 싸우고 있었다. 게다가 15세기 말 프랑스가 이탈리아를 침공하면서 '이탈리아전쟁'(1494~1559년)이 일어났고 이탈리아는 프랑스 발루아 왕조와 합스부르크가의 전쟁의 무대가 되었다. 교황청도 전쟁이나 권모술수를 구사한 외교를 했지만 전쟁비용과 관료에 대한 급료가 재정을 압박하여 면죄부를 판매했다. 면죄부란 신도의 죄에 대한 징벌의 면제를 교회가 증명서의 형태로 판매했던 것이다. 면죄부 판매는 교회의 '부패' 현상으로서 비판받았는데 화폐경제의 발달과 관료기구의 정비 등을 배경으로 한 교황청의 '세속화'의 표현이기도 했다.

이런 상황 아래에서 등장한 메디치가의 교황 레오 10세도 교회의 '부패'에는 대처하지 않은 채 메디치가의 권위 확대를 위해 교황의 지위를 이용했다. 레오는 "신에게 받은 교황의 지위를 크게 즐기자"라고 말했다고 전해진다. 피렌체에는 일족의 지배가 강화되어 교황 환영식과 같은 행사에서 메디치가의 권위가 과시되었다. 레오는 또한 '르네상스 교황'의 한 사람으로 치부되기도 한다. 그는 후원자로서 많은 학자와 예술가들을 로마

126

에 모았다. 고전문화 연구를 장려했고 건축과 미술 분야에서 라파엘로가 활약했다.

낭비가 심했던 레오의 시대에 교황청 재정은 파탄이 났다. 레오는 부호에게서 융자를 받았고 대량의 관직과 성직을 팔았으며 면죄부를 남발했다. 왕권이 강한 영국과 프랑스에서는 면죄부의 판매가 여의치 않았기 때문에 국가통일이 늦은 독일에 집중됐다. 이것이 마틴 루터(Martin Luther)의 비판을 받아 종교개혁의 시금석이 되었다.

레오는 외교면에서 이탈리아를 간섭하는 프랑스와 합스부르크가의 사이에서 흔들렸다. 레오는 야심적인 프랑스 왕인 프랑수아 1세와의 사이에 교황청에는 불리한 '볼로냐의 정교화약'을 맺어서 대결을 피하려고 했고 그 후에도 메디치가와 발루아가와의 정략결혼을 추진하기도 했다. 그러나 합스부르크가의 카를 5세가 등장하면서 정세는 일시적으로 긴박해졌다.

카를은 1516년에 스페인 왕위를 잇고 나폴리왕국의 통치권을 획득했는데 더 나아가서 1519년에는 독일에서 신성로마제국 황제로 선출되었다. 교황령은 남북으로 카를 5세 제국의 위협에 처하게 된다. 레오는 카를이 황제로 선출되는 것을 저지하려고 했지만 뜻을 이루지 못하고, 그 후 루터의 활동을 봉쇄하기 위해 드디어 프랑수아와 관계를 끊고 카를과 손잡기에 이른다. 레오의 사망 후 카를은 이탈리아에 대한 영향력을 급속히 강화했다.

1521년 12월 레오는 감기가 악화되어 그 생애를 마감했다. 그의 생애는 시대의 전환기에 위치했다. 공화국 피렌체에서 '군주화'를 추구한 메디치가, 그 보호 아래 꽃핀 르네상스, 프랑스와 합스부르크가의 긴박한 위협, '세속화'하는 교황청, 그리고 종교개혁의 개막. 레오 10세는 바로 중세에서 근대로 전환되는 시기에 머물렀던 것이다.

콜럼버스는 왜 지구가 둥글다고 생각했나

피에르 다이이의 지구구체설

콜럼버스가 마르코 폴로의 『동방견문록』에 큰 관심을 보이며 이 책에 많은 주석을 넣은 사실은 잘 알려져 있다. 또한 그가 이 책과 더불어 몇 번이고 읽고 주석을 넣은 것이 피에르 다이이의 『이마고 문디(세계의 像)』였다. 다이이는 프랑스 출신의 신학자로, 지구구체설(地球球體說)에 근거해서 1410년에 이 책을 저술했다. 세빌리아의 콜럼버스도서관에는 콜럼버스의 주석이 있는 이 책이 소장되어 있다.

중세 유럽에서는 세계가 평면으로 어느 지점까지 가면 더 이상 갈 수 없다는 생각이 지배적이었다고 하지만, 15세기 초에 다이이 등이 지구구체설을 주장하여 이 이론은 꽤 널리 보급되어 있었다. 지구가 둥글다는 생각은 고대 그리스의 지식인 사이에서는 '상식'이었다. 아리스토텔레스는 월식 때 생기는 둥근 지구의 그림자를 관찰하여 지구구체설을 설명했다고 한다. 이런 생각은 로마에도 이어졌으며 더 나아가서는 아랍인을 통해 중세의 유럽에 들어왔다.

다이이에 의하면 대륙은 동쪽으로 퍼져 있고 지구의 육지와 바다의 비율은 6대 1로 스페인의 서해안과 아시아의 동해안 사이에는 약간의 거리만이 있다고 했다. 서쪽으로 아시아, 특히 일본에 가는 것을 목표로 했던 콜럼버스에게 이는 커다란 희망을 주는 것이었다.

토스카넬리의 편지

콜럼버스를 더더욱 장려한 것은 당시의 지리학의 권위자인 토스카넬리 (Toscanelli)의 편지였다. 여기에는 포르투갈의 대외정책이 관련되어 있다. 포르투갈은 아프리카 서해안을 남하해서 아시아에 도달하는 길을 목표로 하였는데 어느 시기(희망봉 도달 이전)부터인가는 서쪽 진로도 선택의 여지에 넣었다. 그리고 이 가능성에 대해서 토스카넬리와 상담했는데 그는 서쪽 진로가 유리하다고 설파했다. 이를 안 콜럼버스는 토스카넬리에게 그 내용을 더욱더 자세하게 문의했고 토스카넬리는 이에 답하였다. 토스카넬리가 작성한 지도는 분실되었지만 그가 콜럼버스에게 쓴 편지는 세빌리아의 콜럼버스도서관에 있다(이 편지가 거짓이란 설도 있다).

1488년 바르톨로뮤 디아스(Bartolomeu Dias)가 아프리카의 남단 희망봉에 도달하자 포르투갈은 서쪽으로 해서 아시아로 간다는 꿈을 버렸다. 포르투갈의 원조를 받고 서쪽 항해를 기대했던 콜럼버스의 꿈도 사라졌다.

인디아스란 어디인가

1492년 8월 콜럼버스는 스페인의 파로스항에서 출항한다. 스페인은 이해 1월, 이슬람교도의 최후의 거점인 그라나다를 함락하고 염원하던 레콘키스타(재정복)를 완성했다. 스페인 왕은 그 직후에 콜럼버스의 계획을 수용하기로 결정했다. 콜럼버스에게는 생각지도 못한 행운이었다.

콜럼버스가 도달하려고 한 목표는 지팡구(일본), 또는 카타이(당시 유럽인이 불렀던 중국)였다. 콜럼버스를 포함한 당시의 유럽인들은 동아시아에 대한 지식을 전혀 지니고 있지 않았다. 아라비아반도보다 동쪽은 막연히 '인디아스(Indias)'라고 불렀으며 그들이 만든 지도에는 인도, 중국, 인도차이나반도, 인도네시아, 일본 등이 매우 공상적인 모습으로 그려져 있었다. 이 '인디아스'와 유럽 사이에 남북 아메리카대륙과 태평양이 존재하리라고는 꿈에도 생각하지 못했다. 콜럼버스는 최후까지 자신이 '인디아스' 의 어딘가에 도달하여 탐험했다고 믿었다.

1519년에 스페인의 산 루칼 항을 출항한 마젤란과 그 일행이 지구를 한 바퀴 돌고 1522년에 귀국(마젤란은 1521년 필리핀 원주민과의 전투에서 전사) 했을 때 '지구는 둥글다'는 것이 실증되었다.

재정복당한 스페인의 이슬람교도와 유대교도는 어떻게 되었는가

레콘키스타(재정복)는 무슬림(이슬람교도)으로부터 국토인 이베리아반 도를 탈환하려고 한 기독교도들의 '재정복 전쟁'이다. 이 싸움은 8세기 초 에 시작되어 1492년, 반도 최후의 이슬람국가 그라나다왕국이 정복되면 서 종결된다.

이 기간 동안의 세 교도(기독교, 이슬람교, 유대교)의 지위와 동향을 살펴 보자.

무슬림과 기독교도
반이슬람 투쟁인 재정복운동이 진행됨에 따라서 무슬림의 지위가 악화 되는 것은 피할 수 없는 일이었다. 그러나 초기에는 무슬림과 기독교도의 관계는 그렇게 나쁘지 않았고 무슬림이 격심한 저항을 하지 않는 한 독자 적 신앙과 법 관습이 보장되어 공존관계가 유지되고 있었다. 이들 '잔류

이슬람교도'를 무대하르라고 하는데 이들은 1085년의 톨레도 함락 이후 점차 증가하여 스페인 사회에 동화, 정착하였다. 이들은 산업면, 예를 들면 건축업·가죽세공·금속세공·직물업 등의 분야에서 활약하였으며 또한 이들이 이슬람의 탁월한 문화·학문·기술을 중세 스페인, 나아가서는 유럽 각국에 전달한 공적은 크다.

한편 무데하르에 대해 약간의 규제가 있었던 것도 사실이다. 예를 들면 복장은 기독교도와 구별되게 입어야 하며 머리는 짧게 자르고 앞머리는 늘 어뜨리지 않고 두 갈래로 나누어야 하는 등의 제한을 받았다.

유대교와 기독교

유대인도 거의 같은 지위에 놓였으나 비교적 자유로운 생활이 보장되었다. 10세기 후기 옴미아드 통치하의 이슬람 스페인이 최고의 전성기를 맞이하자 그 비호 아래에서 유대사회도 절정에 달했다. 많은 유대인이 이베리아반도 북부의 기독교 각 나라의 정치·외교의 중개자, 통역자, 상인으로서 활약했고 그중에는 궁정의 의사나 재무관으로서 중요한 역할을 수행하는 자도 있었다. 또한 문화적으로 번역가 집단의 존재는 12~13세기의 무역에서 중요한 역할을 했다. 이 집단은 이슬람에 의해 전해진 그리스어·아라비아어의 저작을 라틴어로 번역했는데, 예를 들어 아리스토텔레스 등의 미지의 작품을 서유럽에 소개하는 등 문화의 발달에 크게 공헌했다.

다른 한편 레콩키스타가 진전되면서 기독교도의 반유대 감정이 증폭되어 두 교도의 관계가 험악해졌다. 그 단적인 표현이 1391년의 반유대 폭동이다. 이 폭동은 먼저 남스페인의 세비리아에서 폭발하여 곧 이베리아 국토 전체로 퍼져 유대인의 학살과 강제 개종이 강행되었다. 이 때문에 유대인 사회에 불안과 동요가 확산되어 자신들의 생명과 재산을 지키기 위해 기독교로 개종하는 유대인이 다수 나타났다. 이들을 콘베르소 (Conversos, 개종한 자)라고 부른다.

공존에서 대립과 추방으로

1492년 1월, 반도에 남은 최후의 이슬람국가 그라나다왕국이 멸망하여 레콘키스타가 완결되자 삼자의 공존관계도 붕괴한다. 먼저 그라나다왕국이 함락된 직후인 1492년 3월 31일, 이베리아반도를 통일한 두 명의 가톨릭 왕(이자벨과 페르난도)에 의해 유대인 추방령이 발포되었다. 이 포고는 "남성이든 여성이든 모든 유대인은 우리들의 왕국을 떠나 두 번 다시 돌아와서는 안 된다"라는 것이었다. 약 40만 명의 유대인이 반도에서 추방되어 북아프리카, 그리스, 터키, 네덜란드, 스웨덴 등으로 떠났다.

한편 무슬림에 대해서도 한층 더 압박이 강해져 유대인과 같은 운명이 강요되었다. 1499년에는 이슬람 관련 서적의 금지, 개종정책이 강행되었으며 계속해서 1502년의 칙령으로 기독교로의 개종 아니면 국외 추방 중 하나를 선택할 것이 강요되었다. 이 결과 대부분의 무슬림은 개종의 길을 택하였고 추방자가 유대인만큼 많지는 않았다.

이렇게 해서 레콘키스타가 종결되어 기독교에 의한 종교적 통일은 달성되었다. 그러나 산업과 문화의 발달에 기여한 양쪽 교도를 추방한 일은 스페인의 경제나 문화에 큰 손실이었다고 할 수 있다.

사비에르를 낳은 바스크 사람들은
어떤 사람들이었나

"일본에 기독교를 전파한 프란체스코 사비에르(Francesco Xavier)는 어느 나라 사람인가"라고 물어보면 누구나 다 스페인인이라고 대답한다.

그러나 시바 료타로(司馬遼太郎)는 『가도를 가다 남만의 길(街道をゆく 南蠻の道)』에서 사비에르가 "생활어로 바스크어를 사용했고 교사에게서 배운 지적 언어로 라틴어를 썼으며 프랑스어도 이해했음에 틀림없다"고 기술하고 있다. 그렇다면 그는 어느 나라 사람이라고 말할 수 있을까? 여기서 그를 둘러싼 지역의 역사를 보자.

사비에르는 1506년 바스크의 소왕국 나바라왕국의 한 재무관의 집에서 태어났다. 본명은 '프란체스코 자코 아스빌구엘타 이 에츄베리아'라고 한다. 사비에르란 이름은 그가 파리에 유학했을 때 자칭한 모계의 성이었다고 한다.

바스크의 세계

바스크인(Basque)은 피레네산맥에 걸쳐 있는 스페인의 비스카야, 기푸스코아, 알라바, 나바라의 네 지역과 프랑스의 라브르, 저(低)나바라, 수르의 세 지역에 사는 사람들이었다. 바스크어 속에 인도유럽어와 유사한 언어체계가 보이지 않는다는 점에서 바스크인은 이베리아반도에 인도유럽어족인 켈트인이 진출하기 이전부터 이 지역에 이주해서 농경, 수렵, 어로를 영위해온 선주민이라고 추측된다.

바스크

기원전 1000년경부터 켈트인이 피레네산맥을 넘어 침입해왔으나 바스크인의 심한 저항에 부딪혀 지나쳐갈 수밖에 없었다.

이 땅을 최초로 정복한 자는 기원전 1세기 고대 로마의 폼페이우스였다. 이때 그는 자신의 이름을 딴 로마풍의 도시인 팜플로나를 건설하여 라틴 문화의 씨를 뿌렸다. 이후 로마는 일부 지역을 제외하고 이베리아반도 전역을 지배했다.

5세기에서 8세기에 걸쳐서는 게르만민족인 서고트왕국이 지배하였다. 그 사이 7세기에는 프랑크왕국에 가톨릭의 가르침이 전달되었고 확산되었다. 8세기가 되자 이슬람교도인 아라비아인이 침입하였고 8세기 중엽에는 후기 옴미아드왕조가 건국되었다.

이러한 이슬람세력과 프랑크왕국의 갈등 속에서 9세기에 바스크인 귀족인 이니고 아리스타가 나바라왕국을 건국했다. 또한 바스크인과 그 일파인 칸타브리아인은 나바라왕국에 인접한 카스티야왕국령으로 들어갔다. 이렇게 해서 나바라왕국은 11세기 산초대왕 시대에 바스크지방뿐만 아니라 카스티야와 아라곤 왕국도 통치하는 대국이 되어 이베리아반도에 군림했다.

11세기가 되어 후기 옴미아드왕조가 멸망하자 이슬람세력에 정치적 분열이 생긴다. 이를 틈타 기독교도는 이슬람교도로부터 토지를 탈환하는 싸움(재정복운동)을 벌인다. 이때 주도권을 잡은 것은 산초대왕의 사망 후 약체화한 나바라왕국에 가담하여 레온왕국과 손을 잡았던 카스티야왕국과 아라곤왕국이었다.

12세기 말 나바라왕국은 카스티야왕국에 바스크지방의 알라바, 비스카야, 기푸스코아를 할양하면서 단번에 소왕국으로 전락하여 13세기 이후에는 프랑스의 3대 백작가문에 의해 통치되었다. 15세기 후반이 되어 카스티야왕국과 아라곤왕국이 합쳐져 스페인왕국이 성립하는 한편 나바라왕국은 스페인과 프랑스 사이에 놓인 채 갈등하게 된다. 이 때문에 사비에르의 일족처럼 프랑스 측에 서는 자도 있으며 예수회를 창립한 이그나티우스 로욜라(Ignatius de Loyola)처럼 스페인 측에 붙는 자도 있었다. 1512년 나바라왕국은 스페인에 병합되었다.

스페인의 대항해시대에 바스크인은 항해술과 조선술에서 지대한 공헌을 한다. 이는 콜럼버스의 승무원 대부분이 바스크 출신이었던 것이나 마젤란이 필리핀에서 전사한 후 지구 일주를 해낸 엘카노(Elcano)가 바스크 출신이었던 것에서 알 수 있다.

덴마크가 독일의 30년전쟁에 개입한 이유

크리스찬 4세의 야망

독일의 30년전쟁(1618~1648년)은 크게 네 시기로 분류된다. 전쟁의 발단인 보헤미아의 반란을 제1기로 치면, 제2기는 1625~1629년의 덴마크전쟁이 된다. 30년전쟁 당시 덴마크는 크리스찬 4세(Cristian 4)가 1588년 11세로 왕위에 취임하여 1596년부터 직접 통치를 시작하는 상황이었다. 그는 강해지는 스웨덴에 대해 발트해의 패권을 유지, 확대하기 위해 국내에서는 중상주의정책을 추진하여 국력을 강화했으며 적극적인 대외정책을 추진했다. 1611년 스웨덴과 칼마르전쟁을 치르고 1613년의 화해조약으로 스웨덴의 진출을 억눌러 배상금을 획득했다. 이후 동인도회사를 설립하여 인도 남동부를 식민지로 삼고 북쪽 항로의 개척을 목표로 그린란드를 탐험했다. 더 나아가서는 노르웨이의 목재 수출이나 광산 개발에 힘을 기울였고 각지에 항구와 도시를 건설했다.

이런 시기에 30년전쟁이 발발한 것이다. 크리스찬 4세는 30년전쟁을 북독일의 주 교구에 대한 영향력을 확대할 수 있는 절호의 기회라고 생각했다. 그렇기 때문에 보헤미아의 반란이 진압되어 합스부르크가가 독일을 지배하는 것을 두려워한 영국, 프랑스, 네덜란드는 덴마크를 압박했다. 크리스찬 4세는 신교도 보호를 명목으로 전쟁에 개입했으나 발렌슈타인이 이끄는 구교의 각 제후들과 황제군에게 패해서 유틀란트(Jutland) 반도를 점령당하고 말았으며 1629년의 뤼베크조약으로 독일에 개입하지 않을 것을 약속했다. 그 결과 크리스찬 4세의 위신과 발트해에서의 덴마크의 지위가 흔들리기 시작했다.

크리스찬 4세 후의 덴마크

30년전쟁으로 발트해의 패권은 스웨덴이 잡았지만 18세기 초의 북방전쟁으로 스웨덴은 러시아에 그 패권을 빼앗긴다. 19세기에 들어서 프로이센이 발전해감에 따라 덴마크는 직접적인 위협을 느끼게 되었다. 이 상황에서 북유럽 각국의 정치, 군사적 통합을 목표로 하는 정치적 스칸디나비아주의가 흔들리게 되는데 각국의 이해가 대립되면서 결국 스칸디나비아주의는 성립하지 못했다.

그리고 덴마크와 프로이센 사이에서 덴마크계와 독일계 주민이 혼재하는 슐레스비히 홀슈타인공국의 지배권을 둘러싼 분쟁이 일어났다. 20세기에 핀란드가 '핀란드화' 란 단어로 표현된 외교정책으로 소련에 대항했듯이 1864년의 덴마크전쟁에서 프로이센에 패한 덴마크는 이후 대국 독일에 최대한의 주의를 기울이는 외교정책을 취하게 된다.

크리스찬 4세가 남긴 '건축 왕' 의 유산

크리스찬 4세는 1638년에 귀족, 성직자, 시민의 대표로 구성된 신분제의회를 설립했다. 그 목적은 국가행정의 전권을 장악했던 귀족으로만 구성된 원로원을 억제하기 위해서였는데, 이것이 시민과 국왕의 친밀한 관계를 만들었고 17세기 후반 이후 절대왕정 확립의 기초가 되었다. 시민이 정치에 참여할 수 있는 길을 열었다는 점에서는 정치 민주화의 싹이었다고도 말할 수 있다.

그리고 중상주의정책의 상징으로서 각지에 네덜란드 르네상스풍의 건축물을 지어 도시를 건설했다. 노르웨이의 수도 오슬로도 그가 건설했으며 1924년까지는 크리스차니아라고 불렀다. 지금도 남아 있는 이들 건축

물들을 덴마크 국민들이 친숙하게 여겨온 큰 이유는 바로 그 때문이다.

네덜란드인가 홀란드인가

풍차가 만든 네덜란드왕국

네덜란드의 풍물로서 전 세계의 관광객을 매료시키는 풍차는 전성기인 19세기에는 약 1만 대나 있었다고 하지만 현존하는 것은 약 1,000대에 지나지 않는다. 풍차는 13세기경에 보급되기 시작하여 맷돌을 돌려 곡물을 가루로 만들거나 기름을 짜고 서양겨자를 만드는 등의 다양한 용도로 쓰였다.

하지만 무엇보다도 15세기에는 풍차를 배수용으로 사용하기 시작하여 간척사업으로 국토의 약 20퍼센트를 조성한 것은 주목할 만하다. 네덜란드 국토의 4분의 1은 해수면 아래에 있으며 벨기에도 해발 100미터 이하의 평지가 3분의 2나 되어 이 일대를 '낮은 토지'를 의미하는 '네덜란드' 라고 불렀다. 중세에는 모직물산업이 번성했다.

1361년에 부르고뉴공국의 성립으로 그 영토가 되었고 1477년에 오스트리아 합스부르크가령, 1555년에는 스페인령이 되어 국왕 펠리페 2세의 엄격한 가톨릭정책과 중상주의적 식민지 지배가 시작되었다.

이에 대해 오라니에공 빌렘(Willem)을 중심으로 한 반란이 1568년의 네덜란드 독립전쟁으로 발전하였고, 1581년에 빌렘이 총독이 되어 네덜란드연방공화국의 독립을 선언했다. 네덜란드연방공화국은 각각이 주권

138

을 지니는 7개 주의 연합체로서 각주 의회의 대표 한 명씩으로 구성되는 연방의회가 형식적으로 주권을 가지기는 했지만, 실제로는 암스테르담을 포함하여 공화국의 경제력의 반을 지니는 홀란드(Holland)주가 연방의회를 주도했다.

여기서 홀란드주가 나라 이름을 대신하여 사용되었다(이 홀란드를 중국인들이 和蘭이라고 표기했고 우리도 이 표기를 받아들여 네덜란드를 '화란'이라고 부르기도 한다. 일본에서는 홀란드의 일본어 발음인 '오란다'라고 칭했으며 현재도 네덜란드보다는 오란다란 이름이 많이 사용된다 — 옮긴이). 그 후 프랑스혁명 와중인 1795년 프랑스의 침공으로 연방공화국은 멸망하고, 나폴레옹 지배 후의 빈(Wien) 체제로 1815년 네덜란드왕국이 성립하여 오늘날에 이른다.

암스테르담의 번영

13세기에 암스테르강의 하구에 댐을 쌓고 만조 시의 해수를 막아 세운 것에서 도시 이름이 유래한다. 17세기는 네덜란드의 황금시대로 암스테르담의 대 상인들이 이 번영을 담당하였다. 당시 네덜란드는 약 15,000척의 배를 소유해 전 유럽에 있는 배의 반 이상을 지니고 있었으며 네덜란드 배를 중심으로 전 세계의 배가 암스테르담의 항구에 드나들었다.

중계무역에 기초를 둔 여러 가지 가공업도 발달했다. 동인도회사는 세계에서 가장 오래된 주식회사이고 1609년에는 세계에서 가장 오래된 은행인 네덜란드은행이 설립되었다. 이 은행은 여러 가지 금융서비스를 제공하였는데 이는 오늘날 금융시장의 초기형태를 이루는 것이었다. 막대한 경제력을 지닌 대 상인들은 문화를 보호하고 육성하기도 했는데 17세기를 대표하는 화가 렘브란트의 작품도 상인조합이 주문하여 그린 것이 많았다.

렘브란트의 대표적 명작인 「야경(夜警)」도 암스테르담의 화승총병조합의 주문에 의해 그려진 실제 조합 구성원들의 단체 초상화다.

오늘날의 네덜란드—유럽의 현관

영국과 프랑스의 군사력에 패해 18세기 이후 네덜란드는 쇠퇴했지만 오늘날 다시 유럽에서의 지위를 확고하게 다지고 있다. 이는 일찍이 중계무역의 전통을 이은 서비스산업을 중시하는 자세로 일구어낸 것이라고 말할 수 있다.

로테르담은 세계 최대의 항구로 1959년부터 유로포르트('유럽의 문'이란 의미이다) 계획이 시작되어, 인접해서 석유화학 콤비나트를 수립한 독일과 파이프라인으로 연결되어 있다. 암스테르담의 스키폴 공항은 세계에서 가장 편리한 공항으로 평가받고 있으며 KLM(네덜란드항공)의 홈 베이스로서만이 아니라 세계 각지와의 네트워크의 광대함과 밀도로 정평이 나 있다.

월드컵에 '영국'이란
국가대표 팀이 없는 이유

풋볼금지령

풋볼의 종류는 전 세계적으로 다양한데 주로 축구, 럭비, 미식축구를 가리킨다.

이 풋볼의 기원이 중세의 영국에 있다는 것은 잘 알려져 있다. 풋볼이란 단어가 최초로 기록된 것은 1314년 런던에서 에드워드 2세의 명에 의해 포고된 '풋볼금지령'이라고 한다. 여기에는 "공공장소에서 많은 사람들이 풋볼을 함으로써 발생하는 대소란"이 "많은 증오를 불러일으킨다"고 되어 있다. 당시의 풋볼은 금지령이 나올 만큼 '대소란'의 게임이었을까?

1365년에 런던에 내려진 '풋볼금지령'에는 농민이나 직인, 도제가 풋볼이나 핸드볼 등 '무익한 유희'에 빠져 왕국의 방위를 위해 빠뜨릴 수 없는 활 연습을 게을리 한다고 적혀 있다. 나라의 방위를 위해 활 쏘는 병사가 되어야 하는 사람들이 '궁술'이 아니라 '무익한 유희'에 열중한다는 이유로 풋볼이 금지된 것이다. 이런 '풋볼금지령'은 영국 각지에서 14세기부터 19세기 중엽까지 선포되었다.

당시의 풋볼은 코트의 크기나 팀의 인원수가 정해져 있지 않았다. 마을 전역이 코트로 바뀌고 노인이나 여성, 어린이 이외의 모든 사람들이 참가할 수 있는 대규모 경기였다. 수백 명이 편을 갈라 공을 찼을 뿐만 아니라 공을 안고 골을 향했다. 이 때문에 매스 풋볼이라든가 거리 풋볼이라고 불렀다.

1608년의 맨체스터시의 '풋볼금지령'에는 "지금까지 우리 맨체스터시에서 풋볼을 하는 사람들은 시중에 큰 혼란을 가져왔다"고 적혀 있다. 그 내용을 보면 창문이나 창의 유리가 파괴되어 그 수리에 많은 경비가 드는 등 심한 피해를 입기 때문에 시의 어떤 거리에서도 풋볼 하는 것을 금지하고 있다. 또한 난투극으로 유혈소동이 뒤따랐기 때문에 풋볼금지령이 빈번히 나온 것이다.

'인클로저'에 대한 항의

1768년 7월 1일 잉글랜드 중동부의 링컨셔에서 행해진 풋볼은 성격이 조금 달랐다. 200명 정도가 2시간 가까이 벌인 풋볼경기로 경지가 황폐해지고 연못의 제방이 파괴되었다. 보스턴시에서 기병대가 출동하여 '폭도' 4, 5명을 체포, 투옥하는 소동이 있었다. 더욱이 이 달에는 그 후로도 두 번이나 같은 일이 일어났다. '인클로저(enclosure)'에 항의하기 위한 게임이었다.

18세기 후반 영국 농촌에서는 의회의 승인을 얻어 대지주의 공동경작지나 소작지에서 '인클로저'가 강행되었다. 16세기의 목양을 위한 제1차 '인클로저'와는 달리 곡물생산을 목적으로 한 제2차 '인클로저'이다. 그 결과 토지를 잃은 대다수 농민은 농업노동자로 전락하거나 일자리를 찾기 위해 도시로 흘러갔다.

이러한 '인클로저'는 농민의 강한 반발을 샀다. 그들은 담이나 제방, 배수구를 파괴하고 경지를 황폐화시켜 '인클로저'에 항의했다. '인클로저'에 대한 항의, 저항으로서 풋볼이 행해진 것이다.

월드컵에 '영국'이란 국가대표 팀이 없는 이유

이렇게 영국이 축구의 오랜 전통을 가지고 있으면서도 월드컵에서는 '영국(United Kingdom)'이란 팀을 찾아볼 수가 없는데 그 이유는 무엇인가. 그것은 바로 영국이 단일팀이 아니라 각 지역별(잉글랜드, 웨일스, 스코틀랜드, 아일랜드)로 월드컵 경기에 참가하고 있기 때문이다. 월드컵에서 경기를 벌일 때 그 경기는 국가간의 대결이 아니라 실은 국가별 축구협회간의 대결이라고 할 수 있다. 원래 1국가 1협회가 원칙이기는 하나 영국이 축구의 종주국임을 인정하여 예전부터 축구협회를 따로 구성해 활동해온 영국 각 지역의 축구협회를 각각 등록하도록 해준 결과이다.

올림픽에서는 영국에 하나의 국가올림픽위원회가 존재하므로 '영국'이란 이름으로 출전할 수 있지만 통합에 따르는 여러 가지 문제들이 많아 예선경기에만 각 지역별로 출전하고 올림픽 본선경기에는 출전하지 않고 있다.

이와 비슷한 예로 홍콩과 마카오, 중국을 들 수 있다. 홍콩과 마카오가 중국에 반환되었지만 각각의 축구협회가 구성되어 있었기 때문에 월드컵 경기만이 아니라 올림픽 경기에도 따로 출전하고 있다.

영국 축구가 국내의 지역간 얽힌 역사로 인해 독특한 형태를 보이는 한편 프랑스 축구팀에는 다양한 국적과 인종의 선수들이 많은 점이 매우 흥미롭다. 그것은 프랑스가 오랫동안 일관되게 추진해온 유망주 육성프로그램에 기인한다. 국내만이 아니라 각국의 어린 유망주들을 적극적으로 영입하여 육성하고 그 가운데 뛰어난 선수들을 과감하게 대표선수로 발탁함으로써 세계 각지 축구의 장점을 접목시켜온 것이다. 이로 인해 프랑스 축구는 세계 최강의 기틀을 다졌다고 할 수 있다.

'빨간 모자'를 잡아먹은 늑대는
왜 총에 맞아 죽었나

총의 기원

그림 동화에서는 사냥꾼이 총으로 늑대를 죽여서 '빨간 모자'를 살리지만 17세기의 페로 동화에는 총 이야기가 나오지 않는다. 15세기에 늑대가 떼를 지어 파리에 들어와 시민을 놀라게 했다는 기록이 있지만 일반 사냥꾼이 총으로 늑대를 퇴치하기 시작한 것은 18세기 말부터이다.

현존하는 가장 오래된 총은 14세기 독일의 것이다. 백년전쟁 때 영국과 프랑스의 두 나라가 성을 공격하기 위해 화약병기를 사용하였는데 이것이 대포이다. 정밀도에서는 활이나 창에 뒤졌지만 음향이나 불은 효과가 있었다. 이 화약병기가 15세기에 총과 포로 분화해서 발전한 것이다.

화승총의 탄생

총은 15세기에 화승총으로 정착되었다. 처음에는 총구에 탄약과 발사약을 넣고 탄실에서 점화해서 발사했고(터치홀식), 그 다음에는 S자형의 금속장치(서벤타인) 끝에 화승을 끼워넣고 방아쇠를 당겨 점화하는 방법이 발명되었다. 일본에 전달된 타네코시마총도 이것이다. 마스킷 총이라고도 불리며 독일에서 처음으로 사용되었고 잉글랜드에서는 장미전쟁 기간에 외국인 용병에 의해 사용되었다. 이는 당시의 빈민으로 병사를 보충하던 시기와 일치한다.

그러나 기병들은 화승총을 사용하기 어려웠고 점화용 화약가루는 바람이 불면 날아가버리는 불안정함도 있었다. 16세기에는 화승에 대신해서 부싯돌이 사용되었다(프린트 록). 부싯돌을 사용한 총에는 톱니와 부싯돌을 비벼 발화시키는 총(호일 록)도 나타났지만 고가였기 때문에 귀족의 사냥이나 스포츠에 주로 사용되었다. 16세기에는 이들 세 종류가 모두 사용되었는데 군용으로는 보통 추석총(부싯돌을 사용한 총 — 옮긴이)이 주류였다. 이렇게 해서 프랑스 왕군의 활부대는 총부대로 바뀌었다. 루이 14세의 근위병 이야기인 알렉산드르 뒤마의 『삼총사』는 이를 잘 보여주고 있다.

전쟁의 주역 총

17세기의 30년전쟁에서 병사들은 보병, 포병, 기병으로 구성되어 있었다. 탄환을 총구로부터 넣는(전장) 부싯돌총이 사용되었는데 탄환과 발사약을 같이 종이통에 넣는 방법이 채용되었다. 발사하기 쉽고 같은 시간 내 발사횟수는 두 배 이상이었다. 보병이란 총을 지니는 병사를 지칭하게 되었으며 총에 검을 장착하게 되면서 창병의 가치는 감소했다. 기병도 기총(카빈)을 가졌으므로 보병, 포병, 기병이 모두 화기를 가지게 되었다. 스웨덴 왕인 구스타브 아돌프는 이를 결합한 전술을 사용하여 효과를 거두었다.

총 안쪽에 나선모양으로 홈을 판 라이플총은 탄환이 안정되고 사정거리가 길며 명중률이 높아 16세기에 이미 알려졌으나 기술적인 문제 때문에 보급이 늦었다. 라이플총이 전쟁에서 위력을 과시한 것은 18세기 미국 독립전쟁 때 민병이 사용한 후부터이다.

19세기의 총의 개량

18세기에는 몇 가지 중요한 변화가 일어났다. 오랫동안 사용된 부싯돌을 대신해서 뇌관이 발명되었다. 그리고 조금의 격철로도 폭발하는 화합물인 뇌산 제2수은을 조그만 캡(뇌관)에 넣어 탄환과 일체화한 점화약이 발명되었다. 더 나아가서는 라이플에 탄환을 넣는 방법이 연구되어 탄환을 손끝으로 넣게(후장) 개량되었다. 이후 단발총에서 연발총으로 진화했다.

후장 라이플총의 효과는 남북전쟁에서도 확인되었는데 조작이 간단한 독일의 모젤총이 세계적으로 보급되었다. 또한 1877년의 러시아와 터키의 전쟁에서 터키군이 윈체스터 연발총을 사용하여 러시아를 고민에 빠뜨렸다. 총의 역사는 점화약을 사용하는 후장 연발라이플총에 이르렀다.

빨간 모자를 잡아먹은 늑대를 사살한 사냥꾼의 총은 전장 단발추석총이었는지도 모른다. 전쟁에서 총이 주역이 되기 시작하자 각국의 왕들은 공업 부문의 지원자금을 도시의 유력한 시민들에게 의존했다. 민중들은 긴

화살의 사수가 되는 것보다 훨씬 적은 연습으로도 총을 다룰 수 있게 되었다. 따라서 봉건적인 전쟁방법은 국민적 전쟁으로 변화했고 이는 봉건제도의 쇠퇴를 촉진했다.

크롬웰은 아일랜드에서 무엇을 했나

1649년 1월에 찰스 1세를 처형한 크롬웰(Cromwell)은 9월에 아일랜드 정복을 개시했다. 정권을 강화하기 위해서는 아일랜드와 스코틀랜드를 정복할 필요가 있었기 때문이다. 이듬해 5월 본부대가 스코틀랜드로 이동한지 겨우 9개월 만에 아일랜드 동부를 석권했다.

반가톨릭

이 원정의 목적 가운데 하나는 1641년에 반잉글랜드 봉기를 일으킨 아일랜드의 가톨릭을 제압하는 것이었다. 이 봉기는 아르스타(아일랜드 동북지방)의 켈트계 세력이 시작한 봉기였다. 이전부터 잉글랜드는 선주민 켈트인뿐만 아니라 모든 가톨릭교도로부터 토지를 수탈하는 강경한 자세로 지배를 했기 때문에 올드 잉글리시라고 불리는 잉글랜드계 가톨릭교 신자들도 합류하여 대규모의 봉기를 일으킨 것이었다.

아일랜드 봉기군은 가톨릭 신앙의 무조건 승인과 수탈한 토지의 반환을 요구했으며 또한 청교도혁명이 일어난 뒤로는 잉글랜드 왕이 봉기군과 타협을 모색했기 때문에 크롬웰이 아일랜드를 원정할 이유는 충분했다. 이

때 봉기군에 의해 프로테스탄트 주민이 학살되었다는 소문이 과장되어 런던으로 흘러들어갔다. 크롬웰은 아일랜드 원정에 이 소문을 이용하여 병사의 사기를 북돋았기 때문에 반대로 가톨릭 주민들이 학살당하는 일이 벌어졌다. 특히 드로이다에서의 여성, 어린이, 승려를 대상으로 한 무차별 주민 학살과 웩스포드에서 병사에게 가한 잔혹함은 용서할 수 없는 것으로 이 기억은 아일랜드 민족주의에 깊게 각인되었다.

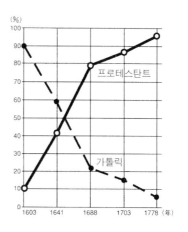

크롬웰 시대에는 가톨릭의 토지를 수탈하여 토지 소유율이 역전되었다.

토지 수탈

크롬웰은 가톨릭교회를 파괴하고 가톨릭 소유지를 몰수했다. 저항에 참가하지 않은 사람들에게도 극히 일부의 토지 소유가 허락되었을 뿐이었다. 몰수한 토지는 종군 병사와 군자금 제공자에게 주어졌다. 이에 의해 군 내부의 높은 불만이 진정되었다.

1641년 봉기 무렵에는 6할에 가까웠던 가톨릭 소유지가 1760년경에는 1할 이하가 되었다. '코나하트(Connacht, 아일랜드 서부의 황무지)인가 지옥인가'란 슬로건이 크롬웰 지배의 철저함을 나타낸다. 토지를 받은 병사들 대부분은 그 권리를 팔고 잉글랜드 본국으로 돌아갔다. 새로운 지주도 잉글랜드 본국에 머무르는 경우가 많았고 스코틀랜드나 잉글랜드로부터의 대규모 식민이 이루어져 부재 지주제가 확립되었다.

테러의 전통

왕정복고에 의해 튜더(Tudor) 왕조가 부활하자 아일랜드의 가톨릭 세력은 찰스 2세에게 기대를 걸었지만 가톨릭의 토지는 아주 조금 회복되었을 뿐이었다. 이때 토지를 회복하지 못한 가톨릭교도들은 동북부의 산 속에 숨어 브리튼에서 오는 새로운 이주자를 습격하였는데 이들을 '토리(추적자)' 라고 불렀다.

18~19세기의 아일랜드 농촌에서는 '화이트 보이즈' 라든가 '오크 보이즈' (나중에 리본 맨으로 총칭된다) 등으로 불리는 비밀결사대가 공유지 수탈, 초법적인 지대, 10분의 1 세금에 반대하는 등 농민의 요구를 걸고 활동했다. 가톨릭계의 조직도 프로테스탄트계 조직도 있었다. 아일랜드의 테러리스트 전통은 호소할 상대가 없거나, 상대가 너무나도 강력하여 무법자적인 상황에서 생겨나 뿌리 내린 것이다.

크롬웰의 아일랜드정책은 토지를 수탈하고 식민지화하는 종래의 정책에서 기본적으로는 변하지 않았는데 지배자 프로테스탄트와 피지배자 가톨릭이란 관계를 더욱더 심각하게 만들어 둘의 관계를 고착화했다고 할 수 있다.

영국에는 왜 헌법도 인권선언도 없나

헌법이란

근대국가가 성립할 때에는 헌법이 제정되는 것이 보통이다. 프랑스의 헌법은 프랑스혁명 때에 제정되었고 미합중국 헌법은 독립 후 11년에 걸쳐 제정되었다.

이런 예에서 보면 영국도 17세기의 부르주아혁명 때에 헌법이 제정되어야 했는데 그렇지 못했다. 단 청교도혁명의 와중인 1653년에 크롬웰정권 아래에서 '통치장전'이란 헌법이 만들어지지만 1660년의 왕정복고로 폐지되었다. 더욱이 명예혁명 후 1689년에 '권리장전'이 만들어지는데 헌법은 역시 만들어지지 않았다.

프랑스에서는 인권선언이 헌법에 앞서 공포되었고 미국에서도 헌법과는 별도로 독립선언이 나왔지만 일반적으로는 헌법 속에 인권규정이 포함되어 있어서 헌법과 별도로 인권선언을 내건 나라는 적다. 영국에서는 '권리장전'을 영국의 인권선언으로 생각하는 사람이 많지만 프랑스의 인권선언 같은 높은 격조는 없다.

이렇게 헌법이란 것은 관습법이나 왕의 명령 등으로 사회의 질서가 유지되어온 중세사회에서 '법의 지배'에 의해 질서를 유지하는 근대사회로의 이행을 나타내는 것이며, 동시에 국왕 등의 자의적 지배를 폐지하려는 의도를 포함하는 것이었다. 그런데 영국은 헌법을 제정하지 않고 그 이행을 이루어 헌법 없는 입헌군주제를 만든 것이다.

제정법(制定法)의 역사

그 이유로는 두 가지를 생각해볼 수 있다. 하나는 영국은 관습법의 나라라고 일컬어지지만 제정법(국가 입법기관에서 일정한 절차를 거쳐 제정되는 법, 성문법은 모두 제정법이다 — 옮긴이)의 역사도 다른 나라에 비교하면 매우 오래되어 그 경험이 성문헌법을 불필요하게 했다고 할 수 있다. 영국 의회는 13세기에 시작되었는데 의회가 중단되지 않고 오늘날까지 이어지고 있는 나라는 영국뿐이다. 당시 의회는 현재처럼 큰 규모는 아니었고 의회제정법 이외에 국왕의 포고 등도 있었지만 이미 14세기에 의회의 동의 없이는 국왕도 과세할 수 없다는 관행이 제정법화되었다. 또한 의회의 제정법에 의해서 15세기의 봉건 가신단의 해산도, 16세기의 종교개혁도 이루어졌다. 이런 의미에서 영국의 경우는 불충분하지만 '법의 지배'가 중세부터 이미 존재했다고 할 수 있다.

또 하나의 이유는 이러한 현상들과 관련되어 국왕의 자의적 지배가 약했다는 것이다. 입헌군주제란 표현은 근대 이후의 산물처럼 보이지만 그 이전부터 제한왕제라든가 혼합왕제란 표현이 있었으며 이것이 프랑스의 절대왕정과 비교해서 영국의 장점으로 일컬어져왔다. 따라서 명예혁명 때에 '권리장전'에 의해 의회의 권한이 확립되면서 그것으로 충분하다고 생각했던 것이다.

중세적 산물의 온존

그러나 이것을 역으로 말하면 영국에서는 중세와 근대의 단절이 명확하지 않고 낡은 유물이 형태상으로라도 남아 있는 이유가 된다. 그 전형은 귀족제인데 이 이외에도 예를 들면 비록 명칭뿐이긴 하지만 서류상의 토지 보유 농민인 농노가 20세기까지 남아 있었다. 이런 낡은 유물을 남기면서도 영국이 어떻게 자본주의의 최고 선진국이 될 수 있었는가 하는 문제는 아직 충분한 해답을 얻지 못하고 있다.

그러나 최근에 성문헌법이나 인권규정을 만들자는 움직임이 나타났다. 이는 절대군주에 대한 저항이 아니라 다수 여당인 행정부의 독주를 막으려는 목적에서이다. 그 결과 성문헌법은 만들어질 것 같지는 않지만 인권규정은 1998년에 인권법으로 성문화되었다. 이 배경에는 국제인권규약 등 인권문제의 국제화가 진행된 탓도 있다.

상류계급은 왜 가발을 썼나

오늘날 가발은 유명인이 등장하는 텔레비전 광고에서 보듯이 오로지 적어진 머리숱을 숨겨 젊어 보이게 하기 위해 사용하는 것처럼 생각한다. 그러나 가발의 역사를 보면 그 사용법은 조금 달랐다.

역사상 루이 14세의 가발은 인상적이다. 긴 머리를 둥글게 만 큰 형태의 가발로 머리 전체를 덮고 있다. 그는 이를 의상의 일부로서 애용했다고 하니 그 철저함은 특별했을 것이다. 그러나 이 습관은 프랑스 왕실에만 있었던 것은 아닌 것 같다. 엘리자베스 1세 등도 가발을 이틀에 한 번 바꾸는 등 애용했다고 전해진다. 그럼 인간은 왜 가발을 쓰게 되었고 지금은 왜 절대왕정기처럼 유행하지 않는 것일까?

가발의 소사(小 史)

가발에는 연극용과 일반용이 있었다. 고대 그리스나 로마의 연극에서 애용된 가면에는 가발이 붙어 있는 것이 알려져 있다. 유럽의 연극에서는 18세기 말에 시대 고증을 중시하면서 많이 사용되었다.

고대 이집트에서는 직사광선으로부터 머리를 보호하거나 파라오처럼 지위와 권위를 상징하는 경우에 가발을 착용하였다. 고대 로마에서는 여성용으로 오직 블론드만이 선호되었기 때문에 북방 갈리아의 게르만계 어린이들의 머리카락이 로마로 보내졌다고 한다. 르네상스기에는 금발이 유행하여 염색술이 발달했다. 가발 전성기인 루이왕조 시대에는 루이 13세가 숱이 적어진 머리를 숨기기 위해 사용한 데서부터 확대되었다고 전해진다.

가발을 착용한 로베스피에르

18세기에는 여성과 어린이들에게까지 보급되었다.

절대왕정기의 가발

그럼 가발이 유행하던 시기의 상황을 보자. 카트린 드 메디시스(프랑스 앙리 2세의 왕비) 등도 가발을 애용했다고 하지만 엘리자베스 1세를 따라갈 사람은 없었다고 한다.

엘리자베스 1세는 40명의 가발사를 두어 매일 아침 빠지지 않고 머리를 자르고 여러 종류의 가발을 썼다고 한다. 공식행사, 일상생활, 사냥, 연회 등 목적에 따라 가발을 구분해 사용했다. 이처럼 국왕이나 여왕은 단순히 패션의 일부로서뿐만 아니라 권위를 나타내기 위해서 가발을 사용했다. 이 가발문화는 귀족 사이에 유행해 곱슬곱슬하고 풍성한 가발이 인기를 모았다. 호화스러운 의상에 립스틱이나 입술연지로 화장하였으며 가발에도 밀가루나 쌀가루를 섞은 석회가루를 뿌렸다고 한다.

가발 이야기

가톨릭은 가발 사용에 비판적이었다고 하는데 18세기 프랑스의 민중봉기에서 변장을 위해 여성용 가발이 사용되면서부터 일반적으로 사용되었다고 전해진다. 17세기 후반에는 가발사 길드가 조직되어 비싼 가발은 사람의 머리카락, 말의 털, 상급의 양털 등으로 만들어졌지만 가난한 사람들은 질 나쁜 양털, 아마로 만든 가발만 사용할 수 있었다.

하이든은 어릴 적부터 가발을 벗지 않았다고 전해진다. 17~18세기는 치장용구로서, 또한 남자의 권위의 상징으로서 크게 유행하였고 공무원, 재판관에서 상인, 농민에 이르기까지 각각의 직종이나 경제상태에 따라 사용되었지만 가발문화는 19세기가 되면서 급속히 쇠퇴하기 시작했다. 이는 이발업의 발전과 패션용 모자가 유행하였기 때문이란 견해도 있지만 절대왕정의 붕괴에서 나타나듯이 봉건제적 신분제도의 쇠퇴가 큰 요인이었다고 생각할 수 있다.

감자는 어떻게 해서 유럽에 퍼졌나

감자와의 만남

재배종 감자의 기원은 페루이며 기원전 3000년경에 재배가 시작되었다고 한다. 16세기 남미에 들어온 스페인의 탐험가나 식민 모국에서 페루에 온 사람들은 감자를 즐겨 먹었다. 1570년경 스페인이나 이탈리아에 감자가 전해졌을 때에 유럽인은 이 작물을 식용작물이라고는 생각하지 않았다. 감자의 여기저기 난 싹의 형태가 한센병을 일으키는 피부의 고름과 종양을 연상시켜 먹으면 병에 걸린다고 두려워했다. 1600년 초 프랑스의 부르고뉴지방에서는 식용을 금지하는 법률까지 나왔다.

그러나 17세기 중엽 이후 재배가 간단하고 단기간에 수확할 수 있으며 수확량도 많은 감자의 이점에 눈을 뜬 사람들 사이에서 감자는 기근을 막는 식료품으로 주목받게 되었다.

독일

독일에서는 30년전쟁이 큰 계기가 되어 감자의 대규모 재배가 시작되었다. 긴 전쟁 때문에 농지가 황폐화하고 기근이 덮친 프러시아에서는 프리드리히 빌헬름(Friedrich Wilhelm)이 소작인에게 감자 재배를 명하고 위반자에 대해서는 코나 귀를 자르는 강제적 수단으로 감자 재배를 확대했기 때문에 점차 서민들은 감자의 가치를 인정하게 되었다.

다음으로 프리드리히 2세는 1744년 군대에 명하여 감자를 포메라니아와 슈레지엔에 운반시켜 군대의 감시 아래에서 감자를 재배, 보급시켰다. 7년전쟁과 1770년의 기근에 즈음하여 감자의 장점이 확실해지면서 각 지역에서 대규모 감자 재배가 정착되었다.

프랑스

1771년의 기근 후 프랑스의 부장송에 있는 한 아카데미에서 '식량부족 때에 이용할 수 있는 식물과 그 요리법'에 대한 논문을 모집했다. 이에 응모하여 영양이 풍부한 감자가 유사시에 보통 식료품의 대용이 된다며 감자 재배를 장려하는 논문을 써서 상을 받은 이가 유명한 농학자이자 화학자인 파르망티에(Parmaentier)였다. 7년전쟁 때 프러시아의 포로였던 그는 식사로 나온 감자가 프랑스의 농민에게 이상적인 작물이 되리라는 확신을 지니고 귀국했다.

파르망티에의 감자재배 추진운동은 루이 16세의 후원을 얻어 크게 진전되었다. 파르망티에에게는 많은 일화가 남아 있다. 그는 왕비 마리 앙투아네트에게 감자꽃으로 만든 부케를 보냈는데 이를 본 많은 귀족 부인들이 본떴다든가, 그의 감자밭을 낮에는 호위병이 지키게 하여 농민의 관심을 끈 다음 감시가 끝나는 야간에 그들에게 감자를 가져가게 했다는 등 진위

처음으로 수확한 감자를 루이 16세에게 보이는 파르망티에.

여부가 확실하지 않은 이야기가 전승되어온다.

18세기 말 프랑스 농민 사이에 감자 재배가 보급되어 맛있는 감자요리가 많이 만들어졌다. 크림과 버터로 만든 감자스프를 많이 먹게 되었는데 그중 하나는 '파르망티에 포타주'라고 이름 붙여졌다.

아일랜드

영국과의 전란으로 국토가 황폐해진 아일랜드에서는 추위에 강하고 메마른 토지에서도 잘 자라며 전란으로 경지가 짓밟혀도 지하에 일정한 수확물이 확보되는 감자는 중요한 식량이었다. 17세기 중엽에는 아일랜드에 감자 재배가 뿌리를 내렸고 18세기 말까지 아일랜드인 한 사람당 매일 3~4킬로그램의 감자를 먹었다. 1754년부터 1845년까지 아일랜드의 인구는 320만 명에서 820만 명으로 증가했다.

그러나 재배면적이 너무 넓어진 결과 1840년 중엽 병이 만연하자 수확이 전무하게 되어 1845년부터 1846년에 걸쳐 '감자 기근'이 일어났다. 그 후 1849년까지 기근은 계속되어 약 100만 명이 아사했고 100만 명 이상이 이민을 떠났는데 이민지인 미국에서도 그들은 감자로 생활을 지탱했다.

향신료가 중요하지 않게 된 이유

유럽과 향신료

유럽에서 향신료로서 중시된 것은 후추, 계피, 정향, 육두구(nutmeg)였다. 후추는 인도의 마라바르 해안과 인도네시아의 수마트라와 보르네오, 정향과 육두구는 인도네시아의 동방 모르카 제도에서밖에 생산되지 않았다. 이 때문에 고대 로마에서는 후추가 금은과 같은 가격으로 거래되었다고 전해진다.

유럽에서는 후추 등의 향신료가 보존육과 생선의 방부제, 조미료로서 사용되었다. 13세기경부터 보급된 삼포식 농업에서는 겨울에 사료를 확보하기가 어려웠기 때문에 양을 제외한 대부분의 가축은 늦가을이 되면 도살하고 그 염장한 고기를 한 해의 식량으로 삼았다. 후추는 이렇게 염장한 고기에 방부제로 사용한 것과 함께 냄새를 없애는 향신료로도 요긴하게 쓰였다. 또한 천연두와 페스트 등의 예방약으로도 사용되었다.

16세기 초 포르투갈이 인도양의 세계에서 유럽으로 운반한 후추 중 약 73퍼센트는 플랑드르에서부터 독일과 북방 각 지역 사이에서 소비되었다.

14~15세기 한자동맹(Hanseatic League, 독일의 여러 도시가 상업상의 목적으로 결성한 동맹 — 옮긴이) 도시에서는 북해의 생선 가공시장의 개척에 의해 소금에 절여 말린 생선의 소비가 많아졌다. 여기에 방부제로서 후추나 정향을 사용하게 되어 북유럽 상업권에서 대량으로 소비되었다.

17세기, 포르투갈을 대신하여 아시아 무역의 주도권을 잡은 네덜란드 동인도회사의 전체 수입품 중 향신료의 비중이 17세기 전반에는 70~75퍼센트였던 것이 17세기 말에는 후추와 정향, 육두구의 비중은 23퍼센트로 감소했다.

17세기 후반부터 18세기에 걸쳐서 향신료 수입의 감소는 영국 동인도회사의 무역 데이터를 보아도 알 수 있다. 1699년부터 1701년의 잉글랜드의 후추 수입량은 10만 3천 파운드나 되었지만 1722년부터 1724년에는 겨우 1만 7천 파운드로 줄었고 이후 약 3년 동안에 3만 파운드대를 유지했다.

농업혁명

북유럽의 농업은 곡물단계, 목초단계, 뿌리채소(根菜)단계의 세 단계로 생각할 수 있다. 곡물단계는 삼포식 농업에서 볼 수 있듯이 곡물만을 재배하며 가축의 사료는 오로지 야생 목초류의 채집으로 충당하는 단계이다. 이 경우 많은 가축이 겨울을 날 수 없게 되므로 사료의 증산이 과제가 되었다.

북유럽의 농업 선진지역이었던 플랑드르에서는 13세기에 순무를 경지에 재배했으며 14세기에는 클로버를 휴경지에 뿌리기 시작했다. 16세기에는 순무와 클로버와 곡물에 의한 윤작이 완성되었다.

18세기 플랑드르에 가까운 영국의 노펵지방에서 노펵농법(Norfolk Four-Course Rotation)이 시작되었다. 제슬로 털이 발명한 조파기(條播

A는 18세기 초 영국 중부에서
일반적으로 사용되던 쟁기.

B는 털이 발명한 4개의 칼날이
달린 쟁기.

C는 털의 미력중경기.

털이 발명한 조파기.

위는 밀 재배용.

아래는 순무용.

아래 오른쪽은 그 종자 상자다.

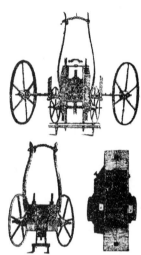

〈털이 발명한 조파기와 쟁기〉

	1년째	2년째	3년째	4년째
제1경지 제2경지 제3경지 제4경지	순무 보리 클로버 밀	보리 클로버 밀 순무	클로버 밀 순무 보리	밀 순무 보리 클로버

〈가장 전형적인 노퍽농법〉

機)와 마력중경농법(馬力中耕農法)이 이 농법의 선구적 역할을 담당하였다. 종래의 흩뿌리기식 파종이 아니라 조파기를 사용하여 사이사이를 넓게 잡고 이와 동시에 씨를 적게 뿌리는 방법을 사용했고, 수확할 때까지 여러 번 말이 끄는 쟁기를 사용하여 심경(深耕)을 했다. 이 방법을 채용함으로써 순무의 수확량이 늘어났다.

찰스 타운젠트는 1730년대 노퍽주의 영주로 순무를 조파하였고 말을 사용하여 사이갈이하는 털의 농법을 도입하는 것과 동시에 보리, 밀, 순무, 클로버를 같이 경작하는 사포윤재식(四圃輪栽式)의 노퍽농법을 시작했다. 이 농법은 상당한 토지를 필요로 했으므로 인클로저의 진행과 함께 보급되었다. 그 결과 순무나 클로버를 사료로 하여 가축을 축사에서 기르는 것이 가능해졌으며 대량의 비료가 확보되어 곡물이 증산될 수 있었다. 이제 사람들은 염장한 고기와 생선을 먹을 필요가 없어져 18세기 이후 향신료의 중요성은 줄어들어갔다.

빈은 어떻게 '음악의 도시'가 되었나

음악에 매료된 황제들

합스부르크가의 레오폴드 1세는 오페라 4곡, 교회음악 37곡, 마드리갈 3권, 세속곡 150곡, 발레음악 17권, 징슈필(Singspiel, 노래 연극) 3곡을 작곡했다. 그의 음악에 대한 정열은 대단한 것으로 17세기 전반 황제의 자리에 약 50년간 재위하면서 많은 작곡을 하였다. 궁정 악단원의 시험도 자신이 직접 챙겼고 오페라 상연 시에는 악보 전부를 지니고 들었으며 자신도 플루트를 연주했다.

선대 페르디난트 3세의 시대부터 빈(영어로는 비엔나)은 바로크 오페라의 중심지 중 하나였다. 이 시기부터 카를 6세까지의 역대 황제와 황족은 음악에 열중했다. 작곡과 연주는 물론이고 자작한 오페라의 지휘를 하고, 황족들이 발레를 하거나 아리아를 부르기도 했다.

유럽 각지의 궁정에서도 음악을 중요시해 전문악단을 두었지만 바로크 시기의 합스부르크가만큼 음악문화에 힘을 기울인 왕가는 찾아볼 수 없다.

빈 음악의 토양과 합스부르크가

빈은 도나우의 수운이 동서양을 연결하는 접점에 있다. 이 때문에 원래 많은 민족이 교류하고 교차하는 장이 되었다. 이것이 다른 곳에서는 찾아볼 수 없는 개성 있는 사회와 문화를 낳았다. 통합 주체는 로마 가톨릭교회와 이에 연결된 독일인 왕과 제후 중에서 나타났다. 특히 합스부르크가가 한 역할은 크다.

15세기 말에 나온 막시밀리안 1세는 결혼정책으로 큰 성공을 거두었다. 카를 5세의 시대가 되면서 스페인에서 이탈리아, 중동, 유럽을 포함하는 거대한 합스부르크제국이 탄생했다. 황제와 교회는 밀착되어 제관식, 결혼식 등의 축전, 자녀의 세례식, 교회 관계자 방문 때의 의식, 왕과 제후들의 제례 등 종교의식이 정치의 중요한 수단이 되었다. 여기서 빠뜨릴 수 없는 것이 음악이었다. 막시밀리안 1세 시대에 당시 가장 앞선 음악문화를 지닌 플랑드르의 악사들이 빈에 흘러들어왔다.

빈 필하모니로 이어지는 궁정악단이 창립되었고 빈 소년합창단으로 이어지는 소년성가대도 발족했다. 광대한 제국에서 모여든 부가 문화에 투자되어 음악의 수준도 높아졌다. 이렇게 해서 18세기 전반까지 음악의 황제들을 낳았다.

궁정문화의 쇠퇴와 빈 고전악파의 성립

전환기는 여황제 마리아 테레지아의 시대에 찾아왔다. 그녀가 23세로 즉위했을 때 국고에는 겨우 수천 그루텐밖에 남아 있지 않았다. 게다가 여황제는 즉위하자마자 거의 전 유럽을 적으로 하는 오스트리아 계승전쟁을 해야만 했다. 그녀는 긴축재정과 국내체제의 개혁으로 절대왕정을 구축했다. 생활은 검소해졌고 경비는 삭감됐다. 궁정음악도 축소되었고 악사들은 정리되었다. 음악문화의 후원자들은 궁정에서 유복한 귀족이나 상인들에게로 옮겨갔다.

이 변화는 빈의 음악문화에 큰 영향을 미쳤다. "빈만큼 음악에 정열을 기울인 지방도 적다. 시민 누구나 악기를 연주하고 음악을 배운다", 이것이 새로운 후원자들의 모습이었다. 음악가들은 이런 열렬한 후원자들에게 지지되어 보다 넓은 기회와 자리를 부여받았다. 대규모의 연주회가 번영하는 한편 시민의 가정에서 즐기는 실내악도 번성했다. 음악가 중에는 궁정에서 자립하여 개성적인 재능을 꽃피우는 사람들도 나타났다. 프랑스에서 시작된 대혁명의 폭풍이 불어와 유럽의 민족주의에도 불이 붙었다.

이런 배경에서 '클래식 음악'이 형성되었다. 헝가리 제일의 귀족 에스테르하지의 궁정악단에서 음악을 변혁시킨 하이든, "잘스부르크 대주교의 신하는 아니다"라고 말하고 빈으로 와서 수많은 걸작을 남긴 모차르트, 공화사상을 표현하려고 한 베토벤. 이 3대 거장에 의해 빈은 음악의 수도로서의 지위를 확립했다.

19세기 초 빈을 찬미한 라인하르트(Reinhardt)는 "여기에는 위대하고 부유하고 교양에 넘치며 예술을 사랑하고 다른 사람들을 잘 챙겨주며 예의가 바르고 취미가 고상한 귀족계급도 있으며, 부유하고 사교적이며 남을 대접하기를 좋아하는 중류계급 및 부르주아도 있고, 또한 교양이 있고 견문이 넓은 신사들이나 넉넉하고 사람 좋은 쾌활한 대중이 있다"고 기술하고 있다. 빈의 음악은 이런 사람들에게 지탱되어 격동의 시대에도 살아남아 새로운 창조물을 만들어냈다.

연금술사가 황금 대신에 만든 것은 무엇인가

연금술사 뵈트거

연금술은 납이나 수은, 유황 등을 화학변화에 의해 황금으로 만드는 것으로 오래 전부터 인류의 꿈이었다. 만유인력의 법칙을 발견한 뉴턴조차 이에 열중했다고 전해진다.

1682년 독일의 슐라이츠에서 태어난 프리드리히 뵈트거(Friedrich Böttger)도 연금술에 열중한 사람 중의 한 명이었다. 그는 19세 때 베를린에서 여러 명의 관중에게 황금을 만들어 보였다. 뵈트거가 연금술에 성공했다는 소문이 프로이센 왕의 귀에 들어가자 그는 거짓이 탄로나 처형당하는 것이 두려워 베를린에서 도망쳤다.

뵈트거는 작센 후작이며 폴란드 왕인 아우구스트의 보호를 받으며 드레스덴에 정착했다. 그러나 언제까지 기다려도 황금이 나오지 않는 것에 화가 난 아우구스트는 그를 투옥하고 만다. 이때 화학자로서의 그의 재능에 주목한 중신 치른하우젠의 비호로 옥중생활에서 해방된 뵈트거는 도자기를 만들기로 그와 약속한다.

중국 도자기에 대한 동경

도자기가 유럽에서 유행한 지 100년 정도 지난 1604년 포르투갈의 배인 산타 카타리나호가 말라카해협에서 네덜란드에 의해 나포되었다. 이 배에는 대량의 중국산 '청화백자' (하얀 바탕에 청색의 문양이 그려진 도자기) 가 적재되어 있었다. 네덜란드가 이 청화백자를 암스테르담에서 경매에 붙이자 프랑스의 앙리 4세, 영국의 제임스 1세를 포함한 유럽의 왕후 귀족이 앞을 다투어 사들였다. 유럽에서 중국 도자기의 인기가 높아져 '시노아즈리' 라고 불리는 중국 취향이 확대되고, 벽면 가득 화려한 중국 자기를 장식한 '중국의 공간' 을 만들어 자랑하는 풍조도 생겼다.

네덜란드의 동인도회사는 중국의 징더전(景德鎭)에 대량의 주문을 내고 유럽으로 운반했다. 17세기 중엽 명나라와 청나라 교체기의 전란으로 중국산의 수출이 끊기자 일본의 이마리야키(伊萬里燒)의 수출이 급증했다. 이윽고 백자보다는 빨간색이나 녹색을 풍부하게 사용한 '오채자기' 가 선호의 대상이 되었다.

마이센 도자기의 시작

유럽 각지에서도 고가의 도자기를 만들어서 돈을 벌려는 시도가 있었는데 단단하면서도 가볍고, 잘 깨어지지 않는 도자기는 좀처럼 만들어지지 않았다. 화강암이나 석영반석이 풍화에 의해 백색의 촘촘한 결정이 되는 고령토가 도자기를 만드는 흙으로 사용된다는 사실을 몰랐기 때문이다.

뵈트거와 치른하우젠은 작센(독일 동부)과 보헤미아의 국경지대에서 채취되는 하얀 가발에 사용되는 석고가루에 주목했다. 이 흙에 석회질의 석회분을 섞어서 백자의 제조에 성공한 것은 1709년이다. 이것이 마이센 도자기의 시작이다.

처음엔 금이 가는 등 실패도 많았지만 석회분의 비율이나 채약의 조합 등을 개량해 본격적인 생산에 들어간 것은 1713년 이후의 일이다.

비밀을 지키지 못한 작센 후작

작센 후작 아우구스트는 자기의 생산을 독점하면서 얻을 이익을 전망하고 이 제조기법을 누출하지 않으려고 했다. 이 때문에 뵈트거는 공방 밖에서 타인들과 이야기하는 것이 금지되었고 그 답답함을 달래려고 술에 취해 살다가 1719년에 죽었다. 알코올 때문이라고도 하고 공장의 유독가스 중독 때문이라고도 전해진다.

그러나 그 전년도에 뵈트거의 공방에서 다른 데로 옮긴 자기 기술자인 자뮈엘 스테르체르에 의해 빈에서 도자기 제작이 시작되었다. 그 후 반세기도 지나지 않은 사이에 도자기 제작은 전 유럽으로 퍼져갔다.

커피와 홍차가 유럽에 가져온 것은 무엇인가

커피, 홍차의 전파와 보급

근대 이후 유럽인들은 기호음료로서 커피와 홍차를 애용해왔다. 차는 17세기 초에 유럽에 전파되었는데 당시 네덜란드인은 홍차를 약으로서 수입했다. 차에 함유된 비타민C 등의 성분이 열병이나 두통에 효과가 있다는 사실 때문에 차를 마시는 습관이 프랑스, 독일, 영국 등으로 전파되었지만 당시의 차는 고가의 상품으로 상류계급의 음료수였다. 18세기가 되어 보다 싼 값으로 차와 같은 효용이 기대되는 커피가 유럽에 보급됨으로써 영국을 제외하고 차의 수요는 급속히 줄어들었다.

커피가 유럽에 전파된 계기에는 여러 가지 설이 있다. 아라비아 모카를 대신한 값싼 자바산이나 향기 높은 서인도산 커피의 유통, 밀크와 설탕을 넣는 새로운 용법에 의해 적어도 18세기 초에는 부르주아 등 시민의 사회적 지위를 상징하는 지표로서 커피의 수요는 확대되었다.

또한 유럽 각국에서 소비가 감소하게 된 차는 홍차란 형태로 영국의 상류계급의 식탁을 윤택하게 하는 존재가 되었으며 이윽고 18세기 중엽 이후에는 일반서민들도 마시게 되어 국민적 음료로서의 지위를 확립했다.

시민의 식생활의 변화

이렇게 커피와 홍차는 유럽의 시민생활에 빠질 수 없는 존재가 되었는데 동시에 이는 그들의 식생활에도 큰 변화를 초래하게 되었다.

당시까지 유럽에서는 영국, 독일의 맥주나 프랑스의 포도주 등의 알코올계 음료가 주류여서 아침식사에 이와 함께 콩으로 만든 스프나 쇠고기 등이 나오는 경우가 대부분이었다. 그러나 커피, 홍차의 보급에 의해 버터를 바른 빵 세트가 아침식사의 전형이 되어 유럽에 무알콜의 식생활이 정착되는 계기가 되었다. 또한 영국사회에서 발달한 차를 마시는 문화는 '티타임'이라고 불리는 새로운 관습과 함께 본차이나 등의 뛰어난 도자기를 만들어냈다.

커피와 시민의 정보교환

1652년 런던에 출현한 커피하우스는 1700년에는 3,000곳을 넘어 성황이었다. 여기에서 당시 형성되기 시작한 근대체제(서구를 중심으로 한 전 세계적인 분업체계) 아래에서 수집된 방대한 정보가 식민지 무역이나 투기에

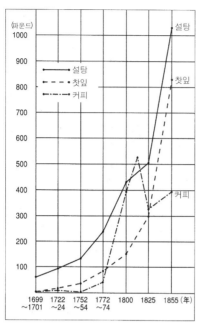

(파운드)
1000
900
800
700
600
500
400
300
200
100

————— 설탕
– – – – 찻잎
–·–·– 커피

설탕
찻잎
커피

1699 1722 1752 1772 1800 1825 1855 (年)
~1701 ~24 ~54 ~74

영국의 설탕·찻잎·커피 수입량의 변화.

정열을 쏟는 상인들에 의해 교환되기도 했다.

1675년에 복고한 스튜어트 왕조는 커피하우스에 대한 폐쇄령을 내리는데 당국이 커피하우스를 경계한 이유는 이곳이 정부 비판의 거점으로서의 성격을 지녔기 때문이다. 상인을 포함한 많은 시민이 드나드는 커피하우스에서는 그들이 가지고 온 신문이나 논문을 소재로 자유로운 토론이 오갔으며 저널리즘 소설이란 새로운 문화가 형성되었다. 이것은 당시 커피하우스에서 판매가 시작되었던 찻잎을 사러 온 사람들에 의해 각 가정에도 전달되었다.

17세기 후반 이후 프랑스 파리에 개점된 많은 카페에도 다양한 직업과 입장을 지닌 시민이 들락거려 지식과 정치의 대중문화가 발전했다. 당시의 카페의 성황은 커피가 심신에 미치는 악영향을 지적하는 헛소문을 낳았고 카페오레가 유행하는 원인이 될 정도였다.

1686년에 문을 연 유명한 카페 '프로코프'에는 계몽사상가인 루소와 자코뱅파 지도자인 당통, 마라 등 유명한 멤버들이 모여들었다. 활발한 토론을 하는 중에 프랑스혁명이 준비되었다는 것을 상상하기 어렵지 않다.

홍차와 영국의 자본주의사회

19세기에 홍차가 영국의 국민적 음료가 된 배경의 하나는 산업혁명의 발전과 관련이 있다. 당시의 공장 경영자들은 노동자가 장시간 노동의 피로를 풀기 위해 알코올 음료를 마시는 것에 위기감을 느끼고 대체음료로서 설탕이 들어간 홍차를 휴식시간 등에 제공했다. 설탕에 의한 칼로리 보급과 카페인에 의한 각성작용은 노동자의 생산효율을 높여 영국에 '근면한' 산업사회가 형성될 수 있는 한 요인이 되었다.

또한 동인도회사가 찻잎의 수입량을 확대하여 나타난 저가격화도 홍차 대중화의 한 배경이 되었다. 18세기 초 이후 영국은 거듭되는 식민지전쟁, 침략전쟁에서 승리하여 세계체제의 패권을 확립했다. 영국 본국에 공급된 카리브해와 브라질산의 설탕의 양은 19세기 중엽에는 약 18배, 찻잎은 실제로 1,000배 이상으로 증가했다.

프리드리히 2세는 왜 커피를 금지했나

커피를 너무 좋아한 프리드리히 2세

프로이센의 프리드리히 2세는 계몽 전제군주의 대표자로서 잘 알려져 있다. 황태자 시절부터 프랑스의 계몽사상가 볼테르와 펜팔을 시작하여 1750년에는 베를린궁정에 그를 초청하기도 했다. 다음의 말에는 그의 사상이 잘 나타나 있다.

"인민의 행복은 군주의 어떤 이익보다도 중대하다. 생각하건대 군주는 결코 그 지배 아래 있는 인민의 전제적 주인이 아니라 제일의 신하에 지나지 않기 때문이다."(『반마키아벨리론(*Anti-Machiavel*)』)

이 프리드리히가 가장 애호한 것이 담배와 커피였다. 커피에 샴페인과 후추를 넣어서 마시는 것을 좋아했다고 한다. 그는 자신이 너무나 좋아하는 커피를 프로이센의 민중에게는 마시지 못하게 했다. 이 때문에 의사가 커피에 독이 있다는 거짓말까지 했다.

정복전쟁은 야만이다

프리드리히가 28세로 프로이센의 왕이 된 1740년 말에 오스트리아 계승전쟁이 시작되었다. 이때 그는 슐레지엔(Schlesien, 영어로는 실레지아)의 할양을 요구하며 오스트리아와의 전쟁에 참가했다. 그는 2년 전의 저작 『유럽 정계 현상에 대한 고찰』에서 "정당한 권리 없이 타국을 정복하는 것은 정의가 아니며 처벌받아야 하는 만행이다"라고 서술한 직후였다.

황태자 시절의 그는 강한 군인으로 키우려는 아버지의 엄격한 교육을 참지 못해 18세에 영국으로 도망가려고 하다가 잡힌 적도 있다. 이런 그의 마음을 안정시킨 것이 플루트 연주와 프랑스문학이었다. 왕위에 오르자 그는 9만 병력인 프로이센군을 반으로 줄일 것이라는 사람들의 예상을 뒤엎고 1만 명을 증원했다. 그는 이 심정을 볼테르에게 이렇게 쓰고 있다. "지금부터 나에게 최고의 여신은 의무입니다."

슐레지엔을 둘러싼 싸움

오스트리아 계승전쟁에서 프로이센은 슐레지엔의 획득에 성공했다. 그러나 오스트리아의 여황제 마리아 테레지아는 이를 다시 탈환하려고 러시아, 프랑스, 작센을 자기편으로 만들어 1756년에 다시 전쟁을 시작하였다. 이것이 7년전쟁이다.

프로이센은 영국의 군자금 원조 이외에는 유력한 아군이 없어 고전의 연속이었다. 패전을 각오한 프리드리히는 아편에 의한 자살을 생각할 정도였다. 이때 그에게 행운이 찾아왔다. 1762년에 즉위한 러시아의 황제 표트르 3세가 프리드리히의 숭배자였기 때문에 러시아가 적의 진영에서 빠진 것이다. 그 다음해에 강화조약이 맺어져 그는 슐레지엔의 확보에 성공했다.

그러나 이 전쟁에서 프로이센군은 18만 명의 장병을 잃었다. 각지에서 약탈, 폭행, 방화의 피해가 있었고 농촌은 기아에 휩싸여 50만 명의 주민이 희생되었다.

외화의 낭비

전후 프리드리히의 일은 궁핍한 민중의 생활을 재건하는 데서 시작되었다. 주택의 건설과 농촌의 부흥을 위해 6만 명의 병사와 많은 군마를 보냈다. 경제의 재건을 위해서 면직물업이나 광산 개발을 보호했다. 또한 외국 농산물의 수입을 억제하고 농민의 식량을 확보하기 위해 감자의 재배를 장려했다.

이때 문제가 된 것이 네덜란드에서 수입되는 커피였다. 허기를 채우는 데 도움이 되지 않는 커피에 연간 70만 타라(700억 원)이나 되는 대금을 낭비할 수는 없었다. 이 때문에 커피 소비의 억제와 함께 보리나 콩, 도토리 등을 이용한 대용 커피의 개발이 시도되었다.

민중이 커피를 마시지 못하도록 금지하는 정책을 추진하기 위해 프리드리히는 커피를 마시면서 명령서에 사인했는지도 모른다.

시민혁명과
산업혁명

루소는 여성차별주의자였나

민주주의의 원조 루소

루소는 『사회계약설』 등으로 알려진 계몽사상가로 프랑스혁명에 큰 영향을 주었고 로베스피에르나 나폴레옹도 그의 제자였다고 알려져 있다. 이 루소가 여성차별주의자였다고 하면 이는 심각한 문제일 것이다.

그의 저서 『에밀』은 소년 에밀이 이상적인 시민으로 자랄 때까지를 그린 소설 형식의 교육서다. 소피란 소녀가 등장하여 에밀의 이상형의 아내로서 자란다(『에밀』 제5편 「소피」). 다음은 「소피의 교육방식」의 일부이다.

이상형의 아내 소피

"(남자와 여자는) 한쪽은 능동적이며 강하고, 한쪽은 수동적이며 약해야 한다. 이 원칙이 확인된 바에 의하면 특히 여성은 남성의 마음에 들기 위해 태어났다는 것이 된다. 여성은 남성의 마음에 들기 위해 또는 정복당하기 위해 만들어졌으며 남성이 즐겁게 생각하는 이가 되어야 한다."

"남성이란 결점투성이의 존재에 복종하려고 태어난 여성은 남편이 악할 때에도 불평을 하지 않고 인내하는 방법을 어릴 때부터 배워야만 한다."

"남이 말하는 것을 듣지 않는 것은 여자에게 있어 무엇보다도 유해한 결점이다."

예를 들자면 끝이 없다.

루소가 저작 이외의 부분에서 외친 인간의 평등과 자유에 대한 요구를 보면 마치 다른 사람인 것 같다.

이에 대해 여성해방운동의 선구자들은 출판 당시부터 엄격한 비판을 했다. 스웨덴의 여성 작가 노르덴크가 출판과 거의 동시에 '여성의 답변'을 발표하였고 20년 후에는 영국의 울스턴크래프트(Wollstonecraft)도 『여성 권리의 옹호』를 써서 격하게 항의했다.

한편 『에밀』을 '아동 복음서'라고 숭배하던 사람들은 이 점을 어떻게 생각했을까? 그들 대부분은 아예 무시하고 모른다는 얼굴을 하고 있었지만 그중에는 '소피'가 상류계급의 무위도식하며 타락한 여성을 위해 저술된 것이라든가 그의 사상 중 그것만이 예외라고 하는 변론도 있다.

루소의 아내 테레즈

그러나 루소가 자신의 생애를 적나라하게 엮은 『고백』을 읽으면 이것이 바로 그의 여성관이었음을 알 수 있다.

스위스의 가난한 시계공의 집에서 태어난 루소는 야심에 차서 프랑스에 왔다. 상류계급의 부인을 동경하여 후원자로 만드는 한편, 문맹인 침구사 테레즈와 "처음에는 위로할 목적으로" 관계를 갖는다.

테레즈와의 사이에 5명의 자녀가 태어나지만 이 자녀들은 전부 생활고를 이유로 고아원에 내다 버려졌다. 온화하고 착한 테레즈는 연인도 대화 상대도 아니었고, 남편에게 순종하고 인내하는 성적 노리개일 뿐이었다. 게다가 테레즈는 남편이 변함없이 귀부인을 짝사랑하는 것까지 참아야만 했다.

프랑스혁명의 여성정책

'루소의 제자들'에 의해 일어난 프랑스혁명은 이런 생각을 계승한다.

로베스피에르는 "여성이 있어야 할 곳은 가정이다"라고 하여 여성의 정치 참여를 금지하고 '여성 및 여성시민의 권리선언'을 발표한 구주를 단두

대에 올랐다.

　프랑스혁명이 해방시킨 개인(시민)이란 남성이며 여성은 가장을 위해 일하고 자녀를 낳는 존재에 불과했다.

　프랑스혁명의 정신을 법제화했다고 전해지는 나폴레옹법전을 보자. 그 213조다. "남편은 아내를 보호할 의무가 있으며 아내는 남편에게 복종할 의무가 있다." 아내는 남편의 감독을 받고, 독립된 인격으로 인정받지 못했으며 물론 선거권 등도 있을 리가 없었다. 아내의 지참금조차 남편에게 관리권이 있어 자유롭지 못했다. 남편의 허가가 없으면 직업을 가지는 일도 자신의 저금을 찾는 일도 불가능했다.

　나폴레옹법전은 오랫동안 프랑스민법으로 전해 내려왔다. 이것이 개정되어 여성이 한 사람의 인간으로 인정된 것은 1938년이 되어서였다.

프랑스혁명이 일어났을 때 프랑스어를 말하는 사람은 어느 정도였나

　프랑스혁명을 준비하고 추진한 계몽사상을 확대시키는 데 책이나 신문, 잡지는 큰 역할을 했다. 『프랑스혁명의 지적 기원』(D. 모르네)이란 연구서는 프랑스어로 쓰인 당시의 자료에 대해 말해준다. 자료를 읽을 수 있는 민중은 매우 적었고, 쓰는 사람은 훨씬 더 적었다. 어느 교육사가의 연구에 따르면 혁명 당시 결혼 서명이 가능한 사람은 남자 47.45퍼센트, 여자 26.28퍼센트였다고 한다. 반 이상이 자신의 이름조차 쓸 수 없었던 것이

플라망어

독일어 또는
알자스어

브르통어

프랑스어

원래 브르통어 지역

프랑코·
프로방스어

오크어

바스크어

카탈로니아어

코르시카어

프랑스의 언어 분포

다(H.C.버나드).

동시에 당시 읽고 쓰기는커녕 프랑스어를 말하지 못하는 프랑스인도 많이 있었다.

프랑스의 언어 분포

1793년 9월의 국민공회 문화교육위원회의 한 보고에 의하면 당시 2,300만 명으로 추정되는 전체 인구 중 600만 명은 프랑스어를 전혀 이해하지 못했고 다른 600만 명은 자연스레 이야기하는 것이 불가능했다고 한다. 즉 전체 인구의 4분의 1에서 2분의 1에 해당하는 국민이 프랑스어를 말하지 못했다는 것이다.

현재에도 프랑스 국토에는 프랑스어 이외에 몇 개의 언어가 있고, 비프랑스어를 모어로 하는 다수의 프랑스 국민이 존재한다.

서쪽 끝에 브르통어가 있으며 스페인과의 국경지대에는 바스크어와 카탈로니아어가 있다. 벨기에와의 국경에는 플라망어가 있으며 알자스와 로렌에는 독일어와 비슷한 언어가 있다. 국토 넓이의 3분의 1에 해당하는 남부에는 프로방스 등을 포함하는 오크어가 있다.

언어의 혁명

프랑스혁명은 프랑스어를 국가어로 하는 언어의 혁명을 진행시켰다. 그러나 이는 국내의 오크어나 브르통어를 모어로 하는 각 민족에게 프랑스어를 강요하는 언어통제이기도 했다.

중세 이전부터 프랑스어를 국가어의 중심으로 여기는 생각은 있었는데 1539년에는 프랑수아 1세가 칙령을 발표한다. 이에 의하면 프랑스 국내의 공적 생활에서는 왕의 언어만이, 즉 프랑스어만이 국가의 언어라고 되어 있다. 이것이 국가의 제도로서 '국어'가 된 것은 프랑스혁명에서이다.

평등과 자유와 우애를 표방하고 민주주의를 추진한 프랑스혁명은 국내에서는 봉건귀족이나 왕당파와 싸우고 국외에서는 프랑스혁명을 저지하려는 전제국가와 싸웠다. 특히 대외전쟁에서는 프랑스 국민의 일치단결을 기원하는 애국심이 강하게 주창되었다. 이런 가운데 가장 혁신적이었던 자코뱅세력이 정권을 잡았고 1792년에는 왕정이 폐지되기에 이른다. 혁명의회의 영향력은 차치하고서라도 '언어혁명'이 이런 흐름 속에서 진행된 것은 사실이다.

평등정신은 모든 민족의 평등과는 다른 형태로 언어의 혁명에 나타났다.

모든 국민은 공화국법 앞에 평등해야만 한다. 법을 평등하게 향유하는 것은 모든 사람이 하나의 언어를 가질 때만 보장된다. "자유로운 국민 앞에서 언어는 하나이며 이는 만인에 대해서 동일해야만 한다"는 것이 언어혁명이었다. 이는 언어면에서의 내셔널리즘의 실현이다.

그리고 1793년 10월 17일 공화국의 모든 어린이는 프랑스어를 말하고 읽고 써야 한다고 결정했다. 게다가 1794년 7월 20일의 국민공회령 제3조는 다음과 같이 규제했다.

"공무원으로 그 직무수행 중 프랑스어 이외의 방언 또는 언어로 문서를 작성하거나 또는 서명한 자는 그 거주지의 재판소에 출두해서 16개월의 금고형에 처한 후 파면시킨다."

그러나 이런 언어의 통일화, 획일화는 많은 소수민족의 언어문화를 파괴하는 것으로 이어졌고 언어를 통한 소수민족 차별정책으로 발전하였다. 독자적 언어문화를 지키려는 바스크나 알자스지방 사람들의 저항은 이런 역사 속에서 오늘날에도 계속 이어지고 있다.

나폴레옹법전은 무엇을 지키려고 했나

1799년 11월의 브뤼메르(Brumaire)의 쿠데타 후에 제1집정이 된 나폴레옹은 헌법에 대한 국민투표에 앞서 이렇게 선언했다.

"이 헌법에 의해 창설되는 모든 권력은 강력하고 안정되어 있으며 시민의 모든 권리 및 국가의 모든 이익을 충분히 보증하는 것이다. 시민 여러 분, 혁명은 이 모든 원칙 위에 확립되었다. 혁명은 끝난 것이다."

혁명은 끝났다고 했다. 이 끝난 '혁명'의 유산을 사회의 혼란과 외압으로부터 지키고 프랑스 근대국가를 만드는 것이 나폴레옹의 역할이었으며 이를 상징하는 것이 나폴레옹법전이었다고 전해진다.

이 '나폴레옹법전'이란 좁은 의미로는 황제 즉위 직전인 1804년 3월에 발포한 '민법전'을 가리키지만 넓게는 나폴레옹 치하에서 제정된 5개의 법전을 가리킨다. 민법, 상법, 민사소송법, 형법, 형사소송법의 5개이다.

특히 최초에 발포한 1804년의 '민법전'은 프랑스 내의 각 지역에 있던 360권 이상의 소법전을 정리하여 혁명 전의 봉건적 상황을 해소하고, 혁명정부가 계속 노력해온 일을 계승하는 것이었다. 이는 시민의 권리 확립과 함께 민족국가로서의 통합을 이루어내는 것이었다.

그러나 한편으로는 노동자의 파업을 금지하고, 또한 민주적 개혁을 추진했던 자코뱅정부가 폐지한 식민지 노예제를 부활시키기도 했다. 이러한 인간의 평등과 인권에 대해서는 나폴레옹도 이를 지지하는 농민이나 유산시민층의 대부분도 관심을 갖지 않았을지 모른다. 이는 당시의 사회상황이 크게 작용했다고 할 수 있다.

나폴레옹이 등장할 즈음에 프랑스는 비참함과 무질서 속에 있었다. 왕당파는 가론지방을 중심으로 봉기를 거듭했으며 전국적으로 강간, 약탈, 비적이 성행했다. 다리는 파괴되었고 도로는 소요로 소통되지 않았다. 이 때문에 산업과 상업 활동이 타격을 입었다.

이런 혼란이 계속되는 속에서 대부분의 프랑스인의 관심은 혁명의 성과가 가져온 1)법 앞에서의 평등 2)과세의 평등 3)모든 봉건적 의무의 폐기 4)구입한 국유(교회) 재산의 소유 등이 보장되는지의 여부였다.

나폴레옹법전은 이에 대응하려는 것이었다. 예를 들면 교회 재산의 구입에 관한 건이다. 혁명은 가톨릭과 대립했지만 나폴레옹은 이와 화해했다. 추방당한 성직자의 귀국을 허락하고 구금중인 성직자를 석방했다. 폐쇄된 교회의 문이 열리고 성직자의 수당을 나라가 지급하게 되었다.

그리고 로마교황과의 사이에 종교협약(콘코르다트)을 맺었다. 종교협약은 혁명시대에 교회가 잃어버린 재산에 대해서는 그것을 그대로 인정하고 잃어버린 재산에 대한 배상을 요구하지 않는 것이었다. 그 제13조는 다음과 같다.

"어떤 방법으로도 교회 재산의 구입자를 동요시키지 않고 동(同) 재산의 소유권과 이에 수반되는 권리와 이익은 구입자의 소유이며 이를 빼앗을 수는 없다."

계속해서 나폴레옹의 정책과 모든 법령은 농촌에 대해서는 권리를 지키고 상공업에는 적극적인 원조를 하였다. 1800년 설립된 프랑스은행은 공업에 대한 융자와 수출을 대폭으로 장려했다.

이런 여러 가지 제도의 개혁, 산업이나 상업 활동의 보호를 통해서 나폴레옹은 시민사회의 법적 기초, 근대 시민법의 원리가 되는 요소를 처음으로 성문화했다. 항목을 열거하자면 다음과 같다.

1) 새로운 시민사회의 소유권 2) 법 앞의 평등 3) 신앙의 자유 4) 노동의 자유 5) 질권·저당권의 확립 6) 균등분할적 상속 등이다. 특히 '민법전'은 소유권 확립이 그 중심에 있으며 근대 시민법의 원리가 되는 1) 소유권의 절대화 2) 계약의 자유 3) 과실책임(배상)이란 세 원칙에 집약되었다. 1789년의 인권선언이 말하는 '소유권'이 이렇게 해서 법적으로 구체화되었다.

변절의 정치가 조셉 푸셰

루이 16세의 처형

1759년부터 1820년까지 살았던 조셉 푸셰(Joseph Fouche)는 '변절 정 치가의 대표'라고 일컬어진다.

푸셰는 프랑스혁명, 나폴레옹시대, 왕정복고란 격동기에 정치생명을 지 키며 살아남은 인물이다. 로베스피에르나 당통(Danton)을 포함하여 단두 대에서 사라진 혁명가나 정치가도 적지 않았다. 그러나 푸셰는 때로는 로 베스피에르와 손을 잡으면서 반기를 들었고, 때로는 나폴레옹의 편을 드 는 등 교묘하게 당시의 세력가들에게 붙어 정치가로서 오랫동안 살아남았 다.

이런 그의 운명을 결정한 최초의 중요한 사건은 루이 16세의 처형이었 다.

1793년 1월 15일 국민공회는 루이 16세를 프랑스 국가에 대한 반역자 로서 유죄를 결정했다. 다음날 16일이 형을 심판하는 날이었다.

의장의 주변을 민중들이 가득 메웠고 "루이를 단두대로"란 목소리도 들 렸다. 이런 가운데 각 의원에 의한 지명투표가 시작되었다. 처형인지 아닌 지를 선언하고 그 이유를 연설하는 투표가 계속되었다. "유죄에는 찬동하 지만 처형에는 반대한다"고 주장했던 온건파 세력의 지롱드파(Girondins) 의원 중에는 투표장의 아수라장을 보고 '사형'에 투표하는 자도 있었다. 투표장의 열기는 뜨거워졌다. 특히 사형 추진파인 몽테뉴파의 좌석에서는 목청 높은 소리가 계속되었다. 이상할 정도의 흥분 속에서 투표가 계속되

180

었고 저녁 8시경에 시작된 투표는 0시를 지나도 끝나지 않았다.

이윽고 루아르 앙페리에르 지역의 의원인 푸셰가 등단했다. 그는 사형에 투표했다. 박수와 탄성이 교대로 날아왔다. 국왕의 사형에 반대하는 파들은 그가 전날까지 사형에 반대하리라고 기대했고 실제로 그런 태도를 보였던 인물이었던 만큼 주위의 놀라움도 컸다.

투표는 215시간이나 걸렸다고 한다. 결과는 놀랄 만큼 근소한 차였다. 처형 찬성 361표, 반대 360표였다고도 전해진다. 이렇게 해서 루이 16세의 운명은 결정되었다. 한 표차였던 것만큼 푸셰의 한 표는 너무나도 중요한 표였던 것이다. 이후 국왕의 사형에 반대하는 파로부터 '국왕을 죽였다'란 낙인이 그에게 찍혔다.

푸셰에 대한 세간의 평

1792년 9월 8일, 콜레주지방에서 수학교사를 하던 푸셰는 국민공회 의원에 뽑혔다. 이후 그는 정치세력들 사이를 교묘하게 건너다녔다. 그는 처음에는 지롱드파에 속했고 이윽고 루이 16세의 처형에 찬동하여 로베스피에르의 자코뱅정권에 접근하였으며 곧 테르미도르 사건으로 활약하여 로베스피에르를 실추시켰다.

푸셰에 관련된 몇 가지 이야기는 이렇게 적혀 있다. "푸셰에게는 개인적 견해란 것이 없다. 그는 가장 강한 세력과 보조를 맞춘다." "반드시 다수파에 이름을 올려 소수파와는 절대로 손을 잡지 않는 푸셰." 그러나 푸셰는 교사생활의 경험을 살려 '공교육위원회' 위원의 한 사람으로서 교육제도를 충실하게 하기 위해 일한 것도 사실이다. 1793년 6월에 보고된 그의 교육론은 모든 종교에 반대하고 수도원에 의한 교육을 부정하는 견해를 기술하고 있다.

나폴레옹 아래에서

경찰청장을 역임한 푸셰는 보나파르트파의 쿠데타에 찬성했다. 그러나 푸셰 자신은 쿠데타가 실패하면 재빨리 입장을 바꿀 준비를 했다.

1799년 11월 9일 '브뤼메르(안개의 달) 18일' 쿠데타는 성공했다.

'푸셰는 방심할 수 없는 변절자'란 반대론도 있었지만 나폴레옹은 푸셰를 경찰청장에 유임하기로 결정한다. 혁명급진파나 왕당파 등 반대세력이 있는 가운데 사회의 안정을 얻기 위해서는 강력한 경찰의 힘이 필요하다고 생각했기 때문이다. 푸셰는 이 경찰력을 교묘하게 이용한다. 사설 스파이망을 펼쳤고 고등경찰이란 일종의 비밀경찰을 신설했다. 수완이 좋은 경찰 관료를 오른팔로 둔 푸셰의 지휘 아래 경찰청은 말 그대로 완벽하게 기능을 발휘했다.

그러나 반 푸셰의 세력도 있어 나폴레옹도 그 사이에서 우왕좌왕했다. 그리고 드디어 평화체제가 실현되었으므로 더 이상 경찰청은 필요 없다는 이유로 폐지되었고 자연스럽게 경찰청장이 해임되었다.

그럼에도 불구하고 푸셰는 여전히 나폴레옹을 위해 일했다. 이런 와중에 1804년 5월 18일 황제 나폴레옹 1세가 탄생한다. 황정의 실현은 부르봉가의 부활에 대한 희망을 끊는 것으로 왕당파에게는 큰 타격이었다. 왕당파가 지하에 숨어서 반격할 것이 예측되었다. 이런 상황에서 푸셰가 필요하게 되어 다시 경찰청장이 된다. 경찰청의 기능과 푸셰의 이름이 부활한 것이다.

나폴레옹시대가 끝나고 부르봉가의 왕정복고를 맞이한다. 왕정복고가 이루어진 후에 푸셰는 작센 국왕의 드레스덴 주재 공사로서 파리를 떠난다. 이른바 왕당파에 의해 파리에서 추방당한 것이었다. 1815년 9월이었다. 이후 그는 파리로 돌아오지 못했다.

푸셰에게 '국왕을 죽였다'는 낙인을 찍은 왕당파세력의 부활로 조셉 푸셰는 중앙의 정계에서 사라지게 되었다.

프랑스의 초등학교는 왜 설립되었나

민중을 위한 학교의 시작

지금은 대부분의 나라가 헌법에서 명시하고 있는 공교육에 관한 말과 글의 기원은 16세기 종교개혁의 지도자 루터의 주장이다. 그는 "학교는 신도, 신민으로서 신의 가르침을 배우는 장소이며 권력자와 부모가 자녀를 학교에 보내기를 게을리 하는 것은 규탄받아야 하는 죄이다"라고 주장했다. 이를 받아들여 교회 부속의 학교에서는 소교의문답서(小教義問答書, 성서를 어린이용으로 번역한 것)의 암송과 이해에 중점을 두었다. 이 때문에 교회 부속학교가 성직자 육성만이 아니라 민중의 종교교육에도 큰 역할을 하게 되었다.

이후 18세기 프랑스의 계몽사상가 디드로는 교육은 만인의 것이라고 주장하였고 읽고 쓰는 기술과 종교를 가르치는 장소로서 초등학교의 설치를 주창했다. 이렇게 해서 근대국가의 성립과정에서 국가는 학교교육을 중요시하게 되었지만 그 역할을 담당한 것은 여전히 교회였다.

국민을 만들기 위한 학교의 시작

프랑스혁명은 교회의 권위를 부정하고 지금까지의 교회에 의해 이루어진 착한 기독교도를 만드는 교육이 아니라 국가에 의한 국민을 만들기 위한 공교육을 제창했다.

1792년 입법의회의 위탁을 받아서 지롱드파의 콩도르세(Condorcet)는 교육의 무상, 교육의 기회균등, 교육의 남녀평등, 교육행정에서 국가권력 개입의 배제 등의 내용으로 이루어진 공교육 법안을 제출했다. 이중에서 학교교육의 기능을 지식의 전수, 즉 지식교육에 한정하여 공권력이 해야 하는 것은 교육 조건의 정비에 한한다고 했다. 이에 대해 자코뱅파의 생쥐스트(Saint-Just)는 지식교육보다도 도덕교육의 존중을 연설하고 5세부터 12세까지의 어린이를 전원 기숙사가 있는 초등학교에 넣어서 집단생활 속에서 체육, 도덕교육, 노동실습을 배우게 할 것을 주장했다.

그러나 실제로 이후의 프랑스의 공교육은 초등교육보다도 오히려 엘리트 양성의 '중앙학교'에 중점을 둔 교육으로 전개되었다. 그렇기 때문에 '단일공화국'을 만들기 위해 필수라고 생각되었던 프랑스어의 교육은 충분히 보급되었다고는 할 수 없다. 19세기에도 오크어나 프로방스어 등 특유의 언어를 일상적으로 사용하는 지역도 있었다.

7월왕정이 지속되던 1833년, 기조(Guizot) 수상은 각 마을 단위로 하나의 초등학교와 각 시 단위로 하나의 사범학교를 설치할 것을 정하는 법령을 냈으며 교회를 대신하여 국가에 의한 교육을 추진했다. 이후 1850년 팔루 백작이 사립학교를 허가하여 한동안 교회세력이 다시 초등학교로 진출했다.

1871년 파리코뮌의 교육위원회가 무상과 의무의 공교육을 실시하기로 정하면서 교육은 국가의 손에 들어왔다. 이때 노동자의 요구에 따른 직업학교 설치와 여자교육의 내실이 도모되었다.

이렇게 해서 1880년대의 제3공화정, 페리 문화교육부장관의 교육정책에 의해 프랑스혁명에서 제창된 국민교육의 이념은 일단 완성되었다.

페리는 무상과 의무, 세속화의 원칙을 들면서 공립학교에서 종교색을 없애고 교사에게는 자격을 지닐 것을 의무화했다. 그리고 공립초등학교의 교사들은 어린이들에게 먼저 프랑스어와 지리, 역사를 가르쳐서 '국가'에 대한 일체감과 '애국심'을 길러주고, 이과나 산수의 학습으로 과학적 세계관을 갖도록 했다. 또한 급식이나 소풍 등의 학교행사를 통해 공중위생이나 집단규율 등의 생활규범을 체득시켜 지금까지의 교회행사에 근거한 습관에서부터 탈피시키려고 했다.

영국은 산업혁명 무렵 석탄을 사용하였나

삼림파괴와 군사산업

영국에서 산업혁명 때 증기기관의 발명과 동시에 석탄을 사용하기 시작했다고는 말할 수 없다. 뉴커먼(Newcomen)이나 와트(Watt) 등이 활약하기 전부터 이미 상당량의 석탄이 사용되었다. 이런 사정은 삼림파괴의 문제와 깊은 관련이 있다.

영국은 원래 삼림이 풍부한 나라로 연료는 오로지 목재와 목탄을 사용했고 가옥도 목조가 일반적이었다. 그런데 16세기 중엽부터 점차로 삼림이 파괴되기 시작했고 목재도 유복한 가정이 아니면 손에 넣을 수 없게 되었다. 인구 증가에 따르는 농지 개간, 그리고 16세기에는 양털산업을 위한 목양지도 확대되어 삼림파괴의 한 요인이 되었다.

한편 헨리 8세시대 이후 철대포나 대포 또는 그 탄환의 재료가 되는 철의 중요도가 높아졌다. 철을 만들려면 대량의 연료가 필요했고 대개 장작이나 목탄을 사용하였기 때문에 삼림은 마구 채벌되었다. 하나의 용광로에서 만들어지는 철을 위해 매년 3평방킬로미터의 삼림이 파괴되었다는 기록도 있다. 게다가 화약의 원료인 초산칼륨을 1톤 정도 얻기 위해서 1,000톤이나 되는 삼림목재가 소비되었다고 한다. 삼림파괴의 원인에는 군사산업이 관련되어 있었던 것이다.

1666년의 런던 대화재를 계기로 영국에서는 목조가옥 금지령이 내려져 이후에는 벽돌이나 돌로 만든 집이 많아졌다. 목재 사용의 제한을 강하게 요구한 것은 역시 해군에 관한 군사산업, 조선업 관련자들이었다. 프랑스의 콜베르는 7배의 군함을 건조했는데 이에 대항하기 위해 영국에서도 방대한 양의 목재가 필요했다.

세계체제 속의 삼림과 석탄

삼림파괴는 다른 나라에서도 크든 작든 진행되어 각국은 목재, 목탄 이외에 연료로서 사용할 수 있는 것을 필사적으로 찾아야만 했다. 네덜란드에서는 한동안 피트라고 불리는 진흙 연탄이 목재와 목탄에 대신하는 연료로서 사용되어 17세기 전반의 암스테르담의 번영에 공헌했다. 한편 영국은 원래 노출 석탄이 많았고 고대부터 석탄은 '검고 타는 돌'로서 알려져왔지만 탈 때 나오는 연기와 유해물질 때문에 경원시되어 오랫동안 사용되지 않았다.

하지만 특히 17세기 후반 점차적으로 목재 사용에 대한 제한령이 내려지는 가운데 이 석탄의 가치를 다시 생각하게 된 것이다. 연료가 없으면 성립하지 못하는 산업이 많았고 석탄이 사용되는지의 여부가 이들 산업의 성쇠의 열쇠가 되었다.

예를 들면 제염업의 경우, 초기에는 경영자를 삼림 보유자로 한정시킬 정도로 연료가 많이 필요한 산업인데, 삼림이 파괴되면서 연료를 확보할 수 없게 되자 소금을 만들 수 없는 사태가 벌어졌다. 그런데 영국에서는 연료를 목재와 목탄에서 석탄으로 전환함으로써 생산량을 넘어서 수출산업으로까지 성장했다. 또한 유리장인들도 연료가 없으면 다른 숲으로 이동하는 사태가 벌어졌는데 영국에서는 이것도 석탄연료로 바뀌면서 베네치아나 보헤미아보다 탁월한 유리공업이 찰스 2세의 시대에 꽃을 피웠다.

다른 한편 수입맥주의 국산화를 도모했던 영국은 양조과정에서 필요한 열 연료로서 역시 석탄을 사용하였고, 더욱이 동양에서 차와 함께 도자기가 들어오자 여기서도 수입품의 대체화에 노력하여 많은 도자기가 염가의 석탄연료로 만들어졌다.

대서양 노예무역이 발전하고 소위 '세계체제'가 확립되어가는 과정에서 알코올류나 화기(철대포), 담배, 유리, 소금, 목면 등은 서아프리카에서 흑인노예와 교환하기 위해 그 중요도가 높아졌다. 이들 상품을 자국에서 공업화할 때 어떤 형태로든지 연료가 필요한 경우가 많았다. 영국은 특히 17세기 후반에서 18세기에 걸친 시기에 다른 나라에 앞서 염가의 석탄으로 연료를 전환하여 삼림파괴에 따르는 연료문제의 위기를 극복했다. 이런 일들은 산업혁명사에서 큰 의의를 지닌다.

연료 전환에서 산업혁명으로

여러 가지 산업의 연료로서 석탄이 사용되어 석탄의 수요가 확대되면서 노출석탄은 점차로 감소하고 땅 속 깊이 묻혀 있는 석탄을 채굴하게 되었다. 이미 석탄은 '검은 다이아몬드'로서 귀중한 가치를 지녔는데 문제는 석탄을 채굴할 때마다 솟구쳐오르는 지하수의 배수였다. 처음에는 인력이나 마력을 사용했지만 1710년에 뉴커먼은 증기펌프를 사용한 배수에 처음으로 성공했다.

연료를 석탄으로 전환하여 그 가치를 재평가한 점이 이 기술혁신의 배경에 있었다고 할 수 있다. 또한 와트는 증기기관에 회전운동을 응용했는데, 이후 생산과정에 직접 사용되는 열 연료로서만이 아니라 인력이나 마력, 수력을 대신하는 공장의 동력 연료로서도 석탄이 이용되어 그 수요는 배로 증가했다.

한편 증기기관의 피스톤 실링의 원료로서 철의 수요도 확대되었는데 철 생산에서만큼은 영국에서도 변함없이 삼림의 목탄을 연료로 사용했다. 석탄을 태울 때에 나오는 유황이 철을 약하게 만들어 석탄을 사용하기 힘들었기 때문이다. 여기서 등장한 사람들이 다비(Darby) 부자이다. 석탄을 코르크로 바꾸어 유황분을 제거하고 더 나아가서 용광로를 개량하여 강철을 생산할 수 있게 되자 석탄의 수요는 더욱더 비약적으로 확대되었다.

이윽고 철도의 보급이 일반화되자 양이 늘어난 제철업을 포함한 모든 분야에서 생산용 열 연료로서 석탄이 사용되었고, 목면공업을 포함한 모든 공장에서 동력 연료로서도 석탄이 사용되었으며, 수송용 동력 연료에도 석탄이 사용되었다. 모든 장소에서 석탄의 수요가 급증하였고 이렇게 해서 석탄의 확보가 세계경제를 움직이는 시대가 도래했다.

영국에서 흑인노예는 어떻게 취급되었나

왜 흑인노예가 영국에 있었나

대서양의 노예무역은 15세기에 시작되었다. 처음에는 포르투갈, 17세기에는 네덜란드, 그리고 18세기에는 영국이 지배했다. 영국의 최대 노예

무역항은 런던, 브리스틀을 거쳐 리버풀로 이동했다. 리버풀의 배후에는 맨체스터가 있었는데 여기서 만들어지는 면제품 등이 노예 구입의 대가로서 인기가 있었기 때문이다. 실제로 노예무역은 어느 정도 행해졌는가? 예를 들면 1797년의 경우 서양의 각 나라들이 취급한 노예 수는 74만 4천 명, 그중에서 3만 8천 명은 영국에서, 더 나아가서 이중 2만 8천 명이 리버풀에서 매매되었다.

당시 영국의 수도 런던에는 1만 5천 명 정도의 흑인이 있었다고 추정(입국시의 기록이 없기 때문에 숫자는 정확하지 않다)되고 여기서부터 전국으로 확대되었다고 전해진다. 흑인은 서인도제도나 미국에서 노예로 팔렸다. 흑인을 노예선의 선장 수당으로 전달되는 경우도 있었고 은퇴한 농장 경영자나 식민지에서 귀국한 공무원 등이 데리고 돌아온 경우도 있었다. 영국으로 온 경로는 여러 가지였다. 소수이지만 식민지에서 밀항선을 타거나 일하던 배에서 탈주하는 자도 있었다. 미국이 독립을 했을 때에 영국을 지지하면서 싸운 주인이 데리고 돌아온 경우도 있었다.

리버풀의 노예시장

노예무역항에서는 흑인 경매가 열렸다. 흑인과 코끼리의 모양이 리버풀을 상징하는 세관과 거래소, 시청을 장식했고 니그로 거리란 지명도 생겼다. 노예매매의 장소로서 유명한 곳은 세관의 계단이었는데 창고나 커피하우스에서도 행해졌다. 당시의 신문에는 광고가 많이 실려 있다. 예를 들면 "니그로의 소년, 아프리카에서 온 10세나 11세 정도, 튼튼하고 균형 잡힌 몸이며 영어를 약간 할 줄 알고 친절하며 건강하고 일을 잘하는, 훌륭한 검은 피부"라는 식이었다. 물론 매매장소, 시간, 파는 사람 등이 기재되어 있다.

이외에도 심부름을 할 수 있다, 드럼을 칠 수 있다, 잠수부의 경험이 있다, 말을 잘 돌본다, 천연두를 앓아서 병에 걸리지 않는다 등등의 여러 가지 선전문구가 남아 있다. 노예의 목걸이, 낙인용 작두, 고문할 때 엄지손가락을 누르는 도구, 밥을 먹기 위해 강제로 입을 벌리는 도구 등을 파는 가게가 즐비했다. 상인들이 취급한 노예들에게는 DD란 소인이 찍혔다. 뛰어난 상품이란 의미이다.

영국에서의 흑인노예의 생활

영국에 온 흑인은 남자가 많았다. 백인 여성인 하녀가 있었으므로 여성노예는 선호의 대상이 되지 못했다. 흑인노예를 가지는 것은 16세기부터 상류계급의 유행이었다. 가능한 한 검은 피부의 젊은이를 좋아하여, 예를 들면 '폼페이' 등의 고전적인 이름을 대대로 하인들에게 붙여 화려한 옷을 입히고 은장식이 붙은 목걸이를 개처럼 늘어뜨려 여기에 주인의 이름을 넣기도 했다. 가족의 초상화 등에 흑인을 넣는 것이 유행하여 18세기까지 계속되었다.

이런 애완동물과 같은 노예도 젊을 때는 좋지만 성인이 되면 다시 식민지로 팔리거나 본국에서 도제나 하인들에게 팔렸다. 백인 노동자들도 자신의 기록을 별로 남기지 못했던 시대였기 때문에 흑인의 기록은 더욱 적었고 유명한 주인의 전기 등에 조금 나오는 정도로 그 생활의 실태는 아직 잘 알려져 있지 않다. 매우 좋은 주인을 만났다거나 아주 뛰어난 재능이 없는 한 대다수의 흑인노예는 자유가 없는 생활을 강요당했을 것이다.

영국의 흑인노예는 어떻게 되었나

신문광고를 보면 1760년대 이전은 노예 판매광고가 많고 그 후는 도망간 노예를 찾는 광고가 중심이 되었다. "니그로가 웨그가에서 도망쳤다. 20세 정도로 딕이라고 하며 피부는 황색이고 곱슬머리, 신장은 5피트 5인치, 오른쪽 팔에 '토끼'란 낙인이 찍혀 있다. 찾아주는 자에게는 사례함"
이란 식이었다. 이는 노예시장이 감소하고 또한 도망 등에 의해 '자유'를
얻은 흑인이 적지 않게 존재했음을 보여준다. 이런 수색을 요청하는 광고
도 1780년대에는 없어지며 대신에 흑인의 구직광고가 증가한다.

　도망간 노예들에게는 아사, 노숙, 재노예화 등의 위험이 따랐다. 거지
가 된 자도 있었다. 그래도 백인의 슬럼가 등이 피신처가 되었으며 '검은
새, 까마귀의 집단'이라고 불리는 흑인촌이 있었다는 학설도 유력하다. 흑
인들은 고립된 것 같으면서도 결합돼 있었다. 서머셋이란 흑인이 있었다.
구걸을 하다가 투옥되었는데 300명의 흑인의 지원을 얻었다. 재판 끝에
자유의 몸이 되자 200명의 흑인이 선술집에 모였다고 한다. 노예무역 폐
지운동가인 클락슨의 강연에 50명의 흑인이 모였다는 기록도 아직 남아
있다.

　노예무역은 19세기에 폐지되었다. 영국의 흑인 대부분은 그대로 영국에
남았지만 상세한 내용은 잘 알려져 있지 않다.

아일랜드는 왜 내셔널리스트와
유니언이스트로 나뉘었나

아일랜드 의용군

　미국 독립전쟁을 지원한 프랑스가 영국을 향해 선전포고를 했을 때 영
국 본국의 요청으로 아일랜드 방위를 위한 의용군이 편성되었다. 이 의용

군은 영국계 프로테스탄트 주민에 의해 구성되었지만 자유무역, 자치의회와 함께 가톨릭의 해방을 요구했다. 그 이유는 아일랜드인은 평등하기 때문이라는 것이었다. 켈트인과 가톨릭의 앵글로 노르망디(올드 잉글리시)는 같은 종파로서 공민권을 빼앗겼고, 공직에서는 일할 수 없었으며, 상속권이 엄격히 제한되어 있었다.

영국은 식민지 지배를 위해 아일랜드 의회를 본국 의회에 종속시키고 산업과 무역을 엄격하게 제한해 아일랜드의 프로테스탄트 신자들도 영국에 대한 반감이 있었다. 1798년의 봉기는 처음으로 아일랜드의 독립을 주장한 움직임이었으며 이렇게 해서 현대의 아일랜드민족이 형성되었다.

내셔널리즘(분리주의)의 심화

1798년 봉기에서 패한 아일랜드는 1801년에 브리튼과 연합왕국을 형성하였는데 실질적으로는 병합이었다. 스코틀랜드와 잉글랜드의 연합(1707년)과는 달리 아일랜드는 총독이 지배하였고 연합할 때의 약속이었던 가톨릭의 전면 해방은 지켜지지 않았으며, 선거법의 개정도 브리튼보다 늦었다. 또한 동북부의 아마(돛, 그물, 망 등에 사용) 공업과 조선업 이외의 지역산업이 브리튼과의 경쟁으로 쇠퇴했다. 무엇보다도 1841년에 약 8백만 명이던 인구가 기아와 이민으로 1851년에 약 6백만 명으로 감소하였고 대기근(1846~1848년)은 아일랜드 분리주의를 한층 더 확산시켰다.

"아일랜드를 사랑하는 자는 모두 아일랜드인"이라고 노래를 부른 시인 데이비스 등이 시작한 청년아일랜드운동, 파넬(Parnell)의 자치(Home Rule)운동, 하이드(Hyde)의 게일어 복귀운동, 다빗의 토지전쟁 등 종파와 인종을 초월한 민족운동이 19세기 후반에 전개되어 20세기의 독립전쟁으로 계승되었다.

유니언이즘(연방주의)의 생성

한편 브리튼과의 연합은 많은 점에서 아일랜드에 영향을 주었다. 가톨릭 해방운동의 지도자 오코넬이 하원에서 자치를 요구했을 때 영국정부는 의료, 교육, 복지, 경제 등에서 개선된 점을 구체적인 숫자를 들어가면서 반론했다. 분명히 문맹률(단 영어의 문맹률, 아일랜드어와 아일랜드 사교육은 금지)은 선진국 수준으로 낮았고 산업혁명이 진행되고 있던 브리튼에서 직업을 구하는 것도 용이해졌다. 일상생활을 영국법 아래에서 영어로 생활하다보니 자신들을 아일랜드인이 아니라 브리튼인(또는 서브리튼인)이라고 의식하는 사람들도 나타났다. 이것이 아일랜드 연방주의이다.

켈트와 색슨
– 토머스 데이비스

우리들이 기도를 드리는
제단이 다른지 어떤지
선조들이 이 잔디밭을 밟았을 때와
차이가 있는지 없는지
운명도 이름도 우리들을 속박하고 있다
강철보다 강한 힘으로도
안전하지도 행복하지도 않다
다른 한쪽이 행복하지 않다면
(중략)
우리들은 색슨인이나 데인인을 증오한다
노르망디인을 증오한다
우리들은 피와 이익에 대한 그들의 탐욕스러움을 저주해왔다
그리고 지금도 저주하고 있다
하지만 조금 기다려라 아일랜드 태생의 사람들이여
너희들이 아일랜드에 성실하다면
우리들은 피도 신앙도 종족도 상관하지 않겠다
너희들을 저주할 이유는 아무것도 없다
가톨릭도 프로테스탄트도
켈트도 앵글로 색슨이나 노르망디인도
아일랜드를 사랑하는 자는 모두 아일랜드인이리라

특히 영국의 원조로 공업이 발전한 동북부에는 영국에서 온 프로테스탄트 이민이 많았고 가난한 농촌에서 가톨릭 노동자가 유입(벨파스트 인구의 가톨릭 비율은 1800년에 약 10퍼센트, 1861년에 약 34퍼센트로 이후에는 변화가 없다)되자 프로테스탄트 이민은 경기변동의 안전판으로 이용되었다. 즉 경영자들은 이에 항의하는 가톨릭 노동자들을 프로테스탄트 노동자로 대치시킨 것이다. 이것이 정치문제로 전용되어 1886년에 자유당의 글래드스턴이 자치법안을 제안했을 때 이에 반대하는 보수당의 처칠이 "오렌지(윌리엄 3세가 사용한 프로테스탄트의 호칭) 카드가 효과적"이라면서 벨파스트 문제에 뛰어들었다. '연방주의자가 곧 프로테스탄트'라는 관계가 정치적 반동의 요새가 된 것이다.

빈의 3월혁명 때
크로아티아군이 황제 측에 있었던 이유

합스부르크제국에 의한 다민족 지배

16세기 이후 유럽을 뒤덮는 형태로 거대화한 합스부르크제국은 광대한 지역에서 다민족을 지배하게 되었다. 이 때문에 제국은 교회정책(로마가톨릭화의 추진), 독일화, 초민족적인 황제이념의 철저화를 추진했다. 특히 종교와 언어가 체제 유지의 열쇠가 되었다.

1840년대에 헝가리 민족주의가 대두하여 공용어를 라틴어에서 마자르어로 바꿀 것을 요구했다. 헝가리는 합스부르크제국 내의 자치왕국이며 크로아티아는 헝가리왕국 내의 자치국이었으므로 기묘한 사태가 되었다. 헝가리인이 오스트리아에 요구한 것을, 헝가리인 자신들은 크로아티아인에게는 거부하여 크로아티아인의 분노를 산 것이다. 후에 헝가리혁명의 중심이 된 코슈트(Kossuth)는 "나는 지도상에서 크로아티아를 찾을 수가 없다. 크로아티아 민족주의 등을 나는 모른다"고 거리낌 없이 말했다.

3월혁명과 합스부르크

1848년 프랑스에서 2월혁명, 독일에서 3월혁명이 일어나서 빈(Wien) 체제는 분쇄되었다. 자유를 요구하는 움직임은 높아졌고 사회주의적 요구도 표면화되었다. 특히 민족적 요구가 전면에 나타나면서 이른바 '민족의 봄'이 찾아왔다.

이 폭풍이 합스부르크제국을 직격했다. 먼저 보헤미아가 움직이기 시작했다. 3월 11일, 프라하에서는 바츨라프위원회가 설립되어 슬라브 민족주의가 목소리를 높였다. 13일, 빈에서 시민이 봉기하여 메테르니히(Metternich)가 실각했다. 15일, 헝가리의 부다페스트에서는 시민과 농민이 집회를 열고 헝가리 의회에서는 코슈트가 "기초가 썩은 건물은 무너뜨려 없애야 한다"고 기염을 토해 합스부르크제국을 당혹하게 했다. 황제 페르디난트(Ferdinand)는 동요하여 양보를 거듭한 끝에 결국은 인스부르크로 도망가고 말았다.

민족의 반목과 제국체제의 재건

타오르는 혁명의 폭풍도 내부에 여러 가지 모순을 안고 있었다. 민족에 따라, 계급에 따라, 지역에 따라 요구도 싸우는 방법도 달랐기 때문에 당연한 결과였다. 체제 측은 그 틈을 이용했다. 보헤미아는 빈디슈그레츠(Windischgrätz) 장군이 급진파를 도발했고 프라하에 대포를 쏘아 혁명을

젤라치치 장군   메테르니히 재상

분쇄했다. 이탈리아에서는 라데키(Radecki) 장군이 밀라노를 점령했다. 회복운동이 시작된 것이다. 합스부르크 지배에 가장 강경하게 저항한 곳은 헝가리였다. 여기서 황제 측은 헝가리와 반목하는 크로아티아에 주목했다.

크로아티아에서는 3월 25일, 크로아티아, 슬로베니아, 다르마티아의 대표가 자그레브(Zagreb)에 결집하여 세 지역의 통일, 자치권, 남슬라브의 민족적 권리의 옹호, 자유주의적 개혁 등을 요구했다. 그리고 총독으로 젤라치치를 추천했다. 헝가리 왕이자 오스트리아 황제인 페르디난트는 이를 인정했지만 헝가리정부는 인정하지 않은 채 '3월법'을 제정해 크로아티아를 헝가리행정으로 합치고 말았다.

황제는 젤라치치에게 헝가리 소탕을 명했다. 젤라치치군은 부다페스트로 향했다. 크로아티아군과 헝가리군, 두 합스부르크군이 패라톤 호수를 끼고 대결하고 있었다. 양쪽은 나란히 빈을 향했다. 헝가리군은 빈의 혁명세력에게 환영받았지만 빈디슈그레츠군과 크로아티아군의 공격에 의해 패해 빈혁명은 좌절했다.

코슈트가 주도한 헝가리의회는 호국군을 조직하고 합스부르크가와 대결했다. 사기가 높은 헝가리군이 젤라치치군을 격퇴했을 때에는 헝가리의 혁명도 불타올랐지만 합스부르크의 새로운 황제인 프란츠 요셉의 요청으로 러시아군이 개입하자 항복할 수밖에 없게 되었고 혁명도 진압되었다. 코슈트는 터키로 망명했다.

혁명 제압에 성공한 합스부르크제국은 알렉산드르 바흐의 지휘 아래에서 전제주의를 부활시켜 중앙집권제를 강행했다. 그는 강경하게 저항한 헝가리인은 물론 충실한 세르비아인과 크로아티아인도 탄압했으며 크로아티아인은 1849년에 자치권도 빼앗기고 말았다. '반동의 10년' 사이에 크로아티아인은 헝가리와 오스트리아로부터 적대시되었다.

1866년 오스트리아가 프로이센에 패해 독일에서 추방당하자 합스부르크는 오스트리아 · 헝가리의 이중제국(아우구스라이히)을 성립시켰다. 이는 슬라브민족의 희생 위에 양 민족의 지배체제를 굳힌 것이다. 크로아티아는 다시 헝가리에 병합되었고 수난의 길은 계속되었다.

집시(롬)는 왜 차별을 받아왔나

우리들은 집시라는 단어를 들으면 슈만(Schumann)의 가곡 「유랑민」이나 메리메(Me'rimee) 원작의 「카르멘」처럼 마차에 냄비 등의 생활도구 일체를 싣고 자유롭게 각지를 방랑하는 집단을 상상한다. 그러나 유럽인들은 소수민족인 집시를 한편으로는 동경하면서도 '범죄자 집단'이나 '열등한 민족집단'으로 낙인을 찍어 박해해왔다. 그 최대의 박해는 제2차 세계대전 중에 나치 독일이 행한 단종(斷種)정책과 강제수용소 등에서 실시한 멸종계획이며 이 때문에 약 50만 명이 말살되었다.

그리고 지금도 집시를 '범죄자 집단'으로 보는 편견이 남아 있어 주민은 물론이고 행정기관까지도 합법적인 강제 퇴거란 형태로 박해를 계속하고 있다. 여기서 우리들은 그들이 어떤 사람들이며 유럽사회에서 어떤 존재였는지를 생각해볼 필요가 있다.

집시란 어떤 사람들인가

집시는 자신들을 인간을 의미하는 '롬'이나 '신티'로 부른다. '집시'란 명칭은 유럽인이 경멸감을 가지고 붙인 명칭으로 이집트인을 의미한다. 그들은 피부가 검고 머리카락이 곱슬곱슬하며 바다를 건너 동방에서 왔으므로 유럽인은 그들이 이집트에서 왔다고 착각하여 '집시'라고 부르게 되었다고 한다. 그러나 언어학이나 역사학, 민족학 연구에 의해 그들의 원래 고향은 이집트가 아니라 인도 북서부의 펀자브지방이라고 증명되었다. 늦게 잡아도 5세기에 펀자브지방을 떠나서 서쪽으로 이동을 시작한 것으로 보이며 현재도 서아시아의 각지에 그들의 거주지가 산재되어 있다.

차별과 박해의 역사

그들이 유럽에 모습을 나타낸 곳은 14세기 초의 그리스였다. 14세기 말에는 동유럽 각지에 소집단 단위로 정주하였고 대토지 소유자의 농노로서 일반 농민보다 낮은 신분으로 차별당했다. 그중에는 구두 장인이나 대장간, 금속가공업 등의 직업에 종사하는 자도 있었다.

집시란 단어를 유랑민으로 간주하는 곳은 서유럽뿐이다. 서유럽에서는 이들의 정주가 인정되지 않아 이동생활을 할 수밖에 없었기 때문이다. 그

원인은 그들이 피부가 검고 언어가 다르며 기독교로 개종하기를 거부하고 독립집단을 계속 유지한 데에 있다. 서유럽에서는 11세기의 십자군원정 시기부터 유대인 박해가 심해졌듯이 이질적 집단을 배제하려는 풍토가 강했다. 이 때문에 페스트를 유행시켰다고 소문이 나거나 오스만제국을 위해 기독교의 나라를 염탐한다고 의심받기도 했다.

게다가 중세로부터 근세 초기의 서유럽에서는 걸식이나 순례, 악사나 범죄자의 유랑이 교회질서를 위협하는 것으로 문제시되었다. 이 때문에 이동생활을 하는 집시는 범죄자와 동일시되었고 취조의 대상이 되었으며 '범죄자 집단'이란 낙인이 찍혔다. 15세기 후반에는 유럽 각지에서 법률에 의해 집시는 채찍으로 맞고 낙인이 찍혔으며 재산을 몰수당하고 국외로 추방당했다. 17세기에서 18세기에는 박해가 더욱더 가속화되었으며 1725년의 프로이센 국왕령에 의하면 18세 이상의 집시 남녀는 재판 없이도 처형할 수 있다고 하였다.

현재도 이들은 소수민족으로서 자신들의 롬문화와 언어를 존중하는 정규교육을 받지 못하기 때문에 안정된 직업에 종사할 수 없다. 이 때문에 임시고용직이나 관광객을 상대로 장사를 하여 하루하루 근근이 살아가는 사람도 적지 않다.

나이팅게일은 '백의의 천사'인가

'램프를 손에 든 귀부인'

플로렌스 나이팅게일이 간호사가 되고 싶다고 밝혔을 때 가족이 경악,

격노했다는 이야기는 잘 알려져 있다. 아버지는 영국의 최상류계급에 속하는 막대한 재산가였고 그녀는 노동이나 노동자계급하고는 인연이 없는 25세의 '귀부인(레이디)'이었다. 그러나 나이팅게일은 상류사회의 생활을 혐오하였고 강한 종교적 사명감을 가지고 있었기 때문에 자립을 방해하는 가족과의 갈등에 고민했다. 그녀는 거의 독학으로 간호와 병원의 관리, 운영에 대해 공부했다.

19세기 중엽 빅토리아왕조 아래 영국 국민의 대다수를 차지한 노동자계급의 비참한 생활실태는 엥겔스의 「영국의 노동자계급의 실태」 등에 자세히 나와 있다. 당시 중류계급 이상의 환자는 자택 요양을 하는 것이 상식이 될 정도로 병원은 슬럼과도 마찬가지였다. 깨끗한 물도 적절한 배수도 빛도 없이 가난한 환자들의 불결하고 초라한 수용소에 불과했다. 그리고 간호사 또한 무지하고 술을 과다하게 마시며 환자와 잠을 자는 부도덕한 자라는 선입견이 있어 사회에서 천시되는 존재였다.

1854년 크림(영어로는 크리미아) 전쟁에서 영국군 부상병의 참상이 『타임스』지에 보도된 데다 육군 장교가 요청하자 나이팅게일은 육군병원에 간호사를 두는 계획의 첫 실행 책임자가 된다. 그녀는 수녀를 중심으로 하는 34명의 간호사를 인솔하여 터키의 스쿠타리(현재의 위스퀴다르)로 갔다.

19세기 후반의 전투는 폭발형 포탄 등 무기 탄약의 비약적 진보에 의해 비참하게 격변했다. 스위스의 앙리 뒤낭이 적십자를 창설한 것도 이탈리아 통일과정에서 일어난 솔페리노의 전투(1859년)의 참상을 그가 직면했기 때문이다. 크림전선의 영국군 장교들은 노동자계급 출신의 병사를 '술주정뱅이인 바보멍청이' '인간쓰레기'라고 비하했으며, 부상당하면 치료를 받는 자신들과 동등한 인간으로 생각하지 않았다. 게다가 관료적인 군의 구조로 물자보급이 제대로 이루어지지 않고 비위생적이어서 영국군은 전염병, 배고픔과 추위 등 인위적 원인 때문에 대량의 사상자를 냈다.

나이팅게일은 위생설비나 식사의 개선, 게다가 군 제도의 개선을 요구했지만 현지의 군대는 정부가 보낸 젊은 여성의 요구나 비판을 들을 마음이 없었다. 그녀는 모든 수단을 동원해 매일 밤 본국의 지인들에게 편지를 써 보냈고, 군에 압력을 가해, 또한 개인적 재치와 자산을 동원해 침대와 화장실, 비누, 담요, 세면기, 포크, 영양가 있는 맛있는 식사 그리고 요리사까지 모든 것을 마술처럼 조달했다.

이렇게 해서 부상병의 사망률은 격감했고 그녀의 제안에 의해 독서실과 학교가 만들어지고 고향에 돈을 보내는 송금제도가 생겼다. 이로 인해 술에 절어 있던 병사들의 생활도 급변했다. 나이팅게일은 램프를 손에 들고 병동을 새벽까지 순회하여 병사들로부터 '램프를 손에 든 귀부인'이라고 불리며 사랑을 받았다.

사회개혁가 나이팅게일

그녀의 활약은 『타임스』지의 특파원 보고서나 병사의 편지, 귀환병 등에 의해 소개되어 영국은 나이팅게일을 국민적 영웅으로 떠받드는 열광적 붐에 휩싸였다. 인형, 접시, 흉상, 시, 노래, 그림, 거칠게 정리된 전기 등 '램프를 손에 든 귀부인'의 이미지로 장식된 감상적 상품이 팔렸고 여자아이뿐만 아니라 경주마나 구명보트에도 당시에는 희귀한 이름이었던 '플로렌스'란 이름이 붙여졌다. 당시 플로렌스 나이팅게일은 34살로서, 살아 있으면서 전설적인 인물이 되었다.

그러나 그녀의 진정한 실적은 크림전쟁 후 약 40년에 걸쳐서 조사된 통계자료를 능숙하게 분석한 데 있다. 육군의 위생 관리체계의 개혁, 간호사 양성교육, 미합중국의 남북전쟁에 대한 조언, 인도의 공중위생 문제와 간호법, 병원의 건설과 관리 연구, 구빈원의 개혁 등을 분석하였다.

관료제의 강한 저항에 대해서는 강인한 의지와 인내력, 유력한 인맥에

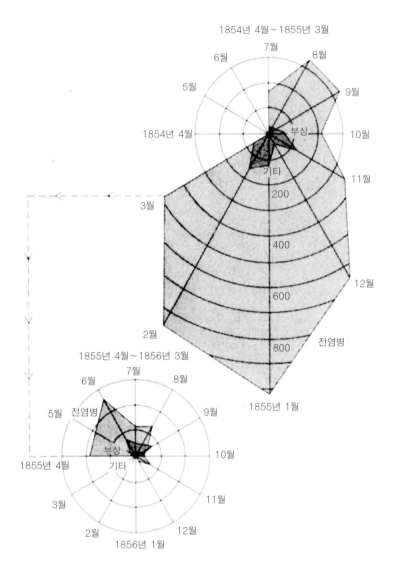

나이팅게일이 작성한 크림전쟁기의 사망률 통계.
'닭의 볏 그림'이라고 불리는 이 조사그래프의 양식을 최초로 고안해낸 사람은 나이팅게일이다.
전염병에 의한 사망률의 감소를 명확히 알 수 있다.

의한 정치력을 무기로, 사령관처럼 남자들을 지도하고 대항했다. 그녀가
장교나 귀족들과 같은 상류계급에 속했기 때문에 그들에게는 더욱 설득력
이 있었을 것이다.

나이팅게일은 계급사회의 통념을 넘어서 사회문제를 과학적으로 인식
해 병사나 가난한 사람들을 인간으로 대접하고 행동한 사회개혁가였다.
인내력이 강하고 완고한 그 성격은 적에게는 악마로도 생각되었을 것이다.
그녀는 '백의의 천사'라고 불렸지만 실제 그녀가 입었던 옷은 백의가 아니
었다. '친절하고 헌신적이며 봉사하고 순종하는 간호사'라는 그녀의 젠더
적 이미지는 실상과 다르며, 또한 순종은 자립적인 전문직 간호사의 양성
을 목표로 한 그녀의 사상과도 대립하는 것이다.

다윈의 진화론을
영국은 어떻게 받아들였는가

'다윈혁명'

다윈(Darwin)이 1859년에 발표한 『종의 기원』은 '다윈혁명'이라고 부
를 정도로 큰 충격을 주었다. 이는 19세기 후반의 사회사상이나 사회이념
을 근본적으로 흔드는 것이었다. 당시 영국의 경제력은 세계에서 가장 강
력한 것으로 영국은 세계에 그 영화를 자랑한 빅토리아왕조의 '제국주의
시대'를 맞이했다.

다윈의 진화론을 인간사회에 적용한 사람은 영국의 철학자 스펜서

(Spencer)였다. 그는 자유경쟁은 사회의 진보를 위해서 불가피하며 '최적자의 생존'이란 단어를 사용하여 약자는 도태된다는 것을 주창했다. 이런 사상을 '사회진화론' 또는 '사회다윈이즘'이라고 부른다.

스펜서는 자유경쟁이 사회의 진보이며, 사회는 필연적으로 진보한다는 '사회진화론'을 전개했는데 다윈 자신도 '사회진화론'과 연관되는 견해를 가지고 있었다.

영국의 저명한 과학사가인 보울러는 원숭이가 인간이 되는 과정에서 유색인종은 백인보다 뒤처졌으며 유럽인이 세계를 정복한 것은 다른 인종보다 지적으로 뛰어나기 때문이라고 생각하는 다윈의 역사의식을 문제시하고 있다. 다윈은 만년에 "전 세계에서 매우 많은 열등한 인종이 보다 고도로 문명화된 인종에 의해 배제되어갈 것이다"라고 서술했다.

제국주의의 이데올로기

스펜서보다도 각 민족 사이의 투쟁을 중요시한 '사회진화론'을 전개한 이가 벤자민 키드와 칼 피어슨이었다. 그들은 '열등인종'을 '문명화'하기 위해 우수한 민족이 열등한 민족을 정복하는 것을 정당화했다.

벤자민 키드(B.Kidd)는 1894년에 발표한 『사회발전론』으로 일약 유명해졌다. 키드는 다른 국가와의 경쟁, 인종과의 경쟁에서 영국은 승리할 것이라고 서술하여 앵글로색슨민족이 "북미대륙, 오스트리아 평원, 뉴질랜드, 남아프리카의 각지에서 정력적이며 강건한 민족을 대표하며 최종적으로는 모든 것을 점유한다"고 자민족의 우수성을 주장했다.

칼 피어슨(K.Pearson)은 사회주의자라고 자칭했는데 1900년의 연설에서 "국가의 대외적 실력은 경쟁에 의해 유지된다. 그 경쟁이란 주로 열등민족을 상대로 하는 경우에는 전쟁"이라고 호소했다. 이것은 전쟁에 의한 식민지 지배를 정당화하는 제국주의 이데올로기 그 자체였다.

더 나아가서 피어슨은 다윈의 사촌인 골턴(Galton)과 알게 되어 골턴의 '우생학'을 받아들였다. 골턴은 '우생학'을 새로운 종교처럼 떠받들어 국민적 도의심까지 높여야 한다고 하면서 우수한 혈통에 의한 민족의 지배를 주장했다. 피어슨이 연설한 1900년은 제2차 보어전쟁(남아프리카전쟁, 1899~1902년)의 와중이었다. 이 전쟁은 보어인의 저항에 의해 길어졌는데 영국 국민은 열광적으로 전쟁을 지지했다. 이 전쟁에서 피어슨의 '사회진화론'이 수행한 역할은 컸다. 영국제국은 야만적인 '열등국민'을 지배할 수 있으며, 이것이야말로 '진화'라고 주장했기 때문이다.

노벨평화상이 오슬로에서 시상되는 이유

누구나 알고 있는 바처럼 노벨상은 스웨덴의 수도 스톡홀름에서 수여된다(문학, 물리학, 화학, 의학, 경제학상도 스톡홀름에서 수여되지만 이는 중앙은행 창설 500주년을 계기로 노벨 '기념상'으로서 설치된 것으로 노벨과는 아무런 관련이 없다). 그러나 김대중 전 대통령이 수상한 바 있는 노벨평화상만은 노르웨이의 수도 오슬로에서 수여된다. 그 이유는 무엇인지 질문을 자주 받는다.

평화상의 배경

실은 그 명확한 근거나 이유는 아직 잘 알려져 있지 않다. 노벨의 유서에도 그 이유는 써 있지 않다. 단지 노벨이 특히 노르웨이의 애국적인 대작가 뵈른슨(Bjrnson, 1903년 문학상)을 '이상주의적 작가'로서 편지에 인용한 것이 이전부터 주목되어왔다(노벨은 많은 편지를 남겼으며 노벨 연구에서 편지 분석은 필수적이다).

그러나 보다 직접적으로는 다음과 같은 사정을 들 수 있다. 즉 노르웨이는 1814년 이후 스웨덴과 연합국가의 관계에 있었지만 19세기 민족주의의 고양을 배경으로 독립하자는 여론이 높아졌다.

한편 스웨덴은 이를 인정하지 않았고 교섭은 난항을 거듭한 끝에 국경 지대에 병력이 집중되고 스웨덴 함대가 파견되는 등 위기일발의 사태로까지 치달았다.

그러나 일촉즉발 직전에 스웨덴이 양보하여 노르웨이의 독립을 인정함으로써 형제국간의 전쟁은 피할 수 있었다(1905년). 이로 인해 죽음을 눈앞에 둔 국제주의자이며 평화주의자였던 노벨의 근심은 매우 컸다. 이것이 이유라고 한다.

평화운동가 주트너와 노벨의 관계

또한 평화상의 구상은 노벨과 친분을 맺었던 오스트리아의 여성작가이며 평화운동가 주트너(Suttner) 자신이 시안한 것이라고 노벨의 사후에 주장했는데 노벨재단은 그 사실을 부정했다. 두 사람이 공통의 목표를 가지고 있다고 해도 의견이 반드시 일치하지는 않았다는 것이 편지 연구에서도 밝혀졌다.

게다가 스웨덴 국왕인 오스칼 2세는 노벨이 과격한 여성 평화운동가인 그녀에게 이용당하고 있다고 생각했다. 사실상 제1회의 평화상은 주트너로 예상되었으나 그녀가 1905년까지 수상하지 못한 것은 국왕이 반대를 했기 때문이라고 한다. 실제로 국왕은 당시 노벨의 유언을 변경(평화상의 삭제)할 것까지도 생각했다. 그리고 아이러니컬하게도 평화운동가인 주트너가 사망한 지 1주일 후에 제1차 세계대전이 일어났다.

평화상의 이상과 현실

노벨상은 세계적 규모의 상으로 많은 문제를 일으켜왔다. 이는 '수여한 실수'와 '수여하지 않은 실수'에 대한 것이다. 특히 문학상과 평화상에는 비판이 끊이지 않는다.

평화상의 경우 국제적십자(3회 수상)나 슈바이처, 마더 테레사와 같은 인도적 기준의 경우에는 반대나 비판이 거의 없다. 그렇지만 국제정치적 기준의 경우에는 반드시 비판이나 비난이 있으며 선고위원(국회의 임명으로 5명, 독립기관) 사이에도 격한 토론이나 대립, 때로는 사임소동까지 일어났다(예를 들면 소련이나 이스라엘, 아랍 관계 등으로). 이는 노벨상 자체가 스웨덴, 노르웨이의 대립정책적 외교의 일환으로 자리매김되어온 사실로부터 오는 피할 수 없는 문제이다.

「마지막 수업」 후
알자스로렌은 어떻게 되었나

도데의 『마지막 수업』은 어떤 이야기인가

알자스로렌(Alsace-Lorraine)이라고 하면 교과서에 실린 알퐁스 도데(Alphonse Daudet)의 『마지막 수업』을 떠올리는 사람이 많다. 보불전쟁(1870~1871년)에서 프랑스가 패배한 결과, 독일에 할양된 알자스를 무대로 마지막 프랑스어 수업시간의 모습을 그린 이야기이다. 프랑스어 교사인 아멜은 "프랑스어는 세계에서 제일 아름다운 언어로 나라를 빼앗겨도 이 나라의 언어를 잊어버리지 않고 지키면 감옥의 열쇠를 가지고 있는 것이다"라고 학생들과 참관한 마을 사람들에게 이야기한다. '국어'를 배우는 일의 중요성을 이야기한 작품으로 알려져 있다.

이 작품을 읽으면 알자스 사람들은 프랑스인이며 그들은 보불전쟁의 결과 독일에 병합되어 독일어 사용과 독일문화를 강요당했다고 생각하기 쉽다.

정말 그러한가? 이 의문을 푸는 열쇠는 알자스의 역사에 있다.

독일문화와 프랑스문화

알자스의 땅은 원래 켈트인의 것이었는데 기원전 1세기, 카이사르에 의해 로마제국의 지배 아래 편입되었다. 그 후 4세기 말이 되면서 게르만민족인 알레만인과 프랑크인이 계속해서 침입하여 정착했다. 7세기가 되어 최초의 정치적 공동체인 '알자스공국'이 성립하였고 나중에 프랑크왕국의 지배를 받았다.

중세 동안 북부는 스트라스부르 사제령, 남부는 신성로마제국령이 되었다. 스트라스부르는 신성로마제국령 내의 다른 도시와 달리 자치권을 인정받았으며 일종의 도시공화국 체제를 형성하고 있었다.

16세기에는 많은 인문주의자들의 활동과 인쇄업의 발전에 의해 알자스어는 문어체로서 정착하였고 더 나아가서는 루터가 번역한 성서의 독일어판의 보급에 의해 표준독일어도 일반적으로 쓰이게 되었다. 즉 알자스는 독일어 문화권 안에 있었던 것이다.

한편 도시에서는 중세 내내 프랑스와 무역을 했기 때문에 프랑스어도 재판정이나 도매시장 등에서 사용되었고, 30년전쟁(1618~1648년)의 결과 알자스는 프랑스령이 되었다. 프랑스정부도 동화정책을 추진했다. 이렇게 해서 알자스의 도시에는 프랑스어와 프랑스문화가 서서히 정착했다.

프랑스혁명기에는 혁명의 파급을 두려워한 러시아와 오스트리아 등 군주국의 침입에 대항하여 '자유, 평등, 박애'의 정신에 기초를 둔 프랑스에 대한 애국심이 알자스에서 고취되었다. 의용군은 다른 지방에 비해 많았고 현재의 프랑스국가인 '라마르세예즈'도 알자스의 주도(州都)인 스트라스부르에서 생긴 것이다.

그러나 언어에 관해서는 19세기 중엽까지 독일어와 알자스어(독일어의 방언)가 일반적으로 사용되었고 프랑스어는 도시 시민의 언어에 불과했다.

보불전쟁 후의 알자스

1871년 보르도에서 알자스로렌 출신 의원이 "프랑스인으로서 독일에 할양되는 것을 반대한다"란 취지의 선언을 발표했다. 이후 프랑스 국내에서는 독일에 대한 복수의 기운이 높아졌고 작가들은 패배한 조국의 고통이나 잃어버린 영토의 탈환 등에 대해 호소하는 것을 책임으로 생각해 '설욕의 문학'이 유행했다. 그런 풍조 속에서 도데는 「마지막 수업」 등이 실려 있는 『월요일 이야기』를 저술했다.

프랑스 국내에서 독일에 대한 복수의 기운이 높아지는 한편, 당시의 알자스에서는 '독일 국민화'가 진행되었는데 알자스어나 알자스인은 차별당하고 나중에 알자스어의 사용도 금지되었다. 이런 움직임 속에서 1890년 이후 알자스어와 알자스문화의 복권, 알자스의 자치가 주장되어 활발한 운동이 전개되었다.

영국인은 식민지 지배를 어떻게 정당화했나

문명화의 사명

영국제국은 17세기 이후 먼저 북미를 영토로 하는 식민지제국을 형성하고(제1단계), 이어서 미합중국이 독립한 18세기 후반부터는 인도를 중심으로 아시아에서 식민지를 확대했으며(제2단계), 19세기 후반부터는 아프리카 등지에서 더욱더 식민지의 영역을 넓혀갔다(제3단계). 제1단계에서는 영국에서 북미로 건너간 이민에 의한 식민지가 지배 대상이 되었기 때문에 지배를 정당화할 필요는 별로 없었지만 제2단계 이후에는 지배받는 지역에 사는 사람들이 영국인과는 민족적·인종적으로 달라 지배를 정당화하기 위한 논리가 필요했다. 그런 목적을 위해 제2단계에서 생겨나 제3단계에서 정착한 논리가 '문명화의 사명'이었다.

이 논리에 의하면 지배하는 측인 영국인은 문명이 고도로 발달한 이른바 인류 중에서 어른인 데 비해 지배당하는 측의 식민지 사람들은 영국인과 비교하여 훨씬 문명의 발달 정도가 낮은 어린이라고 할 수 있다. 성숙하고 우수한 인간이 유치하고 열등한 인간에 대해 지배력을 발휘하는 것은 당연하며 식민지 지배를 함으로써 영국은 진보가 늦은 인간들을 '문명화'하는 적극적 역할을 하고 있다고 주장했다.

영국의 대표적인 제국주의자의 한 사람이었던 알프레드 밀너는 "백인이 지배해야 하는 이유는 백인이 흑인보다 몇 단계나 높은 곳에 있기 때문"이라고 서술하고 있다. 이런 생각은 영국의 민중 사이에도 확대되어 식민지 지배를 지지하는 사람들의 의식(제국의식)의 중심이 되었다.

신탁통치

영국의 식민지 지배는 제1차 세계대전에 의해서 흔들리기 시작했다. 특히 인도에서는 민족운동이 고양되었고 영국은 인도인의 정치참여의 범위를 확대하는 등의 양보를 해야만 했다. 그러나 그 반면에 전후 국제연맹에서 만들어진 위임통치의 체제(패전국 독일이나 오스만제국의 구 영토의 통치를 국제연맹이 영국 등 몇 개국에 위임한 제도)에 의해 전승국 영국의 지배영역은 최대 규모가 되었다.

'문명'의 날개를 단 기사가 용(중국)을 퇴치한다는 의화단사건 진압시의 그림. (『펀치』1900년 7월호)

이러한 상황에서 식민지 지배를 정당화하는 논리로서 강조되기 시작한 것이 '신탁통치'이다. 이는 '문명화의 사명'론의 연장선상에 위치하는 주장으로 지배받는 지역의 사람들이 스스로 통치할 능력을 지닐 때까지 그들을 이끌어나갈 책임을 지배하는 나라 측이 '신탁'받는다는 생각이다. 영국은 이런 논리로서 식민지 사람들의 정치적 권리를 단계적으로 확대해 가는 과정을 상정했지만 실제로는 식민지 주민의 권리는 확대되지 않았다.

제2차 세계대전 후 인도와 파키스탄의 분리독립(1947년)을 계기로 식민지의 독립(탈식민지화)이 실현되었다. 영국 측이 앞서서 독립을 인정하지는 않았지만 탈식민지화의 과정이 진행되자 '신탁통치'의 논리로 이를 설명하려고 시도했다. 아프리카의 많은 나라들이 독립한 1960년대 당시에 수상이었던 맥밀런(Macmillan)도 "영국인은 자신들이 영원히 지배할 권리를 가지고 있다고는 생각하지 않았다. 자신들이 몇 세기나 걸쳐서 획득해온 이점을 다른 민족에게 확대하는 것이 오히려 영국인의 의무였다"고 서술했다. 영국인은 식민지 지배를 정당화한 논리로 탈식민지화에 임하는 자국의 자세를 정당화하려고 했다.

집 나간 노라는 어떻게 되었나

희곡『인형의 집』

지금도 전 세계에서 상연되는 이 유명한 희곡은 1879년 노르웨이의 작가인 입센(Ibsen)의 작품이다. 먼저 줄거리를 보자.

노라는 성공한 변호사의 아내로서 사랑 받으며 살고 있다. 어느 날 이 행복을 위협할 만한 일이 벌어진다. 일찍이 노라는 남편의 병을 치료하기 위해 비밀리에 돈을 빌렸는데 보증인으로 사망한 자기 아버지의 이름을 쓴다. 이 사소한 문서위조를 계기로 협박당한 노라는 불안에 떨게 된다. 걱정대로 남편은 이를 알게 되자 노라를 추궁하면서 자신의 명예가 손상될 것이라고 화를 낸다.

이윽고 모든 것이 해결되어 남편은 지금까지의 생활을 계속하려고 한다. 그러나 남편이 사랑한 것은 순종적이고 인형처럼 귀여운 자신이며 주체적으로 행동하는 자신은 아니었다는 것을 깨달은 노라는 한 사람의 인간으로서 살아가는 길을 선택하여 결연히 집을 나간다.

'집 나간 노라'를 둘러싼 각국의 반향

입센은 노르웨이의 페미니스트 작가 콜레트(Colette)와의 교류, 영국의 밀레의 영향, 소속단체의 사리에 맞지 않는 여성차별에 대한 분노에서 『인형의 집』을 썼다고 한다. 작품은 발표와 동시에 커다란 반향을 불러일으켰고 연극이 상연되자 사회문제로까지 발전했다.

옆 나라인 스웨덴에서는 출판으로 호응하여 『입센과 결혼』이란 책을 냈고 영국에서는 버나드 쇼(B. Show)가 아이러니와 풍자가 있는 작품이라고 극찬했다. 한편 이 연극의 초연을 보고 돌아가는 길에 남편들은 아내의 입에서 노라와 같은 대사가 나오지 않을지 안절부절 못하며 아내를 곁눈으로 보았다는 일화가 신문에 실려 있다. 중국에서도 루쉰(魯迅)이 「집 나간 노라는 어떻게 되었는가」란 평론을 써서 1920년대의 중국여성해방론에 커다란 문제를 제기했다.

북유럽의 여성운동

북유럽의 여성해방운동은 영국 등과 마찬가지로 19세기 후반부터 시작되었다. 토지는 메마르고 자연환경이 혹독해 전체가 가난한 북유럽에서 여성의 처지는 한층 더 가혹한 것이었다. 여성에게 결혼, 이혼의 자유가 없었고 인격이 인정되지 않았던 점에서는 유럽의 다른 나라들도 마찬가지였다. 그 위에 북유럽의 각국을 특징짓는 것은 빈곤이다. 산업혁명에 의해 농업사회에서 급격하게 공업화로 이행되었는데 이 과정에서 나타난 모순은 여성에게 집중됐다. 노르웨이에서 여성의 임금은 노예 수준이라고 일컬어졌고 직업이 없는 여성들로 넘쳤다.

북유럽의 여성운동은 이런 가운데 시작되어 큰 소용돌이를 일으키면서 발전했다. 입센의 친구이기도 한 콜레트는 격렬한 언사로 여성의 사회진출을 호소하였고, 스웨덴에서는 작가 프레드리카 브레멜이 불평등을 고발

하였으며 그녀의 이름을 딴 조직이 만들어졌다. 핀란드에서도 운동조직의
조합이 만들어졌다. 운동은 서서히 성과를 거두어 보육원의 설립을 포함
하여 여성의 사회진출이나 기혼여성의 재산관리권을 인정하는 법률이 실
시되었다. 참정권도 유럽의 다른 나라들에 앞서서 실현되었다(핀란드에서
1906년, 노르웨이에서는 1913년).

여성해방의 선진지역

북유럽의 여성운동의 두 번째 절정기는 1930년대였다. 출생률이 저하
하여 인구가 격감하였고, 가족에 대한 복지정책이 늘어난 것이 그 배경이
되었다. 제2차 세계대전 후 인구부족 현상이 계속되었기 때문에 여성노동
의 중요성은 한층 더 커졌고, 사회민주주의정권 아래서 정부에 의해 여성
의 적극적인 사회진출이 이루어졌다.

또한 여성운동도 활발해져 여성의 권리가 크게 확대되었다. 1960년대
에는 남녀역할 분업에 관한 논쟁이 일어났고 '폭발의 1960년대'라고 불릴
정도로 운동이 성행했으며 1970년대에는 세계적인 '우먼리브(women's
lib, 제2의 물결 페미니즘운동)'와 호응하여 여성해방은 크게 발전했다.

현재 북유럽은 남녀평등화의 모델이 된 느낌조차 있다. 임금격차는 축
소되었고 성별 역할분업은 부정되며 육아휴가도 남녀가 평등하게 받는다.
미혼모자에 대한 차별도 소멸했다. 노라의 나라인 노르웨이에서는 쿼터제
(여성 등 마이너리티의 권리를 보호하기 위해 직장, 의회 등에 일정한 수를 확보할
것을 의무로 하는 제도)가 실현되었다. 그리고 정당과 의회에서도 남녀 어느
한쪽의 비율이 40퍼센트 이하여서는 안 되어 의원 후보자 명단도 남녀 교
대로 되어 있다.

제국주의와
두 대전

핀란드에 토고 맥주가 있는 이유

두말할 나위도 없이 토고 맥주는 러일전쟁이 벌어졌던 동해해전에서 러시아 함대를 격침한 토고(東郷) 원수의 이름을 딴 핀란드의 수출 맥주이다. 당연히 일본이 주된 시장으로 일본 어디에서나 볼 수 있는 맥주이다. 일본의 다른 맥주와 다를 게 없지만 토고 헤이하치로(東郷平八郎) 제독의 라벨이 붙어 있어 신기한 물건으로 취급되고 있다. 정식 이름은 '애드미럴(제독) 맥주'로, 유명한 트라팔가르의 해전에서 프랑스와 스페인의 연합 함대를 격파한(1805년) 영국의 넬슨 제독 맥주도 생산되고 있다. 그러나 넬슨은 핀란드와 별 상관이 없지만 토고는 관련이 있다.

러시아와 스웨덴의 사이에서

핀란드는 아주 옛날 동아시아로부터 서진하여 발트해에 이르러 정주한 민족의 후손들로 서구 역사의 여명기에 스웨덴의 지배를 받으며 기독교를 받아들였고, 연이어 동방그리스정교를 대표하는 러시아의 서진으로 스웨덴, 러시아 사이에서 고난의 역사를 겪어온 나라다. 이 때문에 북방대전쟁(1700~1721년)이나 크림전쟁(1853~1856년) 또는 페테르부르크 건설 등으로 많은 핀란드인들이 피를 흘려왔다. 결국 발트해의 패권전쟁에서 패한 스웨덴이 핀란드를 러시아에 양도하면서 핀란드는 제정러시아의 대공국이 되었다.

독립과 러일전쟁

알렉산드르 2세처럼 핀란드에 자치권을 주어 선정을 베푼 황제도 있었지만 19세기 중엽부터 러시아의 압력은 가중되었다. 이때 민족서사시인 「카레와라」가 간행되어 "우리들은 러시아인이 아니다. 스웨덴인도 아니다. 핀란드인이다"란 국민적 자각을 높였고 더 나아가서는 독립전쟁으로 확대되었다. 대작곡가 시벨리우스의 「핀란디아」가 한층 이를 고무시켰다. 핀란드 국민은 자치권의 증대를 진정하는 탄원서를 황제에게 제출했지만 거부당했다.

토고 맥주

당시 러시아는 제정 말기로 사회불안과 동요의 시기였다. 이때 '러일전쟁'(1904~1905년)이 일어났다. 러시아가 패배하자 핀란드는 혁명 전야의 혼란기에 돌입했다. 그 결과 1917년의 10월혁명을 계기로 핀란드는 독립을 선언하고 내전의 시련을 극복한 다음 신생공화국으로 발족했다. 스웨덴 지배의 600년, 러시아 지배의 100년을 거친 독립이었다.

맥주의 배후에 역사가 있다

핀란드는 러일전쟁에서의 러시아의 패전이 제정러시아의 붕괴를 재촉하고 혁명을 초래함으로써 핀란드의 독립을 도왔다고 이해했다. 그 러일전쟁에서 일본을 승리로 이끈 사람이 토고 원수이다. 러일전쟁에서의 일본의 승리를, 특히 러시아의 침략과 압정 아래 있던 핀란드와 터키 국민은 자국의 승리처럼 기뻐했다. 러일전쟁은 세계사적 의미와 영향력을 세계에 부여했다(당시 아시아의 정세를 보면 러일전쟁에서 승리한 일본은 식민지를 넓혀

나감으로써 조선과 중국의 일부를 식민지화했다. 그 반면 러일전쟁으로 핀란드는 독립의 계기를 맞이했으니 역사의 아이러니라고 하지 않을 수 없다. — 옮긴이).

핀란드에서는 이 독립시대에 대한 향수로 그 상징적 표현인 토고 맥주(기발한 상업적 아이디어이기도 하지만)를 만들었고, 터키(남하하는 러시아와 11회나 피를 흘리는 전쟁을 반복했다)에서는 이때 태어난 남자아이에게 노기(乃木, 뤼순을 침략한 장군), 토고의 이름을 붙이기도 했다. 토고 맥주의 배후에는 핀란드의 근대사가 녹아 있는 것이다(최근 네덜란드 자본이 이 상표를 샀다).

에스페란토가 만들어진 이유

사라진 폴란드어

에스페란토의 창시자 자멘호프(L. Zamenhof)는 1859년 12월에 당시의 러시아령인 폴란드의 비알리스토크에서 태어났다.

18세기 후반에 러시아, 프로이센, 오스트리아의 세 나라에 의해 분할된 폴란드는 그 후 오랫동안 독립과 해방을 요구하는 투쟁을 반복하였다.

1863년 1월 러시아에 대항하는 파르티잔 부대가 각지에서 봉기했다. 러시아는 40만의 부대를 폴란드로 보내 이를 진압했다. 이 1월봉기 후 러시아령 폴란드에서는 철저한 러시아화정책이 진행되었다. 폴란드왕국은 '비스와지방'으로 불렸고 폴란드란 이름은 국명에서 사라졌다. 공용어로서의 폴란드어 사용도 금지되었고 관청이나 재판정에서는 러시아어가 사용되었다. 학교에서는 의무적으로 러시아어 수업을 받아야 했다. 바르샤바대학에서도 폴란드인 교수는 모두 추방되어 러시아의 한 대학이 되고 말았다.

한편 19세기 후반 러시아령 폴란드에서는 우치를 중심으로 섬유공업 분야에서 산업혁명이 일어나 자본주의가 급속히 발전했다. 1870년에는 모스크바와 바르샤바가 철도로 이어졌다. 바르샤바의 동북쪽에 있는 비알리스토크에도 철도가 개통되어 섬유공업의 중심지로서 발전했다. 당시의 유럽은 자본주의의 발전에 따라 1848년『공산당선언』이 나와 노동자의 국제적인 단결을 호소하는 새로운 시대를 맞이했다.

국제 공통어의 탄생

비알리스토크 마을에는 유대인이 많았다. 자멘호프의 아버지도 유대인으로 어학과 세계지리 교사였다. 이 마을에서는 유대인이 사용하는 이디시어와 폴란드어, 러시아어, 독일어 등 각각 다른 언어가 사용되었다. 자멘호프도 14살 때 바르샤바 고전학교에서 그리스어와 라틴어를 배웠다.

그는 러시아정부가 러시아어를 강요하자 어떤 민족이나 자유롭게 이야기할 수 있는 언어가 있으면 민족의 대립도 없어질 것이라고 생각했다. 많은 종류의 단어와 문법을 조사하여 1878년 중학교 8학년 19세 때에 인공의 공통어를 만드는 데 성공했다. 그러나 이는 아직 국제 공통어로서 발표할 수 있는 단계는 아니었다.

그 후 자멘호프는 모스크바대학 의학부에 입학했고 나중에 바르샤바대학으로 전학하여 졸업한 뒤 의사 자격을 취득하고 내과의로서 개업을 했다. 그리고 다시 안과를 공부하여 안과의가 되었다.

국제 공통어의 최초의 팜플렛인『제1서』가 러시아어로 출판된 것은 1887년이다. 이때 자멘호프는 에스페란토 박사란 필명을 이용했다. '희망하는 자'란 의미이다. 이 이름은 이윽고 국제 공통어 그 자체를 가리키는 명사가 되었다.

나중에『제1서』는 폴란드어, 프랑스어, 독일어, 영어로 발행되었고 에스페란토를 배우는 사람이 1904년에는 만 명을 넘었다. 이듬해인 1905년에는 프랑스에서 제1회 에스페란토대회가 열려 20개국에서 약 700명이 참가했다. 에스페란토의 존재가 이때 처음으로 전 세계에 알려졌다. 자멘호프는 이 대회에서 '민족이 다른 사람들 사이에도 서로를 이해하는 일은 가능하다. 서로 이해하기 위해서 한 민족이 다른 민족을 능욕하고 병합할 필요는 없다'고 연설했다.

로자 룩셈부르크는 무엇을 주장했나

사라지는 촛불처럼

로자 룩셈부르크(Rosa Luxemburg)는 1870년(또는 1871년), 당시 러시아 지배 아래 있던 폴란드에서 유대인 상인의 딸로 태어났다. 러시아 지배 아래의 폴란드 국적, 유대인 그리고 여성이라는 몇 가지 중압 속에서 그녀의 탁월한 시적 감성, 이성적 성격, 정의감은 예민하게 수련되었다. 스스로 '타오르는 촛불처럼' 살겠다고 선언한 대로 일생을 투쟁으로 태운 격렬한 일생이었다.

고교시절부터 이미 반황제주의의 싸움에 참가하였고 사회주의의 운동에도 참가한다. 망명처였던 스위스의 취리히에서 자연과학과 철학, 경제학을 배웠는데 여기서 러시아혁명가 플레하노프(Plekhanov)와 폴란드의 사회주의자인 요기헤스(Jogiches) 등과 만나서 동지로서의 인연을 맺는다. 이윽고 독일로 이주하여 독일 국적을 취득하고 독일의 사회주의운동에 참가한다. 사회주의를 목표로 하는 인터내셔널리즘의 입장에 선 룩셈부르크에게는 독일도 폴란드도 러시아도 모두 그녀의 '조국'이었다.

참된 마르크스주의자

룩셈부르크는 '마르크스주의자'였다. 그녀의 신조는 마르크스의 이론을 교조적이 아니라 본질적인 원리, 사회주의의 필연성으로 이해하고 현실상황을 역사적으로 분석하면서 살아가는 것이었다. 그러므로 투쟁의 전략, 전술로서 제기된 룩셈부르크의 주장은 주위의 사회주의자와 마찰을 일으키는 경우가 많았다. 그녀는 생애에서 몇 가지 논쟁을 제기하는데, 그중에서 주된 논쟁을 골라보면 다음과 같다.

첫 번째는 '민족문제'라고 부르는 것이다. 룩셈부르크는 이미 일찍이 폴란드사회당의 내셔널리즘을 인터내셔널리즘의 입장에서 비판해왔지만 나중에는 레닌의 '민족자결'의 방침에도 반대하게 된다. 사회주의 실현을 위해서는 민족의 독립보다도 러시아의 프롤레타리아와 손을 잡은 인터내셔널리즘 쪽이 우선이란 '혁명전략'에서 나온 주장이었다.

두 번째는 유명한 '혁명인가 개량인가'의 논쟁이다. 민주주의의 발전 아래에서 점진적으로 사회주의를 실현시키려는 베른슈타인(Bernstein)의 주장에 대해 룩셈부르크는 부르주아민주주의에 의한 사회주의의 실현은 불가능하다며 민주주의나 사회의 개량은 혁명의 한 과정에 지나지 않는다는 이른바 '개량도 혁명도'란 입장을 취했다. 나중에 의회투쟁을 중시하는 카우츠키(Kautsky)에 대해서도 룩셈부르크는 계급투쟁을 의회투쟁으로 제한한다며 격렬하게 비난했다.

세 번째는 '대중의 평가' 문제이다. 러시아의 제1차 혁명에서 룩셈부르크는 '대중파업'의 전술적 가치를 생각했다. 그녀는 프롤레타리아 대중의 자각적 의지를 중시하고 파업을 혁명의 탁월한 투쟁형태로 자리매김시켰다. 더 나아가서 혁명의 전위당과의 관계에서는 당 지도의 필요는 인정하면서도 대중의 아래에서부터의 '자유로운 비판'이 필수적이라고 하여 레닌 등의 볼셰비키의 '일당독재'가 대중을 속박한다고 비판했다.

네 번째는 '반전' 주장이다. 룩셈부르크는 제국주의의 분석을 통해 전쟁은 피할 수 없다는 사실을 깨닫고 제국주의 전쟁에 대한 투쟁이야말로 사회주의 실현의 길이라고 주장했다. 1914년의 제1차대전 발발 때 제2인터내셔널에 속하는 각국의 사회주의정당은 내셔널리즘에 타협하고 전쟁에 협력했지만 룩셈부르크는 시종일관 반전을 주장하였고, 칼 리프크네히트 (Karl Liebknecht) 등과 '스파르타쿠스단'을 결성하여 운동을 전개했다. 이것이 독일공산당의 전신이다.

아직도 살아 있는 룩셈부르크

반전운동으로 네 번째 투옥된 후 룩셈부르크가 석방된 것은 1918년의 독일혁명에 의해서였다. 그러나 그 2개월 후인 1919년 1월, 베를린봉기가 실패하고 그 와중에 그녀는 동지 리프크네히트와 함께 정부군의 테러에 의해 학살당했다. 그러나 오늘날에 이르러서도 룩셈부르크가 주장한 많은 논점은 유효해 역사에 대한 날카로운 관점을 제시하고 있다.

사라예보사건을 일으킨 사람은
'세르비아인'인가

사라예보사건

1914년 제1차 세계대전의 발단이 된 사라예보사건에 대해서 다음과 같이 설명하는 경우가 많다. 즉 보스니아의 수도 사라예보에서 오스트리아(정식 명칭은 오스트리아·헝가리제국)의 황제 계승자 부부(프란츠 페르디난트는 정식으로 황태자로서의 지위를 승인 받지 못했다)가 세르비아인에 의해 암살되었기 때문에 오스트리아는 세르비아에 선전을 포고했다.

이 설명은 오스트리아가 선전포고한 이유인 것처럼 보이지만 실제로는 전혀 설명하지 못하고 있다. 사라예보는 외국이 아닌 오스트리아의 영토로 그 관할권 아래 있었다. 암살 하수인이었던 프린치프는 세르비아인('세르비아국민'이란 의미에서)이 아니라 오스트리아령 보스니아의 주민이었다. 즉 오스트리아가 세르비아에 대해 선전을 포고할 이유는 전혀 없었다.

세르비아인의 소망

사건의 발단은 1908년 오스만제국령이었던 보스니아·헤르체고비나를 오스트리아가 병합한 데 있다. 여기에는 세르비아계 주민이 많아 세르비아정부가 자국의 영토로 삼고 싶다고 오스트리아에 요청했다.

세르비아의 국내에서는 이 기대를 저버린 오스트리아에 대한 반감이 높아져 모든 세르비아계 주민의 통일을 요구하는 대중조직인 '민족방위단'이 결성되었다. 또한 1911년에는 아피스 소위 등의 중견 청년장교에 의해

제1차 세계대전 전의 발칸

민족적 비밀결사대 '통일인가 죽음인가'가 결성되었다.

당시 세르비아는 1912년, 1913년의 두 번에 걸친 발칸전쟁으로 영토를 확대할 수는 있었지만 희생이 커서 오스트리아와 전쟁을 할 수 있는 여력은 없었다.

한편 보스니아에서는 세르비아계 주민들이 오스트리아로부터의 해방을 활발하게 추진하였고, '청년 보스니아'의 프린치프 등에 의해 프란츠 페르디난트의 암살계획이 진행되었다. 권총과 폭탄을 제공한 사람은 아피스 소위였는데 어느 쪽이 암살계획의 추진자였는지는 명확하지 않다. 아피스 쪽이 도중에 방침을 바꾸어 중지하도록 설득했지만 프린치프 등이 이에 응하지 않았다는 설도 있다.

오스트리아의 최후통첩

세르비아인의 대다수가 프린치프에게 동정적이었지만 세르비아정부가 그에게 원조나 지령을 내렸다는 증거는 어디에도 없었다. 그런데 오스트리아는 사건 발생으로부터 25일이 지난 7월 23일 세르비아정부에 최후통첩을 보냈다. 그 내용은 반오스트리아운동의 취소, 사건 관계자의 조사와 재판을 요구하는 것으로 48시간 내에 승낙할 것을 강요했다.

여기에는 오스트리아의 관헌에 의한 세르비아 영내에서의 조사권을 요구하는 항목도 포함되어 있었다. 세르비아정부는 이 한 항목을 제외하고 승낙한다고 답했다. 그러나 오스트리아는 무조건 승낙이 아니라는 이유로 4일 후에 세르비아에 선전을 포고했다. 정확히 사건이 일어난 지 한 달 후였다.

각 민족이 충돌하는 나라 오스트리아

오스트리아는 왜 이토록 강경한 태도를 취했을까? 그 이유 중의 하나는 오스트리아의 국내사정에 있었다. 오스트리아는 그 내부에 독일계, 헝가리계 사람들 이외에도 수많은 이민족을 안고 있는 나라였다. 이들 이민족의 분리독립 요구를 억누르기 위해서는 프린치프 등의 배후에 있는 세르비아정부를 굴복시켜야 했다. 이것이 불가능하면 '오스트리아 · 헝가리제국'이 해체될지도 모른다는 두려움이 있었기 때문이다.

두 번째 이유는 독일의 강경한 뒷받침이 있었다. 독일황제 빌헬름 2세는 사건이 난 지 5일 후에 방문한 오스트리아 대사를 향해 "세르비아를 정리해야 한다. 그것도 지금 당장"이라고 말하면서 오스트리아가 가능한 한 빨리 세르비아를 침공하도록 재촉하였고 독일의 지지를 약속했다.

그 후에도 독일정부는 오스트리아에게 세르비아에 대한 침공의 기회를 놓치지 말라는 압력을 가했다.

전차는 무엇 때문에 만들어졌나

전차가 처음으로 실전에 사용된 것은 제1차 세계대전의 서부전선에서이다. 당시 이 전장에서는 영불군과 독일군 양쪽이 기관총으로 무장하고 참호전 형태로 싸웠기 때문에 전선이 고착되어 막대한 인적, 물적 피해가 발생했다. 1916년의 솜므(Somme) 전투에서는 다섯 달 동안 영불 측 62만명, 독일 측 45만 명의 막대한 사상자를 내면서도 어느 쪽도 결정적인 승리는 거두지 못하는 상태였다. 이 솜므의 소모전에서 전차가 처음으로 실전에 투입되었다.

전차의 등장

전차의 개발은 대전 발발 직후 원래는 영국 해군이 비행장을 정비하기 위해 장려되었다. 그때까지 해군에서는 롤스로이스에 장갑판을 씌운 장갑차를 사용했지만 홈이 있으면 움직이지 못하는 단점이 있었다. 이 약점을 극복하기 위해 1915년 바퀴 대신에 캐터필러를 부착한 장갑차가 제조되었으며 이것이 최초의 전차였다. 개량한 전차는 전선의 고착상태를 타개하기 위해 육군에 의해 전선에 투입되었다. 이때 적군에 신병기의 비밀이 누설되는 것을 방지하기 위해 탱크(수조)란 명칭이 사용되었다. 이 유산으로 오늘날에도 전차를 탱크라고 부른다.

솜므의 전투에서는 전차 성능이 불완전했고(고장이 많고 속도도 시속 6킬로미터로 느렸다), 그리고 그 수도 49대로 적었기 때문에 큰 전과는 얻지 못했지만 사격을 물리치고 포연 속에서 참호를 넘어 전진하는 전차를 처음

본 독일군은 큰 충격을 받았다. 그 후 1917년의 캄브레전투에서 영국군은 300대 이상의 전차를 집중 투입하여 일시적이나마 독일전선을 돌파했다. 이 싸움 이후 전차는 종래의 참호전을 뒤집는 가능성을 지닌 병기로서 주목받게 되었다. 1918년 여름에는 프랑스군, 영국군이 각각 대량의 전차를 투입하여 독일의 전선을 후퇴시키는 데 성공하였다. 그 후로 오늘날에 이르기까지 전차는 육상전 주력병기로 계속 자리잡아왔다.

전선의 고착을 타파하기 위해 제1차 세계대전에 투입된 신병기는 전차만은 아니었다. 독가스는 1915년에 독일군이 서부전선에서 처음으로 사용했다. 정찰이나 폭격을 하기 위해 비행기가 양쪽 군에 의해 본격적으로 사용되기 시작하였고, 바다에서 고착상태를 타파하는 동시에 거대 함선들의 보급로를 끊기 위해 독일은 잠수함을 대량으로 투입했다.

전선은 왜 계속 고착상태였는가

제1차 세계대전은 20세기 초까지 일어난 사회의 변화와 신병기의 등장을 배경으로 진행되었다. 철도망의 발달과 자동차의 등장은 전선에 끊임없이 물자를 보급할 수 있게 하였고 이로 인해 전쟁은 장기화되었다. 또한 성능이 향상된 대포나 새롭게 발명된 기관총을 지닌 양군의 충돌은 사상자를 늘렸다. 막대한 인적 피해를 메우기 위해 징병제가 거의 유럽 전역에서 실시되었다. 더 나아가서는 신문이나 지도자에 의해 내셔널리즘이 선동되었고 제국주의적 팽창에 익숙해진 대부분의 대중은 대전 초기에 전쟁을 열광적으로 지지했다. 그 결과 각국은 많은 자원을 장기간 동안 전면적으로 동원하는 총력전을 계속할 수 있었다. 그리고 이 전쟁은 각국이 피폐한 후에도 계속되었다.

새로운 무기 때문에 전쟁은 끝났는가

제1차 세계대전의 종언과 평화의 도래는 새로운 병기의 투입 등에 의한 전장에서의 승리의 결과라기보다는 오히려 총력전에 따르는 경제적, 심리적 소모의 결과였다고 할 수 있다. 끝까지 싸운 네 제국(러시아, 오스만, 오스트리아, 독일)이 대전과 함께 소멸했다. 유럽 전역에서 1,300만 명이나 되는 사람들이 죽었으며 살아남은 사람들의 대부분도 막대한 정신적, 경제적 피해를 입었다. 전차 등의 새로운 병기나 막대하게 투입된 탄약도 지휘관들이 생각했던 것처럼 빠르고 결정적인 승리를 가져오지 못한 채 승자와 패자 양쪽에 막대한 상처를 남겼다.

제1차 세계대전 때
독일의 반전운동은 왜 무너졌나

전쟁에 대한 전쟁

1889년에 활동을 개시한 사회주의자의 국제조직인 제2인터내셔널은 1891년의 제2차 대회에서 이미 '전쟁에 대한 전쟁'이란 슬로건을 내걸고 그중에서도 반전평화를 주요한 활동목표로 두었다.

제2인터내셔널의 반전평화에 관한 이론적 태도가 포괄적으로 제시된 것은 1906년의 슈투트가르트 대회였다. '군대의 파업, 봉기'란 '아나키스트'의 주장은 철회되었다. 독일사회민주당을 대표하여 논진을 이끈 이는 보불전쟁 때에 전시공채에 반대한 반전의 투사 베버였는데 그의 제안은

"노동자와 그 의회의 대표는 가장 효과적이라고 생각하는 수단에 호소하여 전쟁의 발발을 회피하기 위해 전력을 다하는" 것이었다. 프랑스의 조레스(Jaurès) 등은 수단 중에 '총파업'을 집어넣어야 한다고 주장했는데 독일사회민주당이 반대하여 1914년에 이르기까지 타협을 보지 못했다.

바젤대회의사록(프랑스어판)의 표지.
회의장으로 선택된 뮌스터로 향하는 참가자들.

바젤대회

전쟁은 세계 각지에서 일어났지만 유럽에서는 보불전쟁 이후 평화가 계속되었다. 그러나 1912년이 되자 발칸전쟁이 일어났고 전쟁이 유럽의 발끝에 다가왔다. 제2인터내셔널은 급히 바젤에서 임시회의를 열고 각국과 각 지역의 사회주의자의 임무를 구체적으로 제시하여 반전평화를 위한 노력을 맹세했다.

오스트리아가 세르비아에 선전포고를 한 후 1914년 7월 제2인터내셔널 사무국회의가 브뤼셀에서 소집되었고 여기에서도 전쟁의 확대를 저지할 만한 대책이 논의되었다.

1914년 8월

열강들의 전쟁이 시작되었다. 8월 4일, 독일사회민주당 의원단은 전시공채에 찬성하는 투표를 했다. 반전운동은 파괴되었다. 왜일까? 제2인터내셔널의 정책은 각각 자국정부에 전쟁발발을 저지하도록 하는 것이었다.

그러나 당시의 비밀외교 아래에서는 정부의 외교정책을 알 수 없었고 스스로 정부의 설명에 따르는 수밖에 없었다(이는 독일만의 사정은 아니다). 독일의 사회주의자들은 반동러시아의 공격을 두려워하여 '조국'을 지켜야 한다고 느꼈다(프랑스인은 독일군국주의를 두려워하여 같은 감정을 느꼈다). 전쟁은 초기에 끝날 거라고 예상됐다. 정부에 반대해서 탄압받기보다 전후를 대비하여 조직을 온존하는 편이 현명하다고 판단했다.

독일사회민주당은 제국의회에서 제1당이 되었지만 의원내각제를 채용하지 않은 헌법 규정에 의해 정권을 잡지는 못했다. 따라서 정부에 요청해서 전쟁을 저지하려는 방침 자체가 실효성을 갖지 못했다고 할 수 있다. 그러나 계속 소외되어왔기 때문에 독일사회민주당의 의원 중에는 정부가 전쟁정책의 협력을 요청해왔을 때에 협력함으로써 대등한 시민으로서 대우받게 되리라는 기대를 가졌던 이도 적지 않았다. 일단 전쟁이 시작되면 내셔널리즘에 계속 저항하는 것은 어느 나라에서도 극소수의 사람들만이 가능한 일이었다.

제1차 세계대전 후 독일의 역사교과서는 전쟁을 어떻게 표현했나

제1차 세계대전이란 거대한 국민적 체험을 바이마르공화국 시기의 독일 역사교과서는 어떻게 표현했을까? 그중에서도 전쟁의 책임을 어디에 두었는지가 초점이다.

베르사유조약은 두말할 나위도 없이 전쟁책임을 오로지 독일(및 그 동맹국)에 부과했으므로 독일에게는 극히 가혹한 것이었다. 독일의 민족자결권은 뚜렷하게 제한되었고 게다가 독일국민은 거액의 배상을 부담해야 했다.

두 가지 선택의 여지

전쟁을 총괄해보면 독일국민에게는 두 가지 선택이 있었다. 독일에 전쟁책임이 있다고 하면, 보복적 강화조약만을 비판의 눈으로 볼 것이 아니라 독일도 열강으로서 그 일부를 차지해온 제국주의란 '약육강식'의 세계체제, 그리고 이를 지지하거나 또는 허용해온 자신들에 대해서도 반성해야 한다.

그러나 독일에 전쟁책임이 없다고 하면, 전후 독일의 혹독한 현실은 주로 연합국 측의 보복주의에 의한 것이 되며 독일국민의 자기 비판적 눈은 길러지지 않을 것이다. 결론부터 말하자면 바이마르 시기의 독일인의 역사교과서에서 제1차대전은 영국, 프랑스, 러시아의 삼국협상에 의해 포위된 독일이 어쩔 수 없이 선택할 수밖에 없었던 조국 방위전쟁으로서, 독일에게 전쟁책임은 없다고 하는 견해가 지배적이었다. 다음에서 몇 가지 사례를 인용해보자.

교과서 기술의 실례

"삼국협상의 실현은 독일이 극히 위험한 입장에 빠졌음을 의미했다. ……독일의 정책은 철의 포위망을 뚫으려는 것이었지만 그 시도는 허무했다. 프랑스와 러시아의 동맹은 오로지 전쟁에 조준을 맞춘 것이었다. 영국의 지도자층도, ……독일의 융성은 전쟁에 의해서만 저지할 수 있다고 이해하고 있었다."(교과서『독일의 생성』, 이하도 같음)

사라예보사건 이후에도 독일은 문제를 평화적으로 해결하려고 진지하게 노력했지만 적들은 호전적이었다고 교과서는 서술하고 있다.

"화살이 쏘아졌을 때 협상 각국의 국민은 모두 고유의 전쟁 목적을 지니고 있었다. 프랑스의 목적은 엘자스로트링겐(알자스로렌)과 독일에 대한 보복이었으며, 러시아의 목적은 콘스탄티노플과 오스트리아의 파괴였고, 영국의 목적은 ……독일의 경쟁력을 배제하고 독일함대를 전멸시켜 그 식민지를 획득하는 것이었다. ……전쟁 발발 때 독일국민을 고무시킨 고유의 전쟁 목적은 존재하지 않았다. 독일에게 발생한 것은 힘과 근면함으로 쌓아올린 지위에서 쫓아내려는 공격을 독일국민이 받았다는 격렬한 감정뿐이었다."(『독일사』)

"지금까지 전쟁 발발 때의 독일인처럼 느닷없이 평화를 위한 활동에서 억지로 분리돼 두려워해야 하는 과제 앞에 세워진 국민은 없을 것이다. ……신분이나 계급을 넘어서 모든 국민의 가슴에 높은 민족의식이 불타올랐다. ……이는 질투로 넘치는 세계에 대해 생존을 건 방위전쟁이라고 모두가 생각했다."(『독일의 생성』)

독일은 용감하게 싸웠지만 결국 연합국 측과의 물량의 차는 뛰어넘기 힘들었다는 것이 거의 모든 교과서의 총괄이었다.

그리고 나치로

전후 거듭되는 경제위기 속에서 독일국민은 모든 재앙을 전쟁 때문이 아니라 패전과 강요당한 강화 때문이라고 생각했다. 이런 국민감정을 부채질한 것이 역사교육이었다. 전쟁에 호소했기 때문에 이렇게 되었다는 비판적 의식은 일부 사람들만이 가진 생각이었다. 이런 상황에서 세계의 공황이 직접적인 계기가 되어 '편협한 내셔널리즘'을 선동하면서 히틀러가 정권을 잡은 것은 1933년 1월이었다.

아일랜드는 어떻게 해서 독립을 이루었고 그 의의는 무엇인가

1998년 11월, 벨기에의 격전지에서 행해진 제1차 세계대전 추도식에 아일랜드 대통령과 영국 여왕이 나란히 헌화했다. 또한 아일랜드의 프로테스탄트와 가톨릭 대표가 기념비 앞에 나란히 서서 화해문을 읽었다. 제1차 세계대전 후의 독립전쟁에서 남쪽의 26주가 자유국(자치국)이 되었지만 가톨릭교도들이 많은 자유국은 영국에 협력하다가 전사한 병사에게는 냉담했다.

한편 북아일랜드의 프로테스탄트는 영국을 위해 피를 흘림으로써 영국인으로서의 의식을 강화하고 반가톨릭 감정을 고착시켜왔다. 이 추도식은 바로 역사적 화해의식이며 이것이 현재의 북아일랜드 화평을 지탱하고 있다.

이스터봉기
제1차 세계대전이 시작되자 아일랜드의 급진적 분리주의자들은 절호의 기회가 왔다고 생각하고 무장봉기를 준비하기 시작했다. 이들은 봉기의 시기는 민족의 지지를 얻을 수 있는, 영국이 징병제를 실시할 때라고 생각했다. 실제로 징병법안이 제안되자 모병에 협력한 온건파 분리주의자들까지 반대하여 반영기운이 높아졌다. 그러나 영국이 징병법을 아일랜드에 적용하는 것을 단념하였고, 독일로부터의 무기 조달에도 실패하자 1916년의 이스터봉기에 민중은 냉담해졌다. 이 봉기는 처음부터 성공할 가능성이 없었다. 그러나 참가자 이상으로 시민을 대량 체포하였고 지도자를 즉결재판으로 처형한 영국의 과잉탄압이 민중을 봉기 지지로 돌아서게 했고 분리주의자들을 반영감정으로 집결하게 했다.

독립전쟁

제1차 세계대전 종결 직후인 1918년 12월의 총선거는 분리주의자들의 결집체가 된 신페인(Sinn-Fein, '우리들 자신'이라는 뜻 — 옮긴이)의 압승이었다. 그들은 본국 의회에 대한 출석을 거부하고 더블린에 국민의회를 결집하여 독립을 선언했다. 국민의회는 국제적 승인은 얻지 못했지만 입법, 행정, 사법의 삼권을 확립했고 국민의회 채권에 많은 응모자가 있었으며 농지문제에서는 지주까지도 국민의회재판소에 호소하는 등 사실상의 의회와 정부로서 민족의 지지를 얻어 영국에 대한 독립전쟁에 돌입했다.

이 독립전쟁은 20세기 초의 민족자결권을 주장하는 게릴라 전쟁이었다. 수만의 정규군을 투입해서도 게릴라를 제압하지 못한 영국은 광폭한 블랙 앤 턴이란 특수부대를 투입하여 마을을 불태우는 보복전술을 취했지만 오히려 국제여론의 비난을 받아 영국정부는 휴전, 화해 교섭에 응했다.

남북분할

그 결과 체결된 것이 영국 · 아일랜드조약이다. 이에 의해 아일랜드자유국이 탄생했고 아일랜드는 캐나다에 버금가는 자치를 획득했다.

그러나 이때 북아일랜드 여섯 주는 연합왕국에 남았다. 프로테스탄트 이민이 많고 연합왕국 잔류를 희망한다는 이유에서였다. 그러나 여섯 주 중 프로테스탄트가 다수인 주는 둘, 가톨릭이 다수인 주가 둘, 거의 동수인 주가 둘로 구성되어 있었다. 전체 인구로 볼 때 3분의 2를 차지하는 프로테스탄트는 그 우위를 유지하기 위해 비례대표제 폐지, 기업주 복수

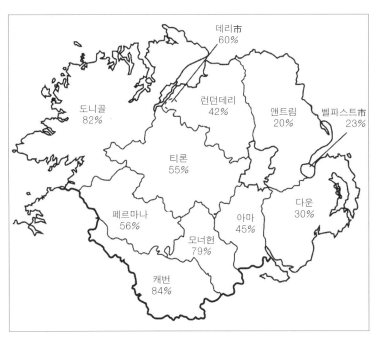

주별 가톨릭 인구비율(1926년). 도니골, 캐번, 모나한을 제외한 6주가 북아일랜드이다.

선거권, 직업차별 등의 엄격한 가톨릭 차별정책과 예방 구금, 특수 치안경
찰 등에 의한 강권국가를 만들었다.

한편 아일랜드자유국은 분리주의와 함께 가톨릭주의를 국가원리로 해
야 하는 역사적 과정을 짊어져야 했다. 1949년에 공화국 헌법을 제정하여
완전 독립과 영국연방에서의 이탈을 달성했지만 아일랜드섬 전체를 영역
으로 하여 이혼 금지를 규정하는 등 분리주의가 강한 가톨릭국가의 성격
을 지님으로써 북아일랜드의 프로테스탄트에게 남북통일 반대를 주장하
는 근거를 만들어주었다.

분쟁에서 화평으로

1960년대에 들어서면서 상황이 변했다. 남북 수상회의가 실현되고 가

톨릭 차별과 치안입법 폐지를 요구하는 공민권운동이 시작되었다. '1인1표'라는 민주주의 국가에서는 당연히 보장되는 슬로건을 내건 이 운동은 양심적 프로테스탄트의 지식인들도 지지할 정도로 고양되었다. 이런 움직임에 위기를 느낀 연방주의자(프로테스탄트) 강경파가 북아일랜드 수상을 경질했고 공민권운동에 대한 공격을 반복했다. 이에 분리주의자(가톨릭)가 반발하여 충돌했고 영국군이 투입되면서 활동을 멈추고 있던 IRA(아일랜드공화군)를 소생시켜 1969년부터 30년 동안 3천 명 이상의 희생자를 내는 분쟁이 계속되었다.

연합주의자들의 정부에 해결능력이 없다고 본 영국이 1972년 직접통치를 시작했다. 분쟁 해결에는 아일랜드공화국의 협력이 필수였다. 서닝데일협정(1974년), 영국·아일랜드협정(1985년), 영국·아일랜드공화선언(1994년)과 오늘날의 화평과정이 구성되는데, 아일랜드민족의 자결권을 주창하고, 권력의 공유(파워셰어링)와 북아일랜드 문제를 아일랜드 문제로 파악할 것(아일리시 디멘션)을 기본원칙으로 한다. 아일랜드공화국의 존재의 중요성이 여기에 나타나 있다.

제2차 세계대전 전에 있었던 부전조약이란 어떤 것인가

'전쟁포기' 선언

제1조 체약국(서로 조약을 맺은 나라)은 국제분쟁 해결을 위해 전쟁에 호소하지 않으며 그 위에 서로의 관계에서 국가의 정책으로서 전쟁을 포기

할 것을 각각의 민중의 이름으로 엄숙히 선언한다.

1928년 8월 27일 파리의 외무성에서 부전조약(不戰條約)이 조인되었고 출석한 25개국의 권한대행이 차례로 서명했다. 당시의 신문은 "15개국의 큰 별들의 모임에서" "세계평화를 촉진하는 획기적인 시대"의 산물이며 "국제협력의 신기원의 하나"라고 보도했다.

이는 프랑스의 브리앙 외무장관과 미국의 켈로그 국무장관이 호소한 것으로 '켈로그·브리앙조약'이라고도 부른다. 그 후 소련 등도 조인하여 정치와 경제의 구성의 차이를 넘어서 당시의 독립국 거의 모두(63개국)가 가입하여 전쟁은 원칙상 위법이라고 생각하는 것은 "세계평화를 촉진하는 획기적인 시대"의 산물이 되었다.

'각각의 민중의 이름으로'

제1차 세계대전은 '총력전'이었고 병기의 파괴적인 발달에 민중이 직접 전쟁에 말려들었으며 종래의 인류 역사에서는 생각할 수도 없었던 대량의 희생자를 내어 전쟁의 비참함을 증가시켰다. 전사자 2천만 명, 비전투원 사망자 1천만 명이란 가혹한 기록을 남겼다. 다시 이런 일이 있어서는 안 될 것이란 것이 세계 각국 사람들의 생각이었다. 이를 바탕으로 국제정치의 장에서도 "전쟁에 호소하지 않는 의무를 승낙하는" 국제연맹이 설립되어 "평화유지에 공헌하기" 위해 워싱턴군축회의와 런던군축회의가 열렸다. 그리고 세계 사람들의 평화에 대한 소망과 반전운동의 고양이 '민중의 이름으로' 부전조약을 낳았다.

그러나 일본에서는 '부전조약'을 비준하는 제국회의에서 '민중의 이름으로'란 어구가 문제가 되었다. 천황이 주권을 가지는 일본의 '국체'에 합치하지 않는다는 반대론이 의회와 추밀원에서 강하게 나왔다. 또한 우익이나 군국주의자들이 이를 구실로 하여 조약비준에 반대하여 비준까지는

1년에 가까운 시간이 걸렸다. "각각의 민중의 이름으로" 란 어구는 "제국 헌법의 조항에서 보았을 때 일본국에 한해 적용하지 않기로 한다"는 정부 선언을 첨가하여 가까스로 이 조약을 비준했다(1929년 6월 27일).

부전조약의 의의와 한계

부전조약이 발효된 날 당시 일본의 외무대신 시데하라 키쥬로오(幣原喜重郎)는 다음과 같이 말했다.

"본 조약은 전쟁을 하지 않으려는 인류 일반의 의식을 반영한 것이고 세계의 여론을 배경으로 한 것이므로 그 절대적인 도덕적 효력은 누구도 부정할 수 없을 것이다."(『토오쿄오아사히신문』1929년 7월 25일).

전후 요코타 키사부로오(橫田喜三郎, 전 최고재판소 장관)가 "이 부전조약이 일본국헌법 제9조의 원류가 되었다"고 지적할 정도로 '부전조약' 의 역사적 의의는 깊다고 하겠다.

그러나 '반전' 을 맹세해도 '평화' 를 어떻게 생각하고 '평화' 를 어떻게 만들 것인지에 대해서는 일치하지 않았다. 예를 들면 그 전년(1927년)에 로망롤랑, 아인슈타인, 카타야마 센(片山潛) 등이 호소하여 브뤼셀에서 열린 '국제 반제국주의 민족독립 지지연맹' 에서 요구한 '식민지 지배' 반대 등의 주장 등에는 귀를 기울이지도 않았다.

오히려 '자위전쟁' 을 인정했기 때문에 '자위' 를 명목으로 자국의 권익이 확대되었다. 예를 들면 부전조약 조인을 보도한 8월 27일자의 일본의 같은 신문 같은 지면의 구석에는 "6사단 제11여단 칭다오(靑島)로"란 기사가 있으며 "재류 일본인의 보호와 일본국 권익옹호"를 위한 파병이 보도되었다. 이른바 '산둥(山東) 출병' 인데 일본정부는 "만주 치안을 위한 제국의 자위수단" 이라고 주장했다.

그리고 '만주사변'(1931년 9월 18일)은 '부전조약' 에 "최초의 중대한 타격"(스팀슨 전 국무장관)을 주었다.

히틀러는 왜 유대인에게 반감을 가졌나

오스트리아의 민족의식

히틀러의 반유대의식이 19~23세의 5년 동안을 보냈던 빈(영어로는 비엔나)의 청년시절에 생겼다는 것은 많은 연구가 일치한다.

빈은 다민족국가인 오스트리아 · 헝가리제국의 수도였고 독일과 달리 민족의 용광로였다. "여기에는 보헤미아의 연극이 있고 이탈리아의 오페라가 있으며 프랑스에서 온 가수들이 있고 폴란드인을 위한 클럽이 있다. 카페에는 체코어, 슬라브어, 폴란드어, 그리고 헝가리어 신문이 있지만 독일어 신문은 하나도 없었다"(오오사와 타케오大澤武男,『유대인과 독일』)고 한다. 그렇기 때문에 이 도시에는 신구의 것이 뒤섞여 빛나고 있었다. 그럼에도 불구하고 히틀러의 반유대주의는 특이한 것은 아니었고 보통 사람들 모두가 반유대주의자라고 불릴 정도로 반유대감정이 당시 빈에서는 일반적이었다. 히틀러는 여기서 게르만 지상주의와 반유대주의를 동시에 익혔다고 전해진다.

나중에 히틀러는 당시 반유대주의자가 된 이유를『나의 전쟁』에 썼다. 오오사와 타케오는 다음 10가지 항목으로 요약한다.

1)반유대주의의 팜플렛을 읽은 일 2)당시의 시오니즘운동에서 보인 유대인의 위험한 결속 3)빈에 많이 있던 동방유대인의 냄새, 지저분한 차림

과 복장에 대한 증오 4)문화·생활상의 부정이나 파렴치한 일에 유대인이 전부 관여된 일 5)언론, 예술, 문학, 연극에서 차지하는 유대인의 중요성, 이는 정신적 페스트이다 6)독일 인구의 1퍼센트에도 미치지 않는 유대인이 많은 부분을 지배하는 일 7)음란한 산업이나 소녀매춘의 지배인, 현실세계의 부패와 범죄가 유대인의 활동과 밀접하게 관계된 일 8)바이마르공화제를 무시하는 사회민주당에서의 유대인의 지배적 존재와 그 목적주의 9)유대인의 언론기관 지배와 그들의 궤변과 속임수 10)마르크스주의 신조에 이름을 빌린 국제유대주의, 이는 민족과 인종을 파괴하는 것이다.

반유대주의와 독일

이를 보면 먼저 빈곤과 범죄와 관련된 유대인에 대한 단순한 수준의 증오와 반감이 있다. 다음으로 유대인 부자, 엘리트에 대해 반감을 느꼈고 그 지배에 대해 위기감을 가지고 있었다. 이것들은 반유대주의의 팜플렛에서 영향을 받았다고 하지만 그것만이 아니라 여러 가지 요인이 복합적으로 영향을 미쳤을 것으로 보인다. 히틀러 자신의 가정이나 성장 이력, 예술가풍의 생활, 제대로 된 교육을 받지 못한 것 등이 영향을 미쳤을 것이다.

오오사와 타케오는 독일인이 유대인에 대해 느끼는 분노와 공포를 들고 있다. 분노와 경멸의 표적인 유대인이 19세기 후반에는 독일인의 평균 수준을 훨씬 뛰어넘는 경제생활을 하자 이러한 경제적 발전에 대한 질투와 조급함이 독일인에게는 커졌다. 공포는 늘어나는 유대인이란 이질적 요소의 확대에 대한 것이다. 그리고 패전 후의 몰락과 혼란이 반유대주의를 한층 더 심화시켰다.

나치는 라디오를 어떻게 이용했나

히틀러의 무기, 라디오

나치는 라디오를 이용해 국내 통치와 대외정책 양면의 선전('프로파간다')을 매우 효과적으로 했다. 히틀러는 "라디오 없이는 국가사회주의의 승리는 있을 수 없다"고 확언했다. 연설의 명수인 히틀러는 보다 더 국민의 지지를 받기 위한 절호의 매체로서 라디오를 주목했고 정권을 획득한 후에는 선전도구로서 본격적으로 활용하였다.

국내의 라디오

라디오가 본격적으로 보급되기 시작한 시기와 나치가 대두하기 시작한 시기는 거의 일치한다(독일에서는 1923년부터 라디오방송 개시). 히틀러는 정권 획득 이전부터 라디오방송에 큰 관심을 가졌다. 그는 선전을 위해 오른팔인 괴벨스(Goebbels)에게 '방송기관'을 설치하게 하고 방송 선전준비에 일찍부터 힘을 기울이게 했다.

나치가 정권을 잡은 1933년, 선전장관에 취임한 괴벨스는 라디오방송에 관한 권한을 우편체신부에서 신설한 선전부로 옮기고 방송의 모든 기구를 통제하여 국가사업으로 만들었다. 전국방송회의가 만들어졌고 방송내용과 방송 관계자들의 사상이 엄격하게 감시되었다. 히틀러는 정권 획득 후 첫 1년 동안에 50회를 넘는 방송을 했다. 나치는 라디오방송이 국민의 귀에 들어갈 수 있게 모든 노력을 기울였다. 라디오 제작업체에게 압력을 가해 '국민 라디오'를 특별염가로 대량생산하게 만들었다. 10년 동안

1933년에 판매하기 시작한 '국민 라디오'의 포스터. "전 독일이 귀를 기울인다. 〈국민 라디오〉에 의해서"

라디오 소유세대는 4배로 증가했고 라디오는 소수의 통신수단에서 전 국민의 대량정보수단이 되었다. 프로그램의 대부분은 근무시간 중에 방송되었고 이 경우 직장에서는 작업을 중단하고 방송을 듣는 일이 의무가 되었다. 음식점에 라디오를 설치하는 것이 의무가 되었으며 또한 가두에는 확성기를 장착한 방송탑이 설치되었다. 나치가 교묘하게 연출한 대중집회는 라디오를 통해 전국으로 확대되었다.

외국방송의 청취는 금지되었고 어기면 금고형에 처해졌다. 신설된 '방송 경찰'은 주민들이 라디오 프로그램을 잘 듣도록 지도했고, 외국방송을 청취하는 자를 적발했다. 다른 한편 방송내용에 대해서도 연구가 거듭되었다. 선전프로그램의 사이사이에 음악 프로그램, 특히 경음악의 방송시간을 길게 도입했다. 음악 사이사이의 선전은 나치에게 득이 되는 정보만을 흘려보냈다. 대중은 방송되는 선전을 사실이라고 믿었고 히틀러의 정책을 지지했다. 라디오는 대중의 시대에 장기독재를 가능하게 하는 유지 장치였다.

외국을 향한 방송의 중요성

나치의 라디오 선전은 국경을 넘어서도 이루어졌다. 단파방송은 전 세계를 향하여 24시간 방송되었다. 베르사유조약의 부당성을 호소하는 각종 선전은 1930년대 중엽 영국, 미국, 프랑스 여론의 공감을 얻는 데 성공했다. 독일이 팽창하기 시작하자 라디오방송은 점령지 평정을 위해 교묘하게 이용되었다.

괴벨스는 한 나라를 점령하기 이전부터 그 나라의 라디오 청취자들에게 주의 깊게 접근했다. 제1단계에서는 독일이 좋은 이웃이란 우호적인 분위기를 만들고, 제2단계에서는 그 나라의 지도자를 공공연히 공격했고, 그리고 제3단계에서는 폭력을 감춘 협박으로 그 국민이 지도자를 버리고 항복하게끔 만들었다. 이런 수법은 오스트리아, 체코슬로바키아, 북미 등에서 차례차례 실시되었다. 나치의 대외방송은 전쟁을 위한 효과적인 무기의 하나였다.

군사점령 후 나치는 그 나라의 방송시설을 곧 접수하고 효과적으로 이용했다. 네덜란드가 항복한 다음날, 독일의 라디오 보도부대는 예비송파기와 2주일분이 녹음된 네덜란더 방송프로그램을 가지고 방송국을 점령했다. 뉴스 프로그램을 보도할 때에는 사람들을 안심시키기 위해 그때까지 그 방송을 해왔던 네덜란드인 아나운서를 무기로 위협하면서 원고를 읽게 했다. 나치의 선전정책은 실제로는 개전 이후에도 일관해서 폭력적인 위협을 수반하는 것이었다.

나치 독일의 침략행위에 대해 영국과 프랑스는 왜 계속 유화정책을 취했나

유화정책의 전개

베르사유체제의 타파를 목표로 한 히틀러는 1935년에 재군비를 선언하고 이듬해에는 비무장지역으로 정해진 라인지방에 군을 진주시켰다. 더 나아가서 같은 해 스페인내전이 시작되자 이탈리아와 함께 군대를 파견했고, 1938년에는 오스트리아를 병합하는 등 침략적인 공세를 계속했다. 이런 독일의 행동에 대해 영국과 프랑스는 구체적인 제재를 취하지 않은 채 항상 독일에게 양보했고 기정사실을 용인하는 유화정책을 계속 취했다.

유화정책의 정점은 1938년의 영국, 프랑스, 독일, 이탈리아 수상에 의한 뮌헨회담이었다. 체코슬로바키아 영내의 독일인 거주지역(수데텐지역)을 점령하려는 히틀러에 대해 체임벌린 영국 수상 등은 수데텐지방을 독일과 즉시 병합하기로 결정한 것이다. 영국과 프랑스가 이런 유화정책을 계속 취한 이유는 무엇일까?

유화정책을 취한 이유

(1) 평화 지향의 여론

제1차 세계대전의 비참한 기억 때문에 당시의 영국과 프랑스의 여론은 교섭에 의한 분쟁해결을 강하게 원했다. 실제로 뮌헨회담에서 귀국한 영국과 프랑스 수상은 국민들로부터 열광적인 환영을 받았다. 군비확장이나 전쟁준비는 여론의 지지를 얻지 못했다.

(2) 프랑스의 약체화

베르사유체제에서 독일의 봉쇄에 가장 적극적이었던 나라가 프랑스다. 그러나 프랑스는 1930년대 인구의 정체와 노화, 장기불황, 좌우 양진영의 대립, 내각의 빈번한 교체 등에 의해 약체화되었다. 그 결과 독일에 대항하는 유효한 방법을 구축하지 못한 채 영국이 주도하는 유화정책에 따랐다. 뮌헨회담 때에 달라디에(Daladier) 수상은 "모든 것은 영국인에게 달렸다. 우리들은 그들을 따르는 수밖에 없다"고 측근에게 말했고 충실한 동맹국인 체코슬로바키아의 영토 할양을 묵인했다.

(3) 동유럽 국가들의 불화

소수민족 문제와 영토 문제를 안고 있던 동유럽의 나라들은 1920년대에 프랑스의 주도 아래 성립된 협조관계를 1930년대에는 유지할 수 없었다.

(4) 히틀러의 '평화선언'

독일의 군비가 미약했던 1937년 이전에 히틀러는 평화적 수단에 의한 문제해결을 계속 강조하는 한편 급속한 군비확장을 실시했다. 군비가 정비되기 시작한 1937년 이후 히틀러는 산발적인 전쟁으로 노골적인 위협을 개시했다. 히틀러의 평화선언은 군비확장을 위한 시간벌기에 불과했지만 영국과 프랑스의 정치가나 여론은 이를 착각했다.

(5) 영국과 프랑스의 불충분한 군비

재정적인 제약이나 1920년대의 군축조약 등에 의해 영국과 프랑스는 군사비 절감을 했다. 독일의 군비확장에 대항할 필요가 있었던 단계에서도 급속한 군비증강은 매우 어려운 실정이었다. 프랑스에서는 1936년 노동시간을 주 40시간으로 제한하는 것과 여름휴가 등이 도입되었고 국민들은 여가를 병기 생산에 투자할 생각이 없었다. 독일과의 군비 격차는 영국과 프랑스에게 타협적인 정책을 취하게 했다.

(6) 식민지 유지와 일본, 이탈리아와의 유화

일본과 이탈리아의 동향은 영국과 프랑스의 식민지 유지에 큰 불안요소였다. 만주사변이나 에티오피아 침략에 대해 영국과 프랑스 주도의 국제연맹은 타협적인 조치밖에 취하지 않았다. 극동이나 지중해에서의 위협이 확대되는 가운데 영국과 프랑스는 제국의 유지를 소국의 운명보다 우선시했다고 할 수 있다.

(7) 소련과의 사이에 상호불신

사회체제가 다른 양쪽의 상호불신은 너무나 뿌리가 깊었다. 영국과 프

독일에 의해 점령된 폴란드에서 비합법적으로 작성된 포스터.
"이렇게 된 것은 영국의 책임이다".
폐허가 된 바르샤바의 거리를 배경으로 폴란드 군인이 독일의 침략에 대한 군사보장을
영국과 프랑스가 이행하지 않았다며 체임벌린 영국 수상을 비난하고 있다.

랑스의 지도자는 자국 내 공산주의의 팽창을 두려워하여 반공적이었다.
또한 스탈린이 벌인 숙청의 결과 소련군은 무력하다고 추정했다. 역으로
소련은 영국이 교묘한 수단으로 프랑스를 교사하여 동방에서 소련을 희생
시켜 히틀러의 영토 욕구를 채워주려고 획책하고 있다고 생각했다. 양쪽
의 결별은 뮌헨회담 때 영국과 프랑스가 소련을 일체 무시함으로써 기정
사실이 되었다. 영국 · 프랑스와의 협조를 단념한 소련은 이듬해에 독일 ·
소련불가침조약을 체결한다. 동유럽의 각국 사이에 불화도 있어서 유럽의
집단안전보장체제는 실현되지 못했다.

  (8) 나치를 공산주의의 방파제로 보는 생각

  예를 들면 영국의 로더미어는 "독일의 젊고 패기 있는 나치는 공산주
의 위기에 대한 유럽의 수호자"라고 생각했다. 보수세력은 노동운동을 탄

압하는 파시즘을 바람직한 질서의 확립자라고 생각했다. 영국과 프랑스의 많은 지도자는 "대 독일전에서 패배하면 나치화가 진행될 것이다. 그러나 또한 소련과의 협력에서 승리를 거두어 독일이 해체되면 전 유럽이 공산화될 것이다"란 딜레마를 안고 있었다.

(9) 히틀러의 침략성에 대한 과소평가

체임벌린은 뮌헨회담에서 "히틀러가 영국과 우호관계를 원하고 있다고 확신"하고 히틀러의 "(수데텐지방) 이외에 영토적 야심은 없다"는 발언을 믿었다. 체임벌린의 유화정책에 대한 강한 확신이 최종 국면에서 결정적인 역할을 했다고 할 수 있다.

유화정책의 결과

영국과 프랑스의 유화정책은 국제협정과 소국의 운명을 희생으로 해서 추진되었고, 이는 유럽 각국의 이탈을 초래했다. 영국과 프랑스의 동맹국이었던 벨기에와 유고슬라비아는 이탈했고 무솔리니와 스탈린 양 독재자는 영국과 프랑스보다 독일에 접근했다.

영국과 프랑스의 독일에 대한 일련의 양보는 어찌되었든 독일의 협정 불이행으로 배신당했다. 뮌헨협정도 무시되어 1939년 3월 독일은 체코를 무혈점령했다. 더 나아가서 독일은 자유도시 단치히의 병합을 폴란드에게 강요하기 시작했다. 이에 이르자 영국과 프랑스는 겨우 폴란드에게 군사력을 주어 독일의 침공에 대처하기 시작했다. 그러나 대전이 시작된 후에도 영국과 프랑스의 유화적 태도는 계속되었다. 폴란드가 독일의 맹공을 받아 파멸을 맞이하는 가운데 영국과 프랑스의 국경에서는 개전 후 반 년 사이에 전투는 거의 발생하지 않았다.

체코 사람들은 나치에게 어떻게 저항했나

체코점령

제1차 세계대전 후 탄생한 체코슬로바키아는 체코와 슬로바키아인의 대립, 수데텐지방에 많이 거주했던 독일인 등의 심각한 민족문제를 안고 있었다. 1938년 수데텐지방을 손에 넣은 나치 독일은 이듬해에는 체코를 점령한다. 슬로바키아는 명목상의 독립국이 되어 나치의 괴뢰정권이 탄생했다.

'보헤미아 · 모라비아보호국'이라고 명명된 체코는 총독이 지배했다. 많은 지식인이나 반나치 인사들이 체포되었고 강제수용소로 보내졌다. 그 수는 20만 명에 이른다. 체코인의 고등교육은 금지되었고 초등학교에서는 독일어 수업이 의무화되었다.

점령 후 체코에서는 무장 저항운동은 약했지만 파업과 태업이 일어났다. 슬로바키아에서는 나중에 조직적인 저항운동이 발생하여 1944년에는 2개월에 걸친 봉기가 일어났다. 병합 후 대통령을 사임하고 영국에 망명한 베네시(Benes)는 런던에 임시정부를 수립했다. 영국이나 소련은 이를 망명정부로 인정했다. 많은 체코슬로바키아 망명자가 연합군에 지원했다.

나치로 인해 사라진 마을

체코의 수도 프라하의 교외에는 리디체(Lidice)라는 마을의 흔적이 있다. 일찍이 존재했던 마을이 지금은 없어지고 넓은 초원이 있을 뿐이다. 그 흔적 한 구석에 소박한 십자가가 하나 세워져 있는데 그 옆에 기념관이 있다.

1942년 6월 9일부터 10일 동안 리디체 마을은 나치의 공격을 받았다. 보호령 총독대리인 하이드리히(Heydrich)가 체코 저항운동 그룹에게 습격당한 데 대한 보복이었다. 마을 사람들은 습격사건과 아무 관련도 없었다. 이때 마을에 있던 모든 사람들을 강제로 모이게 하여 그 자리에서 14세 이상의 남자 172명 전원을 사살하였다. 여자도 몇 명인가 사살되었고 나머지 195명은 강제수용소로 보내졌다. 90명 남짓한 어린이들도 강제수용소로 보내졌고 아리아민족의 기준이었던 금발에 파란 눈의 어린이는 독일인 가정에 양자로 보내졌다.

마을의 모든 건물이 불에 태워졌고 폐허는 평원이 되었다. 산더미처럼 쌓인 벽돌도 타버린 목재도 어딘가로 운반되었다. 나치는 이 모습을 선명하게 필름으로 남기고 있다.

하이드리히 습격사건

라인하르트 하이드리히는 히틀러의 후계자로 일컬어지던 인물이었다. 보호령 총독대리가 된 그는 잔인한 것으로도, 당근과 회초리정책을 교묘하게 사용한 것으로도 유명했다. 연합국 측은 하이드리히의 살해를 계획했다. 당연히 하이드리히를 살해하면 엄청난 보복이 예상되었다. 체코의 저항조직은 망명정부를 통해서 영국에 그 계획의 중지를 요청했지만 영국은 듣지 않았다. 보복에 의해 체코슬로바키아 국민에게 나치에 대한 강한 적의가 생길 것을 기대했다고도 전해진다.

1942년 봄, 습격을 실행할 체코 병사가 런던에서 프라하 교외로 낙하산을 타고 내려왔다. 5월 27일 프라하의 거리에서 오픈카에 탄 하이드리히는 기관단총의 세례를 받고 6월 4일 병원에서 사망했다. 실행조직은 프라하 교외의 지하예배당에 숨어 전원이 전사했다. 보복이 행해진 것은 리디체 마을만은 아니었다. 5주 동안에 1,000명이 넘는 체코인이 처형되었다고 한다.

1945년 5월 9일, 프라하는 소련군에 의해 해방되었다. 그 직전인 5월 5일 시민에 의한 봉기가 일어났다. 구 체코슬로바키아의 장교가 이 봉기를 조직했고 공산당도 참가했다. 1943년에 제작된 영화 「사형집행인도 죽는다」에는 하이드리히 습격사건을 중심으로 프라하 사람들의 나치에 대한 저항이 그려졌다. 감독은 프리츠 랭, 각본은 극작가인 베르톨트 브레히트였다.

스웨덴의 복지정책은 어떻게 시작되었나

스웨덴은 사회복지의 '모델국가'로서 유명하지만 '복지'란 단어 자체는 미국 헌법에 이미 나와 있다. 전쟁 전에는 '사회보장'이란 단어가 일반적이었다. '복지'란 단어가 일반적으로 사용된 것은 전후 영국의 복지정책에서부터이다. 이는 실업과 질병, 고령으로부터 노동자를 지킨다는 생각에서 나왔다. 이것이 스웨덴에서 한발 앞서 노동자뿐만 아니라 전 국민적인 것으로 확대되어 제도화되었다. 즉 스웨덴 민주주의의 '평등' 사상과 사회민주당의 장기집권이 연결되어 '요람에서 무덤까지' '태아에서 사후까지'란 슬로건이 되었고 고도복지국가 스웨덴이 형성된 것이다.

복지국가를 만든 사민당

현대의 복지국가 스웨덴을 설계하고 만든 것은 사회민주당이다. 이 당은 K.H.브란팅(사민당의 아버지라고 불리는 초대 당수) 이후 중도와 타협을 중시하는 이른바 실용주의정책을 추진하고 사회주의혁명을 배제하며 의회주의에 의한 점진적이고 온건한 현실정책을 추구했다. 이것이 요테보리(스웨덴 제2의 도시) 강령(1919년)과 스톡홀름강령(1944년)으로 구체화되었다. 즉 '버터도 대포도'란 대내외정책을 전개했다. 1932년 이후 1976년까지 44년간의 장기집권 사이에 복지국가의 토대가 완성됐다(이후에도 사민당정권이 대부분을 계승하고 있다).

이 복지정책은 브란팅의 국민연금정책에서부터 시작하여 A.한손(수상, 브란팅의 후계 당수)의 '국민의 집' 구상에서 장기목표가 성립됐고 더 나아가서는 탁월한 두 명의 정치가인 비그포르스(Ernst Wigforss, 장기간 재무장관 역임)와 G.메라(장기간 사회복지장관 역임)가 중심이 되어 1950~1960년대의 수확기 '황금의 스웨덴 복지국가' 시대를 구축했다. 이는 '트리그헤트(trygghet, 안정된 생활의 보장)'를 목표로 하는 자본주의 경제원리와 사회주의의 분배원리를 합한 '제3의 길'이었다.

이렇게 해서 일반연금, 실업보험, 아동수당, 유급휴가, 출산휴가, 의료보장, 각종 노인시설, 탁아소 이외에도 현재는 많은 선진국에서 일반화되어 있는 복지국가의 체계가 완성되었다.

전환기의 복지국가

그러나 1980~1990년대에 들어서 복지사회는 곤란에 직면했다. 이는 복지를 지탱하는 경제가 정체되었기 때문이었다. 고도복지 고부담의 한계가 무거운 압력이 되었다(정부예산의 반이 복지예산이고 국민부담률은 70퍼센트 가까이 되었다. 한 예로 소비세는 25퍼센트이다). 한편 고령인구의 급증

(2025년에는 4명에 1명)도 문제가 되기 시작했다(복지예산의 반은 고령자복지, 노인의 4분의 3은 혼자 생활하고 있으며 고령자의 반은 홈서비스를 받고 있다).
게다가 공적 자금의 증대, 노동력의 공공부문에 대한 집중(특히 여성노동이 복지부문에 집중되면서 나타나는 노동시장의 경직화), 또한 복지 관료체제의 비대화, 복지의 악용(꾀병 휴가 등) 문제 등이 한꺼번에 분출했다(그리고 정신적 문제에 정치는 무력하다).

이렇게 하여 복지제도의 재고, 세제개혁 등 일련의 정책이 현재 진행중이다. 또한 EU(유럽연합) 가입에 따르는 복지제도의 조정도 무시할 수 없는 문제이다(다른 EU 각국의 낮은 복지수준의 영향을 받고 있다). 다행히도 경제는 1990년대 말에 개선의 기미가 보였다. 세계는 신세기를 맞이한 스웨덴 복지의 앞으로의 향방에 주목하고 있다(참고로 각 나라에서 복지정책을 실행할 때 스웨덴 복지로부터 배울 점은 매우 많다. 그러나 모든 나라가 스웨덴과 같은 조건의 복지정책을 실시한다는 것은 현실적으로 무리가 있다).

유대인은 왜 좀더 일찍 안전한 나라로 피신하지 않았나

이주의 연기

안네 프랑크 일가가 오랫동안 살았던 독일의 프랑크푸르트를 떠나 네덜란드의 암스테르담으로 이주한 것은 1933년 봄이다. 이해 1월에 독일에 히틀러정권이 들어섰고 반유대주의가 국가원리로 되었다. 유대인 상점의 상품 불매운동, 유대인의 취업과 취학 규제, 공직추방 등 각종 박해와 차별정책이 점차 심화되자 참을 수 없게 되어 독일을 떠나는 최초의 유대인들이 물결을 이루었다.

당시 독일 국내의 유대인은 약 50만 3천 명, 전 인구의 0.76퍼센트를 차지했는데 그 후 1937년까지 국외로 이주한 유대인은 12만~13만 명에 불과했다. 머물러야 할지 떠나야 할지 선택을 앞에 두고 많은 유대인은 결단을 내리지 못했다. 왜인가?

유대인이 처한 상황

첫 번째 이유는 유대인의 절박한 경제사정 때문이다. 그들은 나치의 차별정책으로 직업과 재산을 잃었고 설상가상으로 출국하려면 무거운 세금이 부과되었다. 두 번째 이유는 히틀러 독재는 오래 유지되지 않을 것이고, 머지않아 폭풍이 지나면 사태는 호전될 것이라는 낙관론도 출국 결단을 미루게 했다. 여기에는 나치에 대한 과소평가와 국제여론에 대한 과도한 기대가 있었다. 세 번째 이유는 이주할 곳에서의 생활설계와 취직에 대한 불안, 그리고 이주국의 엄격한 입국 제한도 그들을 망설이게 하였다.

1938년 7월에는 미국 대통령인 루스벨트의 제창으로 유대인 난민구제를 의제로 하는 국제회의가 개최되었다(에비앙회의). 그러나 32개국 대표가 모인 이 회의는 실질적으로 아무 성과도 얻지 못했다. 어느 나라도 각각의 사정을 이유로 난민 받는 것을 거부하거나 아니면 소극적인 자세밖에 보이지 않았다.

안네 일가가 1933년이란 비교적 이른 시기에 국외로 이주한 것은 현명한 판단이었다. 그러나 최대의 계산 착오는 6년 후의 제2차 세계대전의 개시였다. 나치에 학살된 유대인 희생자의 총수는 559만~585만 명으로 추정되지만 그들의 압도적 다수는 전시 중에 독일군이 점령한 지역에 살았던 유대인 주민이었다. 그중에서도 폴란드는 250만 명 이상의 유대인 희생자를 내는 최대 피해국이었는데 나치의 반유대주의는 전쟁 확대와 함께 동유럽에서부터 서유럽까지 들불처럼 번져갔다. 만약 안네 일가가 전쟁 전에 외삼촌처럼 미국으로 이주했다면 그들은 나치의 마수에서 벗어날 수 있었을지도 모른다.

『안네의 일기』

경건한 유대교도였던 안네 일가에게는 성지 예루살렘이 있는 팔레스타인(영어로는 팔레스티나)으로 이주하는 길은 선택의 하나였다. 나치시대 독일에서 팔레스타인으로 이주한 유대인은 3만6천 명을 넘으며 히틀러정권도 초기에는 이를 촉진하는 조치를 취했다.

『안네의 일기』에는 시오니즘에 대한 기술은 거의 없다. 그러나 종전 1년 전인 1944년 5월 8일의 일기에 언니 마르고트가 "팔레스타인에서 조산부가 되고 싶다"고 말했다고 쓰고 있다. 어쩌면 안네의 은신처에서는 전후의 팔레스타인 이주 가능성이 검토되었는지도 모른다. 그러나 안네 자신은 "나는 어머니나 마르고트처럼 좁고 속박되는 것 같은 생활은 하고 싶지 않다. 어학이나 미술사를 공부하기 위해 파리와 런던에 각각 1년 동안씩 유학하고 싶다"고 쓰고 있다.

스위스 은행에 숨겨진 나치의 금괴

약탈당한 금괴

1996년, 영국은 제2차 세계대전 중에 나치 독일로부터 스위스 은행에 팔린 대량의 금괴 대부분이 현재도 스위스 은행에 남아 있다는 보고서를 공표했다. 대전 중 나치 독일은 점령한 나라의 중앙은행 등에서 막대한 양의 금괴를 접수했고 또한 유대인으로부터도 많은 금괴를 빼앗았다. 미국 정부의 보고에 의하면 접수된 금괴의 총액은 1996년의 금액으로 환산하면 약 56억 달러에 이른다. 금괴 중에는 강제수용소에서 학살된 유대인의 반지나 금니를 녹여서 만든 것도 포함되어 있다고 한다.

이중 39억 달러가 스위스 은행에 매각 또는 예치되었다. 전시의 국제통화였던 스위스프랑으로 바꾸어 전쟁자금으로 사용하기 위해서였다. 대전 중 스위스 은행은 독일의 해외은행 역할을 했다. 1943년 독일 경제장관은 "스위스와의 금융관계를 2개월 동안 끊는다면 정부는 전시체제를 유지할 수 없을 것"이라고 말했다. 당시 스위스가 금괴의 출처에 대해 알고 있었는지는 알 수 없다. 그러나 스위스는 연합국 측의 요청을 무시하고 나치 독일과 금거래를 계속하였고, 전후에도 일부밖에 반환하지 않았다.

스위스와 유대인

제2차 세계대전 전, 나치의 박해를 피하려던 유대인 난민은 스위스로 향했다. 그러나 스위스는 비자 취득을 의무화하여 그들을 내쫓았다. 난민의 증가로 독일과의 관계 악화를 두려워했기 때문이다. 1942년에는 "민족적인 이유로 인한 망명은 거부한다"는 법률이 제정되었고 유대인 난민을 막기 위해 국경은 완전히 봉쇄되었다.

국경에서 쫓겨난 유대인의 수는 2만 4천 명을 넘었다고 한다. 스위스 국경을 넘으려고 하다가 국경경비대에 체포된 유대인은 나치에게 넘겨져 강제수용소로 보내졌다.

유대인 자본가는 전쟁 전에 스위스 은행에 현금이나 금괴, 그림 등을 맡겼다. 비밀보장과 외국정부의 자산몰수에 응하지 않아도 된다는 것이 그 이유였다. 그러나 예탁주가 강제수용소 등에서 사망한 경우 이것들은 스위스 은행의 비밀계좌나 지하실의 금고에서 휴면하게 되었다. 전후 이 '휴면계좌'에 대해 살아남은 가족이나 친척들이 공개나 반환을 요구했지만 은행 측은 '비공개 의무'를 이유로 응하지 않았다.

스위스의 전쟁책임

제2차 세계대전 중에 스위스는 독일·이탈리아, 연합국 측과 무역관계를 계속 유지했다. 그러나 1938년 스위스 총 수출량의 4분의 1 정도가 독일·이탈리아와의 거래였으며, 1941년에는 반 이상이 되었다. 연합국 측의 불만은 높아졌고 스위스와의 교섭이 정체되었다. 그러나 스위스는 독일을 상대로 한 스위스제 병기와 탄약의 수출을 축소하라는 연합국 측의 요구에 응하지 않았다.

스위스가 전 교전국에 군수품의 수출을 중지한 것은 1944년 10월이다. 독일·이탈리아와의 상거래에 제한조치를 취한 것은 독일의 항복 직전이었다. 또한 스위스가 독일·이탈리아 사이의 통과운송을 인정한 것은 중동과 이탈리아, 발칸전선의 독일군 보급에 결정적인 역할을 했다. 대전 중의 스위스의 중립은 독일에게는 강력한 기둥이었다.

전후 50년 이상 흐른 현재에 이르러서야 스위스에게 전쟁책임을 묻게 되었다. 1996년, 스위스정부는 유대인 난민의 입국을 거부한 일 등에 대해 국가배상을 결정했고, '휴면계좌'를 조사하는 국제위원회가 설치되었다. 이듬해에는 '금괴문제'를 조사하는 전문위원회가 발족했다.

독일에 저항한 이탈리아의 파르티잔은 어떤 역할을 수행했나

레지스탕스 체험

제2차 세계대전 중 이탈리아에는 파시즘체제가 성립되었다. 1937년에는 이탈리아, 독일에 일본이 가세하여 삼국 방공협정이 체결되었고 긴밀한 관계로 발전했다. 그러나 전후체제의 선택에서 이탈리아와 일본은 큰 차이가 있다. 전전(戰前)의 이탈리아는 왕국이었고 국왕은 무솔리니의 독재체제를 인정했다. 전후에 왕정과 공화정 가운데 하나의 체제를 선택하는 국민투표가 실시되었다. 국민의 공화정 지지표는 54퍼센트를 차지해 국왕은 퇴위하여 포르투갈로 망명했다.

1947년에 만들어진 신헌법 제13조에서는 "국왕, 그 배우자 및 그 남자 자손은 이탈리아 영토 내로의 진입 및 체재가 금지"되었다. 왕족의 파시즘체제에 대한 책임을 매우 무겁게 추궁한 결과였다. 전쟁 중에 많은 시민이 경험한 레지스탕스의 체험이 전후 이런 이탈리아의 선택을 이끌어냈다.

이탈리아 레지스탕스의 개시

이탈리아가 연합군과 휴전협정을 맺고 이를 공표한 것은 1943년 9월 8

일이다. 이 휴전협정에 조인한 사람은 무솔리니가 아니라 바돌리오 원수이다. 무솔리니는 이에 앞서 7월 25일에 체포되어 유폐되었다. 국왕 비토리오 엠마누엘 3세와 이탈리아 군 수뇌부가 이 움직임을 주도했다. 7월 10일에는 연합국이 시칠리아섬에 상륙했고 수도 로마는 대공습을 받았다. 이런 사태 속에서 국왕과 가톨릭교회 등의 전통세력이 무솔리니에게 불신감을 가지고 쿠데타를 일으켰다.

이 휴전협정의 발표에 의해 지하에 숨어 있던 반파시즘 활동가들은 공공연히 활동을 시작했다. 그러나 이때 독일군이 모습을 드러냈다. 독일군은 북부를 점령하고 무솔리니를 구출하여 가르다호반의 살로에 신정부를 수립했다. 이렇게 해서 이탈리아는 군사적으로 남북으로 분단되었다. 북부 각지에 있는 독일군에 대항 레지스탕스의 파르티잔 부대가 결성되었다.

독일군의 북부 점령으로 이탈리아군은 해체되었고 독일군에게 저항한 부대는 학살되었다. 많은 병사는 포로가 되어 독일의 강제수용소로 보내지거나 도망쳤다. 이때 병사 중에서 독일군과 무솔리니의 지배에 대항해 무기를 들고 싸울 것을 결의하는 자들이 나타나 최초의 파르티잔부대가 결성되었다. 이 부대에 많은 시민과 농민이 점차로 참가하게 되어 레지스탕스 싸움을 전개했다.

연합국은 남부의 국왕·바돌리오 정권을 유일한 합법정권으로 보는 태도를 취했기 때문에 처음에는 이 싸움에 호의적이지 않았고 물자를 원조하지도 않았다. 그러다가 1944년 12월에 관계가 개선되어 식품과 무기가 공급되었다. 그러나 독일군과의 싸움은 고착되었고 결국 레지스탕스는 1년 8개월 동안 긴 싸움을 하게 되었다.

이탈리아 레지스탕스가 목표로 한 것

1943년 11월에 약 4천 명이었던 파르티잔의 수는 이듬해 3월에는 약 3

만 명, 그 1년 후에는 약 13만 명까지 증가했다. 각 도시에는 주요 5정당으로 구성되는 통일기관이 설립되었고 점차로 파르티잔부대도 그 아래로 통합되었다. 도시가 해방되자 국민해방위원회가 시정을 장악했고 자치를 실현했다. 북부의 각지에 나타난 몇몇의 해방구에서는 독자의 민주적 개혁도 실현되었다.

1945년 4월 25일, 북부의 최대 도시인 밀라노에서 파르티잔이 봉기했다. 여기에는 약 25만 명이 참가했고 이에 의해 독일군은 소탕되었다. 스위스로 도망치려던 무솔리니는 파르티잔에 의해 체포되어 총살당했다. 이렇게 해서 이탈리아에는 시민의 힘으로 평화와 자유의 날들이 찾아왔다. 그 동안의 파르티잔 사망자 수는 4만 5천 명, 독일군에 의해 학살된 시민 수는 1만 명에 이른다.

냉전의 기원

철의 장막―미·소 냉전의 개시

냉전이란 제2차 세계대전 후부터 1980년대 말까지 미합중국을 중심으로 한 서구자본주의 진영과 소련을 중심으로 한 동구사회주의 진영 사이에 실제 전쟁은 일어나지 않은 채 대립이 계속된 상황을 말한다. 자본주의와 사회주의의 대립은 러시아혁명이 일어나 사회주의국가가 탄생한 1917년 이후부터 이미 존재했다.

그러나 세계가 이런 대립관계로 나누어진 것은 제2차 세계대전 후 소련의 영향 아래 사회주의체제를 택하는 나라가 증가했기 때문이다. 1946년 3월 영국의 전 수상인 처칠이 미합중국의 미주리주 풀턴에서 행한 연설에서 "슈체친에서 토리에스테까지 철의 장막이 쳐 있다"고 한 것은 유럽 양 진영의 분단을 가리키는 표현으로 널리 알려졌다. 그러나 이때 실제로는 양진영이 확실하게 대립하는 상황은 아니었으며 특히 동유럽 각국이 취한 체제는 유동적이었다.

냉전의 본격화

이것이 변화하여 냉전이 본격화된 것은 1947년이다. 그리스와 터키(두 나라 모두 소련과의 관계를 긴장시키는 요인을 안고 있었다)에 대한 군사원조를 둘러싸고 지금까지 원조의 주체가 되었던 영국이 경제위기 때문에 미국에 대신 원조해줄 것을 요청하였고 미국이 이에 응하면서 냉전의 양상은 명확해졌다. 1947년 3월 미국의 트루먼 대통령이 이 양국에 군사원조법안을 제안하면서 세계는 자유주의와 전체주의의 선택의 기로에 서 있다고 말한 것(트루먼 독트린)이 냉전의 본격적인 시작이었다고 한다.

냉전의 기원을 둘러싼 전통적 해석

냉전이 왜 생겼는지에 대해서는 미합중국과 소련의 역할을 둘러싸고 서방세계, 특히 미국에서 활발한 논쟁이 이루어졌다. 냉전 개시의 책임은 세계혁명, 세계의 공산주의화를 목표로 팽창주의를 취한 소련에 있다는 견해가 '전통적 해석'으로 받아들여졌다. 이에 대해서 미합중국은 오직 수동적으로 대응했다고 생각했다.

여러 가지 해석

이런 견해에 대해 1960년대 후반 이후 베트남전쟁에 대한 비판이 미국

내에서 높아지는 상황에서 미국 자신의 팽창주의, 특히 경제적 권익을 넓히려는 경제적 팽창주의에서 냉전의 기원을 찾는 견해가 나타났다. 즉 각지의 개혁의 움직임을 '혁명' 운동으로 묘사하며 이를 억누르려는 '반혁명' 외교정책이야말로 냉전 개시의 책임이라고 하는 '수정주의'가 주장되기 시작한 것이다. '수정주의'를 둘러싼 논쟁은 베트남전쟁의 종결과 함께 진정되었고 1980

전후 유럽의 분리를 둘러싼 세 지도자 루스벨트, 처칠, 스탈린의 거래.
(『펀치』 1945년 2월호)

년대가 되어 '포스트수정주의'라고 불리는 견해가 나타났다. 이는 미국의 경제적 동기를 중시하는 '수정주의'의 주장도 배려하면서 '전통적 해석'에서 말하는 소련 책임론을 재확인하는 것이었다.

또한 1980년대에는 영국에서 자국의 역할을 중시하는 연구도 활발하게 이루어졌다. 이런 연구에서는 소련의 힘을 봉쇄하려는 움직임이 미국보다 먼저 영국에서 있었다는 점이 강조되었지만 이것도 기본적으로는 소련에 책임을 돌리는 입장에 선 논의였다.

1980년대 말 냉전이 종결을 맞이하고부터 지금까지 자료적 단서가 너무 불충분했던 소련 지도자들에 대한 연구가 진행되기 시작했다. 그러나 세계혁명을 목표로 한 자세와 자국의 안전보장을 중시하는 현실주의적 자세 중 어느 쪽이 그들의 본심이었는지는 확정짓기 어려우며 냉전의 기원을 둘러싼 논쟁의 종지부를 찍을 날은 아직 보이지 않는 실정이다.

「게르니카」는 왜 늦게 반환되었나

    1937년 개최된 파리박람회의 스페인관을 장식한 것은 대작 「게르니카」였다. 거장 피카소가 고국을 위해 그린 높이 3.5미터, 너비 7.8미터의 대작으로 그림이 호소하는 전쟁의 비참함과 부조리가 많은 사람들의 관심을 불러일으켰다.

반전 · 평화의 기념비 「게르니카」

    이 대작은 스페인 내전의 비극 중에 탄생했다. 1937년 4월 26일, 프랑코 반란군을 지원하던 나치 독일의 공군부대(콘도르병단)는 프랑스 국경과 가까운 스페인 바스크지방의 인구 7천 명의 마을 게르니카를 무차별 공격했다. 7할 이상의 건물이 파괴되었고 1,654명(휴 토마스, 「스페인 시민전쟁」)에 달하는 많은 시민과 어린이들이 학살되었다.

    이 소식은 스페인공화국 정부로부터 파리박람회를 위해 벽화 제작을 의뢰받아 구상을 하고 있던 파블로 피카소에게도 전해졌고 그는 심한 충격을 받았다. 그가 이 비극에 충격을 받아 「게르니카」를 그리기 시작했다는 것은 폭격 직후에 그가 이야기한 다음 말에 확실히 나타나 있다. "······ 반란이 발발했을 때 합법적으로 선출된 민주적 스페인공화국 정부는 나를 프라도미술관 관장으로 임명했고 나는 이를 바로 승낙했다. 내가 지금 그리는 벽화 ······ 나는 이것에 「게르니카」란 표제를 붙일 생각이지만 ······ 이 속에서 스페인을 고통과 사멸의 바다로 집어넣은 군벌에 대한 내 증오를 명확히 표현했다."

이렇게 해서 피카소는 거의 한 달 만에 이 대작을 그려냈다.

이 그림의 모티브는 게르니카 폭격에 대한 분노이지만 폭격기나 폭탄, 소실한 집 등 비참한 장면이 그려진 것은 아니다. 그림에 표현된 것은 단말마의 말, 창이 꽂힌 소, 죽은 어린이를 안고 있는 여자, 칼을 쥐고 옆으로 누워 있는 병사, 램프를 내미는 여자, 전구 등이다. 이 모노크롬의 대화면 속에서 피카소는 전쟁의 부조리와 잔학성을 폭로하면서 반전과 평화의 존엄성을 호소하였다.

'공화국의 부활' 때까지는 반환하지 않겠다

1937년 11월 25일, 파리박람회는 폐막되었다. 「게르니카」는 피카소도 희망했듯 스페인공화국에 반환해야 하는 것이었다. 그러나 당시의 스페인은 프랑코 반란군이 명백히 공화국 측보다 유리해 「게르니카」가 반환될 수 있는 상황이 아니었다.

박람회 폐막 후에도 「게르니카」에 대한 반향은 컸으며 피카소에게 전시를 신청하는 각국의 주문이 쇄도하여 「게르니카」의 여행은 시작되었다. 먼저 북유럽을 순회하였고 1938년 9월에는 영국에서 순회전이 개최되었으며 이듬해 1939년 5월 미국으로 온 이후 42년간 뉴욕 근대미술관에 전시되면서 미국에 머물렀다.

내전에 승리한 프랑코(Franco)는 정권 말기인 1968년부터 「게르니카」의 반환작전을 전개했다. 1969년, 독재자 프랑코의 뜻을 받은 정부관리인 프로렌치노 페레스 엠피드는 피카소에게 그림을 스페인으로 '반환' 할 의사를 타진했는데 이에 대해 피카소는 "스페인공화국이 부활할 때 그림은 스페인공화국 정부에 넘어갈 것이다"라고 답했다. 이 회답에는 조국을 생각하고 반전과 평화의 뜻을 담아 제작한 「게르니카」를 '공화국' 을 파괴한 반동세력에게는 넘기지 않겠다는 피카소의 생각이 담겨 있다.

1973년 피카소는 92세로 사망했고 그 2년 후에 프랑코도 그 생애를 마감했다. 그 후 환 카를로스가 국왕이 되어 스페인은 군주국이 된다. 군주국이라고는 하나 여러 가지 자유화정책이 진행되었고 1977년 7월에는 국민선거에 의해 국회가 탄생하기에 이른다. 이렇게 해서 「게르니카」 반환의 조건인 '공화국의 부활'이 거의 정비되었고 드디어 1981년 스페인 '반환'이 실현되었다. 지금 이 대작은 마드리드의 국립 소피아왕비미술센터에 전시되어 반전과 평화의 소망을 계속 전하고 있다.

아우슈비츠수용소에서 학살된 인원수

방대한 희생자

아우슈비츠수용소에서 학살된 인원수를 확정하기는 힘들다. 이미 반세기 이상이 지났지만 아우슈비츠국립박물관은 희생자의 개인 기록(이름, 생년월일, 출신지, 사망일시, 사인 등)의 수집작업을 아직도 계속하고 있다. 전세계의 유족이나 관계자의 요구로 개인 희생자를 추도하기 위해서이지만 희생자 전원을 확정하기는 불가능에 가깝다.

희생자 대부분은 유럽 각지에서 화물열차로 이송되었고 도착과 동시에 가스실로 보내졌다. 수용소에서 '노예 이하'의 가혹한 노동을 강요당한 '죄인'의 경우는 수용소 관리부(친위대)에 의해 이름이 등록되었고 사망기록도 작성되었지만 범죄행위가 드러나는 것을 두려워한 나치는 수용소에서 철수할 때 이 기록을 폐기했다. 아우슈비츠국립박물관은 최근에 대량의 『사망자명부』를 간행하여 죽은 희생자들 중에 자세한 사항이 판명된 6만 9천 명의 이름을 게재했지만 이는 100만~150만 명이라고 일컬어지는 희생자 총수 중 일부분에 지나지 않는다.

희생자 400만 명설

냉전기에 아우슈비츠의 희생자 총수는 공식적으로 400만 명이라고 생각되었다. 1945년 1월 27일 아우슈비츠에 돌입한 소련군은 겨우 살아남은 '죄인' 7,650명을 해방시키면서 118만 벌의 의복, 7.7톤의 두발, 셀 수 없을 정도로 산더미처럼 쌓인 신발과 가방, 그리고 600여 구의 학살사체를 발견했다. 즉시 생존자와의 구두조사를 시작했고 1주일 후에는 '적어도 400만 명'이 여기서 목숨을 빼앗겼다고 발표했다. 이 수는 화장터의 사체 처리능력과 가동일수를 근거로 계산한 것인데 목격자의 단편적인 지식과 애매모호한 증언에 의존한 과장된 숫자라는 것에 대해서는 처음부터 의문의 여지가 있었다.

사실상 뉘른베르크 국제군사재판정에 출정한 아우슈비츠수용소 전 소장인 헤스(Hess)도 "아우슈비츠수용소에서만 250만 명이 죽었고 이 외에 50만 명이 기아와 쇠약함으로 사망했다"고 증언했다. 헤스가 제시한 숫자도 실제보다 상당히 많은 것이지만 동구의 각국에는 소련이 말한 '아우슈비츠의 희생자 400만 명' 설이 정설로 받아들여졌고, 아우슈비츠수용소 유적지 내의 기념비에는 '희생자 400만'이란 문구가 새겨졌다.

아우슈비츠국립박물관

한편 서구에서는 1950년대부터 역사가들이 희생자수의 검토에 들어갔다. 『유럽 유대인의 절멸』의 저자로서 유명한 미국의 힐버그는 아우슈비츠에서의 유대인 희생자 수를 100만이라고 계산했고 프랑스의 베레르는 유

아우슈비츠에 이송된 유대인의 출신국별 내용	
헝가리	438,000
폴란드	300,000
프랑스	69,000
네덜란드	60,000
그리스	55,000
보헤미아·모라비아	46,000
슬로바키아	27,000
벨기에	25,000
독일(오스트리아를 포함)	23,000
유고슬라비아	10,000
이탈리아	7,500
노르웨이	690
그 외	34,000
합계	1,095,190

(Franciszek Piper, Auschwitz, How Many Perished. Jews, Gypsies…Krakow 1992)

대인을 포함한 희생자를 147만 명으로 계산했다. 1980년대가 되어 폴란드의 아우슈비츠국립박물관 연구원인 피퍼는 1940～1945년 사이에 아우슈비츠수용소에 연행된 인원수를 열차 운송기록으로 보아 적어도 130만 명(유대인 110만 명, 폴란드인 14만～15만 명, 집시 2만 3,000명, 소련군 포로 1만 5,000명)으로 계산하고 이 중에서 110만 명(유대인 100만 명, 폴란드인 7만～7만 5,000명, 집시 2만 1,000명, 소련군 포로 1만 5,000명, 그 외 1만 2,000～1만 5,000명)이 살해되었다는 결론을 내렸다. 피퍼의 연구는 이스라엘을 포함한 세계의 홀로코스트(대학살) 연구자들의 높은 평가를 받았다. 1993년 아우슈비츠국립박물관은 수용소의 유적지 안에 새롭게 설치된 기념비에 다음과 같은 글을 새겨넣었다.

"히틀러에 의해 민족 학살의 희생이 된 유대인, 집시(롬인), 폴란드인, 소련군 포로 그리고 이 땅에 흩어진 모든 사람들에게 바친다. (중략) 나치가 약 150만 명의 남자들, 여자들, 어린이들, 특히 유럽 각지에서 끌고 온 유대인의 목숨을 빼앗은 이 땅에 절망의 외침과 인류에 대한 경고는 영원히 남을 것이다."

냉전과 현재

고르바초프 서기장,
만약 당신이 평화를 원한다면···
만약 당신이 소련과 동유럽의 번영을
원한다면···
만약 당신이 자유화를 원한다면···
이리로 오시오. 이 문으로.
고르바초프씨 이 문을 여시오.
고르바초프씨 이 벽을 헐어내시오.

-레이건 대통령이 1987년 6월 12일 서독의
브란덴부르그 문에서 고르바초프에게 공개
적으로 냉전의 종식을 제안한 내용.

헝가리사태는 왜 일어났나

영향력이 적었던 공산당

슬라브계가 많은 동유럽에서 마자르어를 사용하는 헝가리인은 독특한 민족문화를 유지해왔다. 종교적으로는 가톨릭교도가 많으며 또한 구 오스트리아·헝가리제국의 일부로서 서구문화의 영향을 받아왔다. 헝가리사회에서 역사적으로 형성된 전통·서구적 원리에 사회주의적 원리가 가세한 것은 제2차 세계대전 후의 일이다.

1945년 헝가리는 소련에 의해 해방되었고 신정권 아래에서 행해진 '농지개혁'의 결과 전통적인 대토지소유제는 무너졌다. 그러나 공산당은 1919년 이후 비합법적으로 결성되었기 때문에 영향력은 적었다. 전후 제1회 총선거(1945년 11월)의 득표율에서 소지주당 51퍼센트에 대해 공산당은 17퍼센트의 지지율밖에 얻지 못했다.

소련과 결탁한 공산당은 1947년의 총선거에서 제1당이 되지만 득표율은 22퍼센트에 불과했다. 일당독재가 실현된 것은 1948년이며 다른 당을 흡수 병합해서 '헝가리근로자당'을 결성했기 때문에 가능했다. 1949년 모스크바에서 돌아온 '스탈린의 우수한 제자' 라코시(Rakosi)의 독재가 시작되었다. 라코시는 같은 공산당원인 나지 임레(Nagy Imre)를 추방하고 라슬로(R.Laszlo)를 처형하는 등 반대파를 숙청하고 독재를 강화했다.

스탈린비판

1953년 3월에 스탈린이 죽자 헝가리의 독재에 대한 비판이 거세졌다.

소련은 라코시정권이 위험하다고 판단하여 7월 나지 임레를 수상으로 내세웠다. 나지 신정부는 자유화에 착수하여 다수의 정치범을 석방했다. 그러나 라코시파의 반발이 일어나 1955년 4월 나지는 당에서 추방되고 수상에서 해임당했다. 이 라코시 복권의 의도를 무너뜨린 것이 1956년 2월 소련공산당 제20차대회의 스탈린 비판이었다.

헝가리에서는 지식인과 노동자의 자유화운동이 유례없는 성황을 보였다. 라코시에게 숙청당한 라이크 라슬로의 명예가 회복되어 성대한 국장이 치러졌다. 소련은 7월 라코시를 당 제1서기에서 물러나게 하고 같은 파의 게레를 후임자로 정했다. 같은 해 6월 폴란드의 포즈난폭동이 일어나지만 소련이 군대 개입을 단념하자 10월에 추방되었던 고무우카정권이 들어섰다.

헝가리 사태

1956년 10월 23일(현재도 기념일이다), 고무우카정권 수립을 안 수도 부다페스트의 30만 명에 이르는 학생과 시민들은 자유화를 요구하는 시위를 벌였다. 일부는 스탈린상을 파괴하고 방송국에 대해 그들의 요구를 방송할 것을 요청했다. 여기에 치안경찰이 개입하여 유혈참사를 불렀다.

정부는 사태를 진정시키기 위해 나지 임레를 다시 수상으로 임명하고 동시에 소련군의 출동을 요청하는 두 가지 방법을 썼다. 헝가리군은 이미 '반란'에 합류해 있었기 때문이다. 나지 수상은 사태를 수습하기 위해 혁명세력의 요구를 일부 받아들여 10월 30일에는 복수정당제와 자유선거를 약속하고 11월 1일에는 중립을 선언했다.

그러나 이는 소련의 허용범위를 넘어서는 것이었다. 소련은 헝가리사태를 '반혁명'이라고 규정하고 중국, 폴란드, 루마니아, 유고 등의 동의를 얻은 다음 11월 1일에 국경을 넘어 침입하여 11월 4일까지 전 국토를 제압했다.

　헝가리정부는 최후까지 유엔과 서구 각국의 지원을 기다렸지만 묵살되었다.

　이는 같은 시기에 수에즈의 위기(1956년 10월 이집트와 영국, 프랑스, 이스라엘의 3국간에 일어난 무력분쟁 — 옮긴이)가 일어났기 때문이다. 10월 29일 이스라엘이 이집트를 침공하고 10월 30일에는 영불군이 이집트 공격에 참가했다. 나지정부는 바르샤바조약기구로부터 탈퇴하고 중립보장을 유엔에 요청했으나 유엔은 수에즈전쟁에는 힘을 기울이면서 헝가리의 목소리는 무시했다.

　11월 말 나지는 소련군에게 연행되었고 비밀재판으로 1958년에 처형되었다. 그 명예가 회복된 것은 1989년 6월 동유럽혁명 때였다.

비틀스는 왜 훈장을 받았나

훈장 수여

　1965년 6월 엘리자베스여왕 탄생일기념의 훈장 수여자가 발표되었다. 이중에 비틀스 4명이 포함되어 있었다. 그들이 기사로 봉해졌다는 오보도 있었지만 수여된 훈장은 MBE(대영제국훈장)로 대중가수가 이런 훈장을 받은 것은 처음이었다.

　수여식 당일 수천 명에 이르는 비틀스 팬이 버킹엄궁전 주위에서 그들을 기다리고 있었다. 여왕과의 알현 때 멤버는 서로를 다른 이름으로 불러서 여왕을 당혹하게 했다고 한다. 여왕이 "요즘 바쁘시죠?"라고 묻자 존 레논은 "아니오, 계속 쉬는 중입니다"라고 대답했다. 비틀스의 훈장 수여는 영국 내에 큰 반향을 불러일으켰다. 전쟁에서 훈장을 수여받은 퇴역군인들이 "훈장의 품위를 떨어뜨리는 것"이라며 차례로 훈장을 반납해 그 수는 800개를 넘었다고 한다. 존 레논은 이런 반응에 대해 "전차를 움직여 전쟁에서 승리하지 않으면 MBE를 못 받나"라면서 강하게 비판했다.

수여의 배경

비틀스의 훈장 수여를 추천한 이는 헤럴드 윌슨이었다. 그는 리버풀 출신의 노동당 국회의원으로 1964년에 수상이 되었다. 훈장 수여에 대한 반발 중에는 "젊은이들에게 환심을 사려고 한다" "노동당정부의 음모다" 등의 비판도 있었다.

막 수립된 윌슨정권은 심각한 경제문제에 직면해 있었다. 방대한 국제수지 적자에 의한 파운드의 위기였다. 신정권은 파운드 절하를 하지 않고 공정비율의 인하, 수입추징금의 도입, 대외차관에 의해 위기를 헤쳐나가려고 했다

이런 가운데 비틀스에게 훈장이 수여되었는데 윌슨은 존 레논과 만나서 그들의 음악을 높이 평가했다고 전해진다. 훈장 수여가 결정이 된 지 3일 후에 하원에는 "비틀스는 세계에 행복을 주었으며 달러를 미국에서 영국으로 가져왔다. 훈장을 그들에게 수여한 여왕의 행위를 높게 평가한다"란 특별의견이 제출되었다.

존 레논은 훈장 수여에 대해 "우리들이 수출에 공헌했기 때문이라고 생각한다. 누군가가 비료나 기계를 수출하여 상을 받으면 모두 박수치는데 왜 우리들은 비난받아야 하는가"라고 말했다.

훈장 반환

비틀스만큼 일찍이 젊은이들을 사로잡은 사람은 없었다. 그들은 음악뿐만 아니라 패션이나 행동, 발언 등으로 젊은 층에게 큰 영향을 미쳤다. 그러나 이런 현상에 눈살을 찌푸리는 사람들도 있었다.

훈장 수여로부터 4년 후 존 레논은 훈장을 반환한다. 함께 부친 편지에는 "폐하, 저는 이 훈장을 영국의 나이지리아와 비아프라전쟁에 대한 개입, 베트남전쟁을 하는 미국에 대한 지지, 그리고 내 노래 「차가운 칠면조」가 히트차트에서 떨어진 것에 항의하여 반환하겠습니다. 사랑을 담아서 존 레논"이라고 써 있었다. 존 레논은 훈장 반환으로 자신의 평화운동을 실천하려고 했다.

비틀스는 1970년 앨범 「렛잇비」를 끝으로 해산해 4명은 각자의 활동을 시작했다. 그리고 10년 후인 1980년 존 레논은 뉴욕의 자택에서 한 청년의 습격에 의해 살해되었다. 해산 후에도 계속 히트곡을 내온 멤버 중의 한 명인 폴 매카트니는 1997년 여왕으로부터 기사의 칭호를 받았다.

'철의 여인'이라고 불리는 대처는
어떤 인물인가

영국 최초의 여성 수상

1970년대의 영국은 중증 '영국병' 환자였다. 산업의 저하, 공동화(空洞化)에 의한 경제불황으로 외환시장에서 파운드는 폭락했고 1976년에는

IMF로부터 긴급융자를 받을 정도였다. 제2차대전 후 '온건한 사회주의' 를 표방하여 '요람에서 무덤까지'란 말이 빛나는 복지국가 영국은 강한 노동조합으로 임금의 저하를 인정하지 않았고, 복지도 높은 수준을 유지했다. 하지만 국가재정은 대적자였고 공영사업의 빈번한 파업으로 인해 자주 정전이 되고 주유소가 폐점되었으며 산더미 같은 쓰레기로 도시 기능은 마비되었다. 여기저기서 시민폭동도 일어났다. '대영제국'은 빈사상태였다.

이런 와중에 등장한 이가 '철의 여인'이라고 불리는 마거릿 대처 (M.Thatcher)이다. 1925년 식료잡화점의 딸로 태어난 대처는 공립학교에서 옥스퍼드대학으로 진학, 화학기사가 되었지만 결혼 후 독학으로 법률을 공부하여 변호사 자격을 딴다. 학생시절부터 정치에 관심을 가지고 있던 그녀는 이윽고 정치가의 길을 가게 되고 보수당 당원이 되며 1959년 하원의원에 당선된다. 1960~1970년대 보수당 속에서 정치력을 갈고 닦은 대처는 1975년 전 수상인 히스를 물리치고 보수당의 당수가 되며, 1979년의 총선거에서 노동당에 승리하여 영국 최초의 여성 수상이 되었다.

그녀의 정책은 한마디로 말하자면 '반사회주의'였으며 낡았다고도 할 수 있는 '정통' 보수주의라고 할 수 있다. 영국병의 뿌리는 사회주의적 정책에 있다고 확신한 대처는 그런 정책을 다 없애고 시장경제원리를 도입, 경제를 활성화함으로써 국가재편을 시도했다. 때마침 소련이 붕괴하기 시작한 1980년대에 그녀는 미국의 레이건과 함께 국제적으로 반공산주의의 기수가 되었다.

우연이 손을 들어준 '대처리즘'

그러나 처음부터 '대개혁'이 실현된 것은 아니다. 그녀의 첫 작업은 인플레의 억제였는데 정당 지출의 삭감과 금융 억제정책의 결과 경제는 더욱더 정체되었다. 실업자가 증대하자 시민의 폭동도 격렬해져 대처의 인기는 땅에 떨어졌다. 그러나 우연은 대처의 편을 들어주었다. 불만이 증대하기 시작한 1982년 '포클랜드전쟁' 이 일어난 것이다.

아르헨티나의 남동쪽에 있는 포클랜드제도는 1832년에 영국이 식민지화한 이후 영국과 아르헨티나 사이에서 오랫동안 영유권 전쟁이 반복되어온 곳인데 1982년 아르헨티나가 결국 군사력으로 점령을 감행했다. 이때 대처는 재빨리 대규모 군대를 파견, 약 70일 만에 아르헨티나군을 굴복시켰다. 영유권 문제는 해결되지 않은 채였지만 이 '승리' 는 영국인의 '애국심' 을 자극했고 대처의 평가는 급격히 높아졌으며 보수당은 1983년의 총선거에서 대승을 거두었다.

'대처리즘' 이라고 불리는 그녀의 정치철학은 사람들의 비판이나 의혹에 굴복하지 않고 자신의 정책을 밀고 나가는 강한 태도와, 당에 자신의 생각을 명확히 말하고 설득해가는 데 그 특징이 있는데 주어진 승리의 기회를 놓치지 않고 잡는 힘도 빼놓을 수 없다. 그녀는 이 2기째의 '안정정권' 을 최대한 이용하여 대담한 정책을 계속 펼쳤다. 국영화되어 있던 가스, 수도, 전기, 통신 등의 사업을 '민영화' 하고 지방정부를 거의 무기력하게 만들어 중앙집권화를 추진했다. 그리고 격렬한 싸움 끝에 노동조합의 실질적 붕괴도 '성취' 했다.

이렇게 해서 영국의 경제가 활기를 되찾았다는 것이 정설인데 장기적인 안목에서도 과연 그러할까? 1990년 대처는 수상의 자리를 메이저에게 물려주고 은퇴했다. '대영제국' 의 리더십 부활을 목표로 하여 유럽연합(EU)에는 시종일관 소극적이었던 11년간의 대처정권의 공과는 후세의 평가를 기다려야 하겠지만 어찌되었든 '철의 여인' 으로 불리기에 걸맞은 강렬한 개성을 지닌 정치가였다.

독일에 터키인이 많은 것은 무슨 이유인가

'경제의 위기'와 베를린장벽

베를린장벽이 붕괴하고 동·서독일이 통일을 서두르고 있을 즈음 서독에는 약 161만 명의 터키인이 있었다. 이는 서독 인구의 2.6퍼센트, 서독에 정주하는 외국인의 32.7퍼센트에 해당한다. 외국인의 약 3명 중 1명이 터키인이었다.

서독의 초대 수상인 아데나워 시절(1949~1963년)은 '경제의 기적'을 이룬 시기라고 불린다. 그 특징은 첫 번째 높은 경제성장률(1952~1960년의 평균 7.7퍼센트), 두 번째로 실업자의 감소, 세 번째로 물가의 안정이다. 이 시기에 서독 경제가 비약적인 경제성장을 이룬 이유는 여러 가지가 있지만 어찌되었든 서독은 이 시기에 동독이나 구 독일령(히틀러시대의)으로부터 200만 명 이상의 독일인을 받아들였고 그들에게 고용의 기회를 보장했다.

한편 동독은 경제건설로 "서독을 따라가고 결국은 서독을 따라잡는" 것을 목표로 했지만 무리한 경제계획과 농업집단화의 강행 등에 불만을 지닌 사람들이 대거 서독으로 이주했다. 그 수는 1959년에 약 14만 4천 명, 1960년에는 20만 명으로 증가했다. 이른바 베를린장벽은 1961년 8월에 만들어졌는데 이 해 그때까지에만 15만 명이 도망쳤다. 그 과반수는 25세 이하의 청년이었고 또한 숙련노동자나 고학력자도 많았다고 한다.

베를린장벽의 구축은 서독이 동독에서 오는 노동자를 받아들일 수 없게 되었음을 의미했다. 고도성장을 계속한 서독은 새로운 노동자의 보급원을 확보해야 했다.

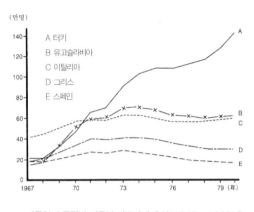

서독의 외국인 노동자의 모집과 터키의 이민정책

서독정부는 노동력 확보를 위해 주로 남유럽 각국이나 제3세계 나라들과 개별적으로 협

서독일의 국적별 외국인 거주자의 추이(1967~1980년)

정을 맺어 이민노동자를 모집하였다. 그중에서 이 협정에 가장 적극적이었던 데가 터키였다. 1961년(베를린장벽 구축의 해), 서독과 터키의 고용쌍무협정이 맺어졌다. 그 이전에 서독에 이주했던 터키인은 겨우 2,700명이 있는데 그 수가 1962년에는 3배로 증가했다. 그리고 1970년에는 약 47만 명, 1973년에는 약 91만 명으로 증가했다(이중 피부양자, 비노동인구는 25~35퍼센트를 차지한다).

고용쌍무협정에 의해 서독에 온 터키 이주민의 대부분은 기업이나 주(州) 대표가 주최하는 환영회에서 악단의 연주를 들으며 환영받았다고 한다. 서독에게 외국인 노동자는 말 그대로 음악과 함께 환영받을 만한 사람들이었다. 1964년에 '100만 명째의 외국인 노동자'가 도착하자 그 포르투갈인에게는 엔진이 장착된 자전거가 선물로 주어졌고 그 장면이 텔레비전으로 중계되었다.

서독의 경제가 외국인 노동자(주로 단순, 미숙련노동자)의 수입을 필요로 했고 서독은 환영했는데 왜 대부분이 터키인이었을까? 제2차 세계대전 후 터키에서는 급격히 인구가 증가했다(인구증가율 약 2.5퍼센트). 동시에 농촌의 생산성 저하와 농지 부족 등의 현상은 농촌인구를 도시로 흘러가게 했다. 그러나 도시의 공업도 이를 받아들일 만한 여유가 없어 실업자문제는 심각했다.

터키정부는 그 해결책의 하나로서 해외이민을 촉진했다. 정부가 중개해서 노동자를 주로 서유럽 각국에 보냈다. 터키의 제1차 5개년계획(1963~1967년)에는 그 방침이 확실히 드러나 있다. 서독과의 고용쌍무협정(1961년) 외에 1964년 이후 오스트리아, 프랑스, 스웨덴, 오스트리아와의 협정이 차례차례 맺어졌다. 그중 최대의 이민수입국은 서독이었다. 베를린장벽의 구축에 의해 동독에서 오는 노동자의 유입이 정지되었기 때문이다.

독일 통일이 지니는 의미

서독의 터키인 노동자의 비참한 실태는 귄터 발라프의 르포르타주인 『재저변(再底邊)』에 묘사되어 있다. 그래도 1960년대에는 터키인에게 직장은 거의 보장되어 있었다. 그러나 1973년의 석유파동은 서독경제에 큰 타격을 주었고 이는 당연히 터키인 노동자의 생활에도 영향을 미쳤다. 이해 서독정부는 터키인 노동자의 모집을 중지했다. 독일인 노동자와 터키인 노동자가 고용의 기회를 둘러싸고 서로 다투는 시기가 찾아왔다. "터키인은 독일에서 나가라, 너희들은 돼지다"라는 낙서가 마을 한쪽에 나붙곤 했다.

베를린장벽의 붕괴와 연이은 독일의 통일은 서독에 사는 터키인 노동자들에게는 더욱더 큰 시련이었다. 동독에서 대량의 노동자가 밀려들어왔기 때문이다. 터키인 노동자는 실업의 위기와 동시에 새로운 차별에 고통을 받게 되었다. 터키의 한 소녀는 "내 어머니가 일하다 실수를 하자 공장의 독일인 상사가 '신경 쓰지 마, 실수해도 돼. 우리들은 '벽'의 저쪽에서 얼마든지 고용할 수 있으니까'라고 말했어요"라고 한다. '하나의 독일'이란 민족주의는 새로운 배타주의를 낳는 위험성을 내포하고 있었다. 그 가장 극단적 모습이 신나치(스킨헤드 등)일 것이다.

핵실험에 반대한 그린피스는 어떤 단체인가

'레인보우 워리어' 호의 핵실험 항의운동

1995년 9월 프랑스의 핵실험이 초읽기 단계로 들어간 남태평양의 프랑스령 폴리네시아 무루로아 환초에서 핵실험에 항의하는 국제환경보호단체 그린피스의 항의선 '레인보우 워리어 2호'가 핵실험을 위해 접근금지가 된 해역으로 돌입했다.

프랑스의 핵실험 재개에 대한 반발이 세계적으로 높아지는 가운데 '레인보우 워리어 2호'와 9척의 소형보트가 일제히 접근금지 해역으로 돌입하였는데 이는 그린피스의 핵실험 반대운동으로서는 최대의 규모였다.

프랑스령 폴리네시아에 주둔하는 프랑스 해군사령관은 "영해에 대한 침입은 위반행위이며 특히 군사구역 내의 침입은 중대한 위반행위이다"라며 '레인보우 워리어 2호'에 프랑스 해군의 병사가 올라갔으며 핵실험을 앞에 두고 사태는 긴박해졌다.

프랑스 핵실험 반대운동을 계속해온 타히치 독립파가 개최한 평화집회에서 그린피스 대표는 "프랑스 핵실험은 그린피스의 요람이었다"라고 말했는데 이는 초창기인 1970년대부터 남태평양의 프랑스 핵실험에 반대하는 것이 활동의 주축이 되어왔다는 의미이다.

집요한 그린피스의 핵실험 반대운동에 대해 프랑스당국은 실력행사로 이에 대응해왔다. 1985년 7월에는 뉴질랜드에 정박 중인 그린피스의 '레인보우 워리어호'를 프랑스의 정보기관원이 폭파하여 거기에 승선하고 있던 그린피스의 카메라맨 한 명이 사망했다. 10년 후인 1995년 7월에는 남태평양에서 '레인보우 워리어 2호'를 급습하여 취조를 구실로 승무원을 구속했다.

또한 프랑스당국은 그린피스에 대항하는 정보조작을 꾀하면서 홍보활동에 힘을 기울여 신문기자 등을 핵실험에 초대하기도 했다. 그 결과 프랑스의 『르몽드』지 등은 "그린피스는 왜 중국은 쫓지 않는가? 프랑스체제가 개방적이며 투명도가 높기 때문이라고 해서 적대적 행동을 취하는 것은 도의적으로 용서할 수 없다"고 논평하기도 했다.

'그린피스'란 무엇인가

국제적인 환경보호단체로 자연보호와 반핵, 해양동물 보호 등의 문제에 대해 급진적인 항의활동을 포함한 다면적인 활동을 계속하고 있다.

1969년에 캐나다에서 조직된 '파도를 일으키는 위원회'가 모체이며 태평양에서 미국이 핵실험을 강행했을 때 해일이나 방사능 오염을 염려한 사람들이 위원회를 조직하고 항의활동을 개시했는데 이 위원회가 2년 후에 '그린피스'로 바뀌었다. 본부는 네덜란드의 암스테르담에 있다.

걸프전 때에는 400만~800만 배럴의 석유가 유출되어 700킬로미터에 이르는 해안이 오염되었고 1만 5천~3만 마리의 야생조류가 죽었다는 조사 보고를 발표했다(1992년 2월 28일). 게다가 고래나 돌고래의 보호캠페인을 하면서 이와 동시에 포경에 반대하는 활발한 활동도 계속하여 소련이나 일본의 포경선 조업을 방해하는 항의 선박을 계속 보냈다. 점차로 대기오염, 지구온난화, 해양자원의 보호 등 환경문제에도 적극적으로 활동하여 세계적으로 지지자를 늘리고 있다. 100억 원을 넘는 연간활동비는 민간으로부터의 기부와 잡지 등의 판매로 충당하고 있다고 한다.

'그린피스' 의 의의

그린피스는 지금까지의 평화운동과 환경보호운동을 질적으로도 전술적으로도 전환시켜 적극적 행동을 수반한 급진적 운동을 전개해왔다.

첫 번째 '반핵' 과 '환경운동' 을 결합시켜 운동을 진행시켜왔다. 핵보유국에 의해 계속되는 핵실험과 광범위한 방사능 오염으로 인해 '반전' 을 위한 '반핵' 과 함께 '환경문제' 로서의 '반핵' 을 요구해왔다.

두 번째 비폭력을 표방하고는 있지만 실제로는 현장에서 어업을 방해하거나 '레인보우 워리어호' 처럼 항의선으로 핵실험을 저지하여 실력행사를 수반하는 운동을 계속해왔다.

세 번째 정보활동을 적극적으로 하여 '현장' 에서의 실력행사를 사진이나 비디오에 담아 매스컴에 배포하거나 '현장' 을 방송국에 취재시켜 생생한 영상을 통해 폭넓게 일반에게 호소하는 수법을 취했다.

그린피스에 의해 취해진, 조금 거칠다고도 할 수 있는 문제제기는 오늘날 세계 각지의 사람들에게 공통된 과제를 주었다. 각 지역의 환경 NGO에 의해 반핵과 환경보호운동이 크게 확대되었고 '유엔인간환경회의' (1972년 스톡홀름)이나 '지구서미트' (1992년 브라질)에서 전 지구적 과제가 되었다.

베를린장벽은 어떻게 붕괴되었나

장벽의 붕괴

1989년 11월 9일 오후 9시경 동베를린 본홀름 거리의 검문소에는 그날 저녁 텔레비전 뉴스에서 '해외여행의 자유화' 소식을 들은 동베를린 시민이 많이 모여 있었다. 10시 30분 "열어라"라는 소리에 떠밀리듯이 동독 국경경비대는 게이트를 열었다. 1961년부터 28년 동안 동서로 분단되어 넘는 것이 불가능했던 '베를린장벽'이 붕괴되는 순간이었다. 이로부터 겨우 11개월 후 독일은 통일을 달성했다.

계기는 소련의 개혁운동

'베를린장벽'의 붕괴를 초래한 최대의 원동력은 소련의 고르바초프정권이 1986년부터 추진해온 페레스트로이카(개혁, 재건)와 글라스노스트(개방)라고 불리는 근본적 개혁운동이었다. 이는 체코슬로바키아, 폴란드, 헝가리에도 파급되어 1989년 전반에는 이들 나라에서 상당한 성과를 올렸다.

한편 동독지도부는 개혁에 대해 매우 소극적이었고 천안문사건(1989년 6월)으로 반대파를 탄압한 중국정부를 공공연히 옹호하는 등 민주화의 움직임을 오히려 억누르려고 했다. 1989년 9월 헝가리와 오스트리아의 국경이 개방되자 동독의 경직된 체제에 싫증을 느낀 젊은이들이 대거 서구로 망명하기 시작했다.

호네커 서기장의 퇴진

동독 국내에 머물렀던 시민들도 사상, 언론, 여행의 자유 등 민주적 개혁요구를 걸고 지도부에 대한 항의운동을 시작했다. 10월 9일에 7만 명의 시민이 참가해서 평화롭게 행해진 라이프치히에서의 시위를 계기로 시민운동은 전국으로 확산되었다. 교회도 이에 동조하는 움직임을 보였다. 이미 소련이란 방패를 잃어버린 SED(독일사회주의통일당)의 호네커(Honecker) 서기장은 퇴진할 수밖에 없었는데 그래도 민주화운동은 수그러들지 않았고, 11월 4일에는 "우리들이야말로 인민(주권자)이다"라고 외치는 약 100만 명의 시민이 동베를린에 집결했다. 다급해진 동독지도부는 끝내 시민에게 여행의 자유를 주고 장벽을 개방한다는 방침을 정했다. 그 후 인민회의는 동독헌법에서 'SED의 지도성'을 정한 규정을 삭제했다. 이렇게 해서 동독의 일당독재체제는 붕괴했다.

하나의 민족

동·서 독일 사이의 통행의 자유가 실현되자 동독 시민의 관심은 개혁에서 통일로 이행했다. 서독사회의 풍요함에 충격을 받은 동독 사람들은 자국의 민주적 개혁을 추진하기보다 서독과의 일체화를 한층 더 강하게 요구한 것이다. "우리들은 한 민족이다"가 새로운 슬로건이 되었다.

통일독일

1990년 3월 18일에 동독 사상 최초이자 최후의 자유로운 인민의회 선거가 실시되었다. 여기서는 가급적 빠른 통일, 즉 서독기본법 제23조에 의해 서독으로 동독이 편입될 것을 요구하는 '독일연합'이 승리하였고 기독교민주동맹을 중심으로 한 신정부가 발족했다. 5월에는 동·서독정부 사이에 '통화, 경제, 사회보장동맹' 창설에 관한 국가조약이 체결되었으며 7

월 1일에 발효되었다.

이렇게 해서 동독의 사회와 경제는 서독에 편입되었고 서독마르크(DM)가 통일독일의 통화가 되었다. 한편 일찍이 대독 전승국이었던 미국, 영국, 소련, 프랑스는 동·서 독일을 포함한 '4+2' 외무장관회의로 독일통일의 국제적 틀을 창출하려고 했다.

당시 통일독일의 나토 가맹에 소련이 반대했기 때문에 교섭은 난항이 예상되었지만 여름에 타협이 성립되었고 9월 12일에는 통일독일의 영토와 주권 등을 약속한 '독일통일을 위한 최종 조약'이 체결되었다. 10월 3일 이 조약이 발효하여 독일은 통일되었다.

왜 유고슬라비아는 분열하여 민족분쟁이 시작되었나

'순수혈통'이란 영혼의 병

'순수혈통'이란 말에는 마술적 여운이 있다. 일찍이 나치 독일은 게르만 민족의 '순수혈통'을 지킨다고 하여 유대인을 포함한 다른 민족들을 죽이는 데 여념이 없었다. 1991년 유고슬라비아에서 이 악몽은 되살아났다. 같은 유고인들 사이에 동족상잔이 시작된 것이다. 한 난민은 이렇게 말했다.

"이 전쟁에서 제일 무서운 것은 텔레비전이나 라디오의 선전에 의해 무서울 정도로 빠른 속도로 사람의 마음이 변해가는 것이다. 어제까지 무슬

구 유고슬라비아의 현재

림의 지도자에게 비판적이었던 사람이 다음날에는 이 추한 전쟁을 세르비
아인이 나쁘기 때문이라고 긍정하고 만다. (중략) 내 몸 속에는 몇 종류의
피가 흐르고 있다. 나는 이 싸움에서 어느 민족 조직에도 가담하고 싶지
않다."(야마자키 카요코 山崎佳代子,『해체 유고슬라비아』)

'유고슬라비아인'의 형성

동서세계의 접점이라고 할 수 있는 발칸반도를 향해 북쪽에서 이주해
온 슬라브인은 복잡한 지역성과 역사 때문에 더욱더 작은 민족단위로 나
뉘어 왔다. 19세기 후반부터 '남슬라브국'(유고슬라비아국)를 건설하려는
운동이 일어났고 제1차 세계대전 후 대국을 만들려는 의지도 있어서 유고
슬라비아는 발족되었다. 통일은 했지만 각 민족 사이의 융화는 아직 멀었
고 국가는 안정되지 않았으며 분쟁이 되풀이되었다. 1941년 나치 독일이
침략해오자 이 나라는 힘없이 무너졌다.

새로운 유고슬라비아는 티토(Tito)가 지휘하는 공산당이 중심이 된 파르티잔의 투쟁으로 생겨났다. 침략자 나치와의 혹독한 싸움과 자력으로 이룬 해방, 공통된 체험과 자부심이 민족과 지역을 초월해서 사람들을 하나로 연결했다.

그러나 사회주의국가 유고슬라비아 앞에는 또 하나의 장벽이 있었다. 대국 소련이었다. 소련공산당 서기장 스탈린은 독자적인 길을 가려 하는 유고슬라비아를 국제공산주의 조직에서 추방하고 맹렬한 반유고 선전을 계속했다.

유고는 자주관리 시스템을 채용함으로써 이 곤란을 헤쳐나가려고 했다. 위로부터의 지령에 의해 강권적으로 사회주의를 건설하는 것이 아니라 사람들의 자발성, 적극성에 의해 건설하려고 했다. 정치·경제적 의사결정은 분권화되었고, 기업은 노동자에 의한 자주관리에 맡겨졌다. 당명도 공산주의자동맹으로 바뀌었고 공산주의자동맹의 역할은 설득과 주도권을 발휘하는 것이었다.

외교면에서도 동서 어느 쪽의 진영에도 속하지 않은 채 냉전 아래에서 '적극적 평화공존노선'을 세계에 호소하여 많은 사람들을 매료시켰다. 그렇지만 국내의 민족문제는 유고슬라비아의 아킬레스건이었다. 국가의 통일성을 강화하려면 각 민족공화국의 반발이 강해지고 분권화를 추진하면 통일성은 약해진다. 티토는 이 균형에 고민했다.

분열과 해체로

1980년 5월 티토는 사망했다. 제2차 석유파동으로 인한 불황이 유고슬라비아에 직접적인 타격을 주어 생활은 악화됐으며 사회불안이 확대되었다. 이 정치·경제적 어려움 앞에서 자주관리체제는 잘 기능하지 못했다. 국가통합의 기반으로 지도 책임이 있는 공산주의자동맹도 통일성을 잃고 각 공화국의 대변자 역할만을 수행했다.

1989년부터는 '동유럽혁명'이 일어나 동구 각국의 공산주의정권이 차례로 붕괴했다. 유고슬라비아도 그 영향을 받아 1991년에 처음으로 '자유선거'를 실시했고 대부분의 공화국에서 민족정당이 승리하여 분열은 기정사실이 되었다. 같은 해 크로아티아 각지에서 민족주의세력에 의한 세르비아인 습격이 계속되어 연방군이 출동하는 사건이 일어났다.

1991년 6월 슬로베니아공화국이 독립을 선언하고 연방군을 공격하기에 이르러 내전은 본격화되었다. 이 전쟁은 연말에 유엔의 개입으로 일단 진정되었다. 그러나 1992년에 다민족이 복잡하게 살고 있던 보스니아 · 헤르체고비나로 이 불씨가 번져 주민들 사이에서 약탈, 폭행, 학살이 행해졌다.

1998년 전쟁은 코소보 자치주에도 번졌고 나토군이 개입하여 세르비아는 일방적인 공습을 받고 패배했다.

EU통합에 왜 우익이 대두하나

오스트리아 우익, EU를 흔들다

2000년 2월 우익인 오스트리아자유당은 국민당과의 연립에 의해 정권을 잡았다. EU가맹국의 다른 14개국은 "유럽연합의 이념을 흔들어놓았다"(포르투갈 그레데스 수상)라고 하여 외교적인 제재에 나섰다.

EU는 1950년, "프랑스와 독일의 오랫동안의 대립을 해소하기 위해 두

286

나라의 석탄과 철강자원을 공유기관 아래에서 관리한다"(슈만플랜)고 하여 ESCS(유럽석탄철강공동체)를 출발시킴으로써 시작되었다. '나치의 악몽'을 되풀이하지 않기 위해 민주주의와 인권옹호를 그 이념의 중핵으로 삼았다.

그 후 ESCS의 성과를 경제 전반으로 확대시키기 위해 1957년의 로마조약에 근거하여 EEC(유럽경제공동체)가 발족했다. 또한 공동으로 원자력을 관리하기 위해 EURATOM(유럽원자력공동체)도 동시에 발족했다. 1967년에는 이 세 공동체가 하나로 통합되어 EC로 되었고 유럽은 정치적 통합을 향해 크게 전진했다.

1992년의 마스트리히트조약은 '유럽통합의 꿈'을 현실화하는 것이었다. 단일통화의 발행, 유럽의 공통외교, 안전보장정책의 실시를 목표로 하여 EU(유럽연합)가 결성되었다. 한편 민주주의와 인권옹호는 EU가맹의 자격이며 조건이었다. EU 각국이 나치 예찬을 공공연히 하는 우익정권의 집권에 충격을 받고 외교제재에 나선 것은 당연한 결과였다.

오스트리아 자유당수 하이더는 어떤 인물인가

"우리들의 아버지는 범죄자가 아니었다." 이것이 하이더의 신념이다. 젊고 잘생겼으며 적극적인 스타일, 교묘한 궤변은 많은 사람들을 매료시켰다. 그는 대중의 감정에 민감하게 반응했고 대중을 자극했으며 본심을 확대해서 보이는 우익적 포퓰리스트(대중선동정치가)의 측면을 많이 지니는 지도자다.

오스트리아에서는 국민당과 사회민주당의 연립이 오랫동안 계속되었고 공권력이 영향을 가지는 지위, 직업이 두 정당의 세력관계에 따라 배분되었다. 그 결과 내부에서는 구조적인 부패, 오직사건이 항상 따라다녔고 국민으로부터 비판의 목소리가 올라왔다. 자유당은 이 비판을 받아들였다.

1990년대가 되자 동유럽 사회주의정권의 붕괴, 유고슬라비아분쟁 등으로 이민, 난민, 불법입국자가 증가하였는데 소국 오스트리아는 사회경제적, 문화적 안정이 위협받는다며 배타주의의 감정을 높였다. 이 감정도 하이더를 더욱더 부채질하였다.

오스트리아는 1995년에 EU에 가맹했고 1999년부터 통화통합에 참가함으로써 전반적 상황에 질적 변화가 일어났다. 오스트리아는 국영·공영기업이 많은 나라다. 이것이 유럽 규모의 극심한 경쟁에 처해지게 된다. 통화통합에 참가하면 재정긴축은 필수였다. 자본가 측은 구조적 산업개혁을 요구받았고 복지와 사회정책적 예산은 인하되었다. 이런 상황에서 연금생활자 등의 위기감이 높아졌다.

오스트리아가 직면한 모순과 위기감에 따라 정부와 EU, 브뤼셀의 엘리트 관료를 비판하며 그 기세로 외국인(특히 비백인)을 공격한 이가 하이더이다.

우익 대두의 배경

거대한 통일시장, 강력한 국제통화가 탄생하면서 산업계는 EU체제 아래에서 새롭게 개편되어 거대합병과 직원감축을 추진하게 된다.

이 물결에서 낙오되는 사람, 종래 국가에 의해 보호받으며 거기에 안주해온 사람, 통합으로 이익을 받지 못하는 사람, 오히려 생활기반을 빼앗기는 사람들 등 장래의 생활에 대한 불안, 초조, 공포조차 느끼는 사람들도 다수 발생했다. 이 사람들에게 높은 임금과 일자리를 찾기 위해 유입되는 외국인은 잠재적인 적으로 비친다. 여기에 외국인 배격을 슬로건으로 하는 우익 대두의 배경이 있다.

하이더는 EU의 일원으로서 "암스테르담조약을 존중한다"고 약속했으므로 당분간 오스트리아에서 EU를 파괴할 만한 움직임은 없을 것이다. 그러나 장래에 우익정권이 EU에서 '거부권'을 행사할 경우 EU의 각료이사회의 결정방식이 전원일치제이므로 기능이 마비될 가능성이 있다. 이후에 동유럽 각국의 EU 가맹 일정이 구체화되면 문제는 한층 더 복잡해질 것이다.

구치로 보는 이탈리아사회의 특색

구치라고 하면 이탈리아를 대표하는 명품 중 하나이다. 해외여행의 붐 속에서 로마, 그리고 피렌체의 구치 상점에는 관광객이 몰려든다. G를 두 개 합친 구치 마크는 여러 가지 제품에 사용되어 한눈에 그 특색을 알 수 있다. 이는 고급품이란 증명임과 동시에 엘리자베스여왕이나 재클린 케네디 등 화려한 상류계층의 사람들과 같은 것을 지닌다는 우월감을 주었다.

그런데 날개 돋친 듯이 팔렸던 제품의 대부분은 지금 전 세계의 구치상 점에서 모습을 찾아볼 수 없다. 디자인이 한층 새로워지고 젊은 구매층에 게 호감을 주는 제품이 늘었다. 이 변화 뒤에 구치란 회사에 큰 변동이 있 었음을 아는 사람은 적다. 대체 무슨 일이 일어난 걸까?

구치는 왜 변화했나

구치의 창업자는 구치오 구치이다. 1920년대에 그는 피렌체에 작은 가 죽제품 가게를 열었다. 가족 전원이 경영에 참가하여, 제2차 세계대전 후 에는 세계 유명인을 사로잡는 세련되고 질이 높은 제품을 다수 만들어 판매를 확대했다. 이와 동시에 뉴욕이나 런던에도 지점을 열고 세계적 브랜드로서 발전했다. 그런데 현재 구치사의 경영에는 구치가의 사람이 한 명도 참가하지 않고 있다.

구치사는 가족경영을 그 경영방침으로 삼았다. 창업자에서 삼대에 걸쳐 가족 전원이 경영했고 회사 주식은 자신들 한 가족만이 보유하였으며 주식도 공개하지 않았다. 그런데 1970년대 말부터 가족 사이에 경영방침과 기업이익의 배분을 둘러싼 다툼이 시작되었다. 가족 사이의 소송이 계속되었고 아들이 탈세를 고발했기 때문에 아버지가 투옥되는 사태도 일어났다. 회사의 이익도 줄어들었다. 이 다툼은 1989년에 아랍 자본의 금융투자회사에 회사 주식을 전부 양도하는 사태로 결말지어졌다. 이 결과 구치가의 사람들은 구치사에서 전부 손을 떼야만 했다.

이탈리아 기업의 특색은 가족경영

세계적으로 알려진 이탈리아의 상표는 구치 이외에도 많이 있다. 그중에서 고급 가죽구두로 유명한 페라가모, 고급 패션으로 인기가 높은 베르사체, 캐쥬얼웨어 분야로 발전하여 메시지가 담긴 사진광고로도 화제를 모은 베네통 모두 가족 전원이 경영하는 기업이다. 이탈리아 기업의 특색은 가족경영이라고 해도 과언이 아니다. 가족경영 이외에 이탈리아 기업의 특색은 중소기업의 비율이 높다는 것이다. 매우 수준 높은 제품을 만들어 높은 국제경쟁력을 지닌 중소기업도 적지 않다. 이런 특색의 배경에는 이탈리아 특유의 가족이나 지역에 대한 감각이 있다.

이탈리아 기업과 가족, 지역의 존재와 그 특징

다른 선진 각국과 마찬가지로 근대에 들어서면서 이탈리아에도 대량의 핵가족이 탄생한다. 그러나 이탈리아의 경우 이 핵가족보다는 부모(특히 어머니)나 형제, 자매 등과의 정신적 유대가 아직 강하다. 얼핏 보면 개인주의적인 것처럼 보이는 이탈리아인이지만 일상생활을 자세히 관찰해보면 지방에서는 지역 네트워크, 도시에서는 교유관계 네트워크를 염두에 두고 활동하는 경우가 많다는 것을 알 수 있다. 이 네트워크의 중심에 있는 것이 앞서 말한 정신적 유대관계이다.

기업활동을 전개할 때 이 정신적 유대관계를 기반으로 하는 이탈리아인이 많다는 것을 쉽게 알 수 있다. 태어난 고향에서 가족 · 친구 관계를 유지하면서 그 지역의 문화 · 전통을 발전시키고, 생산활동을 수행한다. 그리하여 개인의 창조성을 빼앗는 대기업은 발전하지 못하며 대기업에서 일하고 싶어지도도 않는다. 이탈리아인의 노동에는 이런 의식이 강하게 작용하고 있다. 이는 우리와는 다른 노동환경이며 이것이 생활의 풍요함과도 연결되는 것이 아닌지 주목하는 사람들도 많다.

옮긴이 후기

우리는 유럽에 대해 얼마나 알고 있을까?

유럽 하면 파리의 몽마르트 언덕과 프랑스 혁명, 영국 런던의 시계탑, 월드컵 축구 리그, 피자, 집시, 트로이의 목마, 비틀스 등이 얼핏 떠오르고, 또한 가장 즐겨 배낭여행을 떠나는 곳도 유럽이다.

옮긴이는 고교 1,2학년 때 일주일에 한 시간, 아시아와 대비되는 유럽사를 배우는 것만으로는 왜 월드컵 축구팀에 '영국' 팀이 없는지, 유대인들은 왜 유럽 대륙에서 학대를 받았는지, 에스페란토가 왜 만들어졌는지, EU는 왜 통합했는지 도무지 알 길이 없어 늘 갈증을 느꼈다.

이 책은 그러한 유럽사·문화에 대한 궁금증 아래에서 태어났다. 고교·대학에서 유럽사를 가르치는 역사교육자협의회 37명의 교사들은 학생들이 유럽에 대해 가장 알고 싶은 내용들을 설문지를 통해 선별해 101가지로 정리하였다. 물론 교과서에 나오지 않고 일반적인 역사서에서도 쉽게 찾아볼 수 없는 내용들로, 유럽 역사의 의외의 사실과 일상생활 속의 문화 이야기가 중심적으로 다뤄져 무척 생생하고 흥미있다.

러·일전쟁에서 일본이 러시아를 이겨 핀란드와 터키는 러시아의 지배에서 벗어나는 대신 한반도는 일제에 강점당하는 것에서 유럽사와 아시아사가 떨어진 것이 아니라는 것, 동양의 동맥 '비단길'에 대비되는 '호박길', 교과서에 실린 「마지막 수업」 후 알자스로렌은 어떻게 되었는지, 프랑스혁명 때 프랑스어를 말하는 사람은 어느 정도였는지, 루소와 프리드리히 2세의 이야기를 읽으면 그 아이러니에 웃음도 나고 역사의 뒷면을 알게 되어 생각도 깊어진다.

어릴 때부터 신데렐라, 빨간 모자, 로빈 후드 등의 이야기를 읽고 자라고, 커피나 홍차를 마시면서 트럼프놀이를 하거나 영화 「트로이」를 보고 「서양신화」를 읽는다. 대학에 가면 순례여행처럼 유럽 배낭여행을 떠나지만 정작 집시가 왜 멸시받는지 알지 못한 채 소매치기당하지 않으려고 잔뜩 긴장한 채로 바라만 보다가 돌아온다.

아무쪼록 우리 생활 속에 깊이 녹아 있는 유럽을 역사와 문화의 깊은 관련 속에서 설명하는 이 책을 통해 유럽에 대한 상식과 교양을 넓히고, 더불어 역사가 재미있는 문화 이야기라는 것을 깨달을 수 있다면 옮긴이로서 큰 기쁨이겠다.

2004년 7월
양인실

더 읽으면 좋은 책

에드워드 사이드, 『오리엔탈리즘』 박홍규 역, 교보문고, 2000.

데이비드 허버트 로렌스, 『역사, 위대한 떨림』 정종화 역, 민음사, 2002.

안응희, 『유럽문화의 숨결을 찾아』, 한샘출판사, 1990.

신선희 · 김상엽 공저, 『이야기 그리스 로마사』, 청아출판사, 2003.

니콜로 마키아벨리, 『로마사논고』 강정인 · 안선재 공역, 한길사, 2003.

장 마리 앙젤, 『로마제국사』 김차규 역, 한길사, 1999.

프리츠 하이켈하임 · 세드릭 A.요 · 앨런 워드 공저, 『로마사』 김덕수 역, 현대지성사, 1998.

『로마인이야기 길라잡이』, 한길사 편집실 편, 한길사, 1999.

인드로 몬타넬리, 『로마제국사』 김정하 역, 까치글방, 1998.

인드로 몬타넬리, 『벌거벗은 로마사』 박광순 역, 풀빛, 1996.

허승일, 『로마사입문』, 서울대학교출판부, 1993.

P.A.브런트, 『로마사회사』 허승일 역, 탐구당, 1989.

마이클 우드, 『트로이, 잊혀진 신화』 남경태 역, 중앙M&B, 2002.

메네라오스 스테파니데스, 『그리스신화1~8』 강경화 외 역, 열림원, 2002.

로즈마리 섯클리프, 『트로이아전쟁과 목마』 이윤기 역, 국민서관, 2001.

김라옥 편저, 『신화의 이해』, 학이당, 2000.

하인리히 슐리만, 『트로이의 부활』 박광순 역, 넥서스, 1997.

에르베 뒤셴, 『트로이: 프리아모스의 보물』 김정희 역, 시공사, 1997.

김진경, 『지중해문명산책』, 지식산업사, 1994.

플루타르코스, 『페리클레스전』 박시인 역, 삼중당문고, 1981.

김성기, 『고대 그리스문학과 18세기까지의 서양문학』, 웅진출판, 1998.

에드윈 윌슨 · 알빈 골드파브 공저, 『세계연극사』 김동욱 역, 한신문화사, 2000.

피에르 브리앙, 『알렉산더대왕』 홍혜리나 역, 시공사, 1995.

마이클 우드, 『알렉산드로스, 침략자 혹은 제왕』 남경태 역, 중앙M&B, 2002.

플루타르코스,『플루타크영웅전』, 박광순 편역, 하서출판사, 1999.

수에토니우스,『풍속으로 본 12인의 로마황제 1, 2』박광순 역, 풀빛미디어, 1998.

에드워드 기번,『로마제국쇠망사1, 2』김영진 역, 대광서림, 1990.

피에르 미켈,『로마제국의 발견』, 동아일보사 편집국 편, 동아출판사, 1987.

『로마제국과 기독교』, 지동식 편, 한국신학연구소 출판부, 1980.

타키투스,『타키투스의 게르마니아』이광숙 편역, 서울대학교출판부, 1999.

알버틴 가우어,『문자의 역사』강동일 역, 새날, 1995.

브뤼노 블라셀,『책의 역사 : 문자에서 텍스트로』권명희 역, 시공사, 1999.

디미테르 잉키오브,『책 속의 악마를 속여라! : 지식의 보물창고 책과 문자의 역사』
유혜자 역, 중앙M&B, 2003.

서울대학교 종교문제연구소 편,『신화와 역사』, 서울대학교출판부, 2003.

자크 G. 루엘랑,『성전, 문명충돌의 역사 : 종교갈등의 오랜 기원을 찾아서』김연실 역,
한길사, 2003.

폴 카루스,『악마의 역사 : 선에 대한 끝없는 투쟁』이지현 역, 더불어책, 2003.

노베르츠 볼츠 · 빌렘 반라이엔 공저,『발터 벤야민 : 예술, 종교, 역사철학』김득룡 역,
서광사, 2000.

에른스트 카시이더,『인간과 문화』정태진 역, 탐구당, 1980.

정윤형,『서양경제사상사연구』, 창작과비평사, 1981.

마츠다 도모오(松田智雄),『서양경제사』정상환 역, 한울, 1983.

수지 애쉬위드 외,『유럽』, 안그래픽스, 2003.

박지향,『슬픈 아일랜드 : 역사와 문학 속의 아일랜드』, 새물결, 2002.

박일우,『서유럽의 민속음악과 춤』, 한양대학교출판부, 2001.

피터 그레이,『아일랜드 대기근』, 시공사, 1998.

이영재,『세계사의 9가지 오해와 편견』, 웅진출판사, 1997.

조르쥬 뒤비,『중세의 결혼(기사, 여성, 성직자)』최애리 역, 새물결, 1999년.

최형걸,『수도원의 역사』, 살림출판사, 2004.

공지영,『공지영의 수도원 기행』, 김영사, 2001.

어거스트 베벨,『여성과 사회』, 보성출판사, 1988.

소정현,『격동의 이스라엘 50년』, 신아출판사, 2000.

박수자,『이스라엘』, 양서각, 1986.

W.B.바틀릿,『십자군전쟁: 그것은 신의 뜻이었다』서미석 역, 한길사, 2004.

이종호,『세기의 거짓말』, 새로운사람들, 2003.

아민 말루프,『아랍인의 눈으로 본 십자군전쟁』김미선 역, 아침이슬, 2002.

시오노 나나미,『신의 대리인』김석희 역, 한길사, 2002.

브라이언 티어니 · 시드니 페인터,『서양중세사』이연규 역, 집문당, 1988.

크리스토퍼 듀건,『이탈리아사』김정하 역, 개마고원, 2001.

후지사와 미치오,『이야기 이탈리아사』임희선 역, 일빛, 1999.

마르코 폴로,『동방견문록』김호동 역, 사계절, 2000.

M.Z. 토마그,『마르코 폴로』박화목 역, 정음문화사, 1992.

Luc Kwante,『유목민족제국사』송기중 역, 민음사, 1988.

김낙영,『하늘이 감추어둔 땅을 찾아서』, 평민사, 2000.

한스 콘 젤만,『초기 기독교 역사』박창건 역, 성광문화사, 1994

M.M. 포스탄,『중세의 경제와 사회』, 청년사, 1989.

존 볼드윈,『중세문화이야기』박은구 · 이영재 공역, 혜안, 2002.

크리스토프 샤를 · 자크 베르베르 공저,『대학의 역사』김정인 역, 한길사, 1999.

이석우,『대학의 역사』, 민음사, 1997.

도날드 트럼프 · 토니 슈왈츠 공저,『트럼프: 거래의 기술』이재호 역, 김영사, 1987.

김종상,『백년전쟁과 잔다르크』, 예술, 1998.

프리드리히 실러,『간계와 사랑 : 빌헬름 텔』이원양 역, 서울대학교출판부, 1998.

패트리샤 포르티니 브라운,『베네치아의 르네상스』김미정 역, 예경, 2001.

샤를 페로,『샤를 페로동화』우현옥 편, 삼성출판사, 2003.

샤를 페로,『샤를 페로가 들려주는 프랑스 옛이야기』최내경 역, 웅진닷컴, 2001.

미하일 일리인,『시간을 담는 그릇(시계의 역사)』박수현 역, 아이세움, 2003.

도널드 새순,『세상에서 가장 유명한 그림』윤길순 역, 해냄출판사, 2003.

마리 바타유,『사라진 모나리자』김진경 역, 중앙출판사, 2001.

크리스토퍼 하버트,『메디치가 이야기』한은경 역, 생각의 나무, 2001.

제프리 버튼 러셀,『날조된 역사: 콜럼버스와 현대 역사가들』박태선 역, 모티브, 2004.

레슬리 미첼 · 루이스 기번,『탐험의 역사』김훈 역, 가람기획, 2004.

카를로스 푸엔테스,『라틴아메리카의 역사』서성철 역, 까치, 1997.

개럿 매팅리,『아르마다 : 역사 바꾼 영국 · 스페인전쟁1,2』박상이 역, 가지않은길, 1998.

변광수,『북유럽사』, 대한교과서, 1997.

알프레드 바알,『축구의 역사』, 시공사, 1997.

W.A. 스펙,『영국사』이내주 역, 개마고원, 2002.

앙리 쿠에코,『감자일기』김민정 역, 열림원, 2003.

래리 주커먼,『악마가 준 선물, 감자이야기』박영준 역, 지호, 2000.

아니 위베르 · 클로틸드 부아베르, 『향신료』 노정규 역, 창해, 2000.

줄리아 알바레스, 『커피이야기』 송은경 역, 나무심는사람, 2003.

하인리히 야콥, 『커피의 역사』 박은영 역, 우물이있는집, 2003.

츠노야마 사가에, 『녹차문화 홍차문화』 서은미 역, 예문서원, 2001.

루소, 『에밀(Emile)』 박호성 역, 책세상, 2003.

클라이브 폰팅, 『녹색세계사』 이진아 역, 그물코, 2003.

허버트 슈나이더, 『노동의 역사 : 고대 이집트에서 현대 산업사회까지』 한정숙 역,
한길사, 1982.

앙리에트 아세오, 『집시 : 유럽의 운명』 김주경 역, 시공사, 2003.

리튼 스트레이치, 『빅토리아시대 명사들』 이태숙 역, 경희대학교출판국, 2003

피터 J.보울러 찰스다윈-한국동물학회교양총서1 한국동물학회 역, 전파과학사, 1999.

프리츠 푀크틀레, 『노벨』 윤도중 역, 한길사, 2000.

입센, 『인형의 집』 박정수 역, 청목사, 2001.

졸다노 모여 에스카율라, 『에스페란토:평화의 국제공통어』 이종영 역,
한국에스페란토협회, 2000.

아나스타시오 로페즈 루나, 『자멘호프의 일생』, 덕수출판사, 1994.

폴 프롤리흐, 『로자룩셈부르크의 사상과 실천』 최민영 역, 석탑, 1984.

시드니 후크, 『정통이냐 이단이냐: 카우츠키에서 마르쿠제까지』 권인태 역, 지양사,
1984.

로자 룩셈부르크, 『자유로운 영혼 로자 룩셈부르크』 오영희 역, 예담, 2001.

귄터 슈타인바흐, 『세계를 바꾼 운명의 그날들』 이민수 역, 예담출판사, 2003.

A.P. 테일러, 『제2차 세계대전의 기원』 유영수 역, 지식의풍경, 2003.

요하임 C. 페스트, 『히틀러평전』 안인희 역, 푸른숲, 1998.

베빈 알렉산더, 『히틀러는 왜 세계정복에 실패했는가』 함규진 역, 홍익출판사, 2001.

미야모토 타로, 『복지국가전략 : 스웨덴모델의 정치경제학』 임성근 역, 논형, 2003.

칼 슈미트, 『파르티잔, 그 존재와 의미』 김효전 역, 문학과지성사, 1998.

존 루이스 개디스, 『새로 쓰는 냉전의 역사』 박건영 역, 사회평론, 2002.

조르주 타바로, 『피카소와 함께한 시간들』 강주헌 역, 큰나무, 2003.

브로샤이, 『피카소와의 대화』 정수경 역, 에코리브르, 2003.

피터 와이즈, 『아우슈비츠 강제수용소 : 히틀러의 유대인 학살』 황선근 역, 한국문화사,
2003.

필립 밀러, 『아우슈비츠는 불타는가』 김인숙 역, 종로서적, 1981.

래리 레인지, 『오만한CEO 비틀스:그들은 왜 아직도 돈을 벌고 있는가』 강주헌 역,

나무생각, 2003.

박동운, 『대처리즘, 자유시장경제의 위대한 승리』, FKI미디어, 2004.

고승제, 『마가릿 대처』, 아침나라, 2003.

메리 풀브룩, 『독일사』 김학이 역, 개마고원, 2001.

이민호, 『새독일사』 까치글방, 2003.

마틴 키친, 『케임브리지 독일사』 유정희 역, 시공사, 2001.

월터 슈미츠 외, 『독일 근대사』 강대석 역, 한길사, 1994.

미카엘 브라운 · 존 메이, 『그린피스』 환경운동연합 역, 자유인, 1994.

다카사키 미치히로, 『민족분쟁의 세계지도』 노길호 역, 깊은강, 2003.

김성진, 『발칸반도분쟁사 : 유고슬라비아 내전의 역사』, 우리문학사, 1997.

박이도, 『유럽연합시대』, 한국문학사, 2003.

김세원, 『EU경제학, 유럽경제통합의 이론과 현실』, 박영사, 2004.

집필자 소개

「콜럼버스는 왜 지구가 둥글다고 생각했나」
「독일에 터키인이 많은 것은 무슨 이유인가」
-나카야마 요시아키 中山義昭 歷史敎育者協議會

「영국에서는 산업혁명 무렵 석탄을 사용하였나」
-니시무라 테츠야 西牟田哲哉 愛知敎育大學附屬高等學校

「제1차 세계대전 때 독일의 반전운동은 왜 무너졌나」
-니시카와 마사오 西川正雄 專修大學敎授

「커피와 홍차가 유럽에 가져온 것은 무엇인가」
-니와 케이 丹羽敬 愛知縣立千種高等學校

「노벨평화상이 오슬로에서 시상되는 이유」
「핀란드에 토고 맥주가 있는 이유」
「스웨덴의 복지정책은 어떻게 시작되었나」
-타케다 타츠오 武田龍夫 北歐文化協會理事長

「이단으로 처형된 후스는 무엇을 했나」
「빈은 어떻게 '음악의 도시'가 되었나」
「빈의 3월혁명 때 크로아티아군이 황제 측에 있었던 이유」
「왜 유고슬라비아는 분열하여 민족분쟁이 시작되었나」
「EU통합에 왜 우익이 대두하나」
-마츠자키 토오루 松崎徹 歷史敎育者協議會

「시칠리아섬은 언제부터 문화의 선진지역으로 발달했나」

300

「독일에 저항한 이탈리아의 파르티잔은 어떤 역할을 수행했나」
「구치로 보는 이탈리아사회의 특색」
-미나가와 미즈에 皆川みずゑ 神奈川縣立麻溝臺高等學校

「페리클레스가 투구를 쓰고 있는 이유」
-미카미 코우지 三上幸治 本鄉中高等學校

「중세 유럽의 최대 도시」
「성지순례가 성행한 이유」
「재정복당한 스페인의 이슬람교도와 유대교도는 어떻게 되었는가」
「「게르니카」는 왜 늦게 반환되었나」
-사이토우 후사오 齊藤房雄 歷史敎育者協議會

「트럼프는 언제 어떻게 시작되었나」
「유리는 어떻게 유럽에 퍼졌나」
-세키네 아키오 關根秋雄 東京都立日野高等學校

「로마교황이 몽고제국에 사절을 파견한 이유」
-시노즈카 아키히코 篠塚明彦 筑波大學附屬駒場中高等學校

「제2차 세계대전 전에 있었던 부전조약이란 어떤 것인가」
「핵실험에 반대한 그린피스는 어떤 단체인가」
-아다치 요시히코 安達喜彦 故人

「헨젤과 그레텔이 방황한 길」
「로빈 후드는 실제 인물인가」
「'빨간 모자'를 잡아먹은 늑대는 왜 총에 맞아 죽었나」
「영국에서 흑인노예는 어떻게 취급되었나」
-오노우에 타케시 尾上 武 小田原城內高等學校

「로마가 기독교를 박해한 이유」
「십자군이 가지고 돌아온 '성 십자가'는 진짜였나」
「면죄부를 발행한 레오 10세는 어떤 사람인가」

-오다 아키요시 小田昭善　大阪府立盲學校

「나라는 계속되는데 왕조명이 자주 바뀐 이유」
「'유대인'은 왜 게토에 살았나」
「중세 유럽의 길드의 직인은 수공업주가 될 수 있었나」
「중세의 대학생은 어떤 사람들이었나」
「백년전쟁은 프랑스와 영국의 전쟁이었나」
「상류계급은 왜 가발을 썼나」
-오우미 요시아키 近江吉明　專修大學敎授

「로자 룩셈부르크는 무엇을 주장했나」
「'철의 여인'이라고 불리는 대처는 어떤 인물인가」
-오카 유리코 岡 百合子　歷史敎育者協議會

「켈트인에게 '로마의 평화'는 무엇이었나」
「독일의 대도시 쾰른의 기원」
「호박길」
「게르만인은 어떤 신을 믿었나」
「로마가 게르만인의 침입을 막지 못한 이유」
-요네야마 히로후미 米山宏史　山梨英和中高等學校

「프랑스혁명이 일어났을 때 프랑스어를 말하는 사람은 어느 정도였나」
「나폴레옹법전은 무엇을 지키려고 했나」
「변절의 정치가 조셉 푸셰」
-우메츠 미치로우 梅津通郎　世田谷區敎育委員會

「전차는 무엇 때문에 만들어졌나」
「나치는 라디오를 어떻게 이용했나」
「나치 독일의 침략행위에 대해 영국과 프랑스는 왜 계속 유화정책을 취했나」
-우에다 타카유키 上田隆之　東京都立武藏高等學校

「감자는 어떻게 해서 유럽에 퍼졌나」
「향신료가 중요하지 않게 된 이유」

302

-이노쿠치 타카시 井ノ口貴史　大阪府立加納高等學校

「유대인은 왜 좀더 일찍 안전한 나라로 피신하지 않았나」
「아우슈비츠수용소에서 학살된 인원수」
「베를린장벽은 어떻게 붕괴되었나」
-이시다 유우지 石田勇治　東京大學大學院助敎授

「체코 사람들은 나치에게 어떻게 저항했나」
「스위스 은행에 숨겨진 나치의 금괴」
「비틀스는 왜 훈장을 받았나」
-이시데 노리오 石出法太　神奈川縣立相原高等學校

「「모나리자」는 왜 유명한가」
「나이팅게일은 '백의의 천사' 인가」
-이시데 미도리 石出みどり　お茶の水女子大學附屬高等學校

「신데렐라는 어떻게 12시를 알았을까」
「덴마크가 독일의 30년전쟁에 개입한 이유」
「네덜란드인가 홀란드인가」
-카미야 야스오 神谷康夫　愛知縣立刈谷高等學校

「중세의 기사는 여성을 정말로 숭배했나」
「루소는 여성차별주의자였나」
「집 나간 노라는 어떻게 되었나」
-카미 요시코 加美芳子　女性問題硏究會

「월드컵에 '영국' 이란 국가대표 팀이 없는 이유」
「다윈의 진화론을 영국은 어떻게 받아들였는가」
「에스페란토가 만들어진 이유」
-카와이 미키오 河合美喜夫　東京都立杉竝高等學校

「무희 테오도라는 어떻게 로마제국의 황후가 되었는가」
「키릴문자는 어떻게 만들어졌나」

「그리스정교와 로마가톨릭의 차이」
-쿠라하시 요시노부 倉橋良伸 電氣通信大學非常勤講師

「영국인은 식민지 지배를 어떻게 정당화했나」
「냉전의 기원」
-키바타 요우이치 木畑洋一 東京大學大學院敎授

「수도원이 각지로 퍼져나간 이유」
「히틀러는 왜 유대인에 반감을 가졌나」
「헝가리사태는 왜 일어났나」
-키쿠치 히로요시 菊地宏義 東京都立三田高等學校

「아이슬란드란 나라는 어떻게 해서 생겼나」
-타니구치 유키오 谷口幸男 大阪學院大學敎授

「로마시대에 해적이 있었나」
「로마황제에게 중요했던 '빵과 서커스'」
「로마에는 여황제가 없었는가」
-타무라 타카시 田村 孝 千葉大學敎授

「연금술사가 황금 대신에 만든 것은 무엇인가」
「프리드리히 2세는 왜 커피를 금지했나」
「사라예보사건을 일으킨 사람은 '세르비아인' 인가」
-토리야마 타케오 鳥山孟郎 青山學院大學講師

「영국에는 왜 헌법도 인권선언도 없나」
-하마바야시 마사오 浜林正夫 一橋大學名譽敎授

「유럽이란 이름의 기원」
「트로이의 목마 이야기는 어디까지 진실인가」
「그리스의 폴리스에서 연극이 성행한 이유」
「알렉산더는 그리스인인가」
-하세가와 타케오 長谷川岳男 鎌倉女子大學講師

「영국은 켈트와 아일랜드를 지배할 수 있었나」
「크롬웰은 아일랜드에서 무엇을 했나」
「아일랜드는 왜 내셔널리스트와 유니언이스트로 나뉘었나」
「아일랜드는 어떻게 해서 독립을 이루었고 그 의의는 무엇인가」
－호리코시 토모 堀越 智　岐阜大學名譽教授

「윌리엄 텔은 실제 인물인가」
「사비에르를 낳은 바스크 사람들은 어떤 사람들이었나」
「프랑스의 초등학교는 왜 설립되었나」
「집시(롬)는 왜 차별을 받아왔나」
「「마지막 수업」후 알자스로렌은 어떻게 되었나」
－후지무라 야스오 藤村泰夫　山口縣立德山高等學校

「제1차 세계대전 후 독일의 역사교과서는 전쟁을 어떻게 표현했나」
－후지사와 호우에이 藤澤法暎　早稻田大學教授

나만 모르는 유럽사

초판 1쇄 : 2004년 8월 10일
초판 2쇄 : 2006년 3월 15일

지은이 : 역사교육자협의회 편
옮긴이 : 양인실

펴낸이 : 박경애
펴낸곳 : 모멘토
등록일자 : 2002년 5월 23일
등록번호 : 제1-3053호
주 소 : 서울시 마포구 공덕동 242-85 2층
전 화 : 711-7024, 711-7043
팩 스 : 711-7036
E-mail : momentobook@yahoo.co.kr

ISBN 89-91136-02-8   03920

잘못된 책은 구입하신 곳에서 바꿔드립니다.

100 MON 100 TO SEKAI NO REKISHI ; EUROPE
by REKISHI KYOUIKU KYOUGIKAI
Copyright ⓒ 2003 REKISHI KYOUIKU KYOUGIKAI
All rights reserved.
Originally published in Japan by KAWADE SHOBO SHINSHA, Publishers, Tokyo.
Korean translation rights are arranged with KAWADE SHOBO SHINSHA, Publishers,
Japan through THE SAKAI AGENCY and BOOKPOST AGENCY.
이 책의 한국어판 저작권은 북포스트 에이전시를 통한
일본 KAWADE SHOBO SHINSHA와의 독점 계약으로
도서출판 모멘토가 소유합니다.